菊地 達昭

キャリア妨害

―ある公立大学のキャリア支援室での経験―

東京図書出版

まえがき

民間企業で32年間仕事をしてきて、平成17年4月、公立大学法人として再出発したY大学へと転職した。ここで働いている管理職は、法人になってから採用した少数の法人職員を除き、ほとんどが地方公務員である。この人たちと一緒に仕事をしてきて、地方公務員の仕事、考えていることが、いかに一般社会の常識とずれているかを毎日のように感じて仕事をしてきた。特に経営幹部、管理職は、20年以上にわたって地方公務員としての常識に染まっており、変化を期待することはできなかった。ここで中枢を占めている経営幹部、管理職が変わらなければ、外部から採用した少数の法人職員が変化を起こしていくことは不可能なことであった。

ただ、ここは本庁から優秀な職員を送り込む場所ではなく、私と仕事をしてきた職員のほとんどは中枢の職員とは違うのかもしれない。また、そのような場所であったことから、何とかして本庁に戻りたいという気持ちが強く、役人特有のミスをしないという保身的態度がより強く出ていたのかもしれない。仕事をしなければミスが起きないからである。ただ、やらなければならないことが常に先送りされ、相対的に世の中から遅れていく。役人の職場は、競争がないため不作為による遅れが直ちに表面化し、問題となることはない。民間であれば、遅れは競争での敗退を意味し、市場からの撤退、すなわち倒産によって職を失うことにつながる。

しかし、強い身分保障に守られ、職を失う危険の全くない彼らは、毎日のように仕事を先送りし、昨日のこと、1年前のこと、いや10年前のことを平気でやり続けている。本庁に勤務する職員から「本庁ではもうそんなことはしていませんよ」と言われるようなことが、ここではまかり通っている。言語学の研究によれば、古いことばは周辺地域に残るという。これと全く同様の現象がここには存在しているのかもしれない。変えようとはしないので、過去の遺物が多く残る場所となっている。

民間では、「ともかく変えろ」と言われて育ってきた。「昨日と同じことをするな、現状より悪くなっても変えないよりはまだましだ。以前より悪化したら元に戻せばよい」というのが、民間の基本的な考え方である。「おまえが仕事を変えたくらいで、会社が潰れることはない」とも言われた。このような発想で改善・改革を実施し、常に生産性の向上を図ってきたことで、これまで日本は成長することができた。それに比べると、ここの人たちの生産性には本当に目を覆いたくなる。信じられないくらい低いのだ。また、自分たちは生産性が低いとは認識していないところが悲劇なのである。自己を客観的に見ることができないことが問題の根源である。

勝ち組企業の代表であるユニクロ、ファーストリテイリングの柳井社長は、その著『成功は一日で捨て去れ』の中で、「会社というのは、何も努力しなければつぶれるもの。常に『正常な危機感』をもって経営をしなくてはいけない。会社を成長発展させようと考えたら、『現状満足』は愚の骨頂だ。現状を否定し、常に改革し続けなければならない。それができない会社は死を待つだけである」、また「会社を成長させようと思ったら、『現状満足』では絶対にダメで、現状を否定しつつ変えていかなければならない。そうするには経営者や経営幹部自身がまず自分を変えようとしなければならないし、それができなければ会社は変わらない」と述べている。これが世の中の正常な感覚であろう。

孫子の兵法に「彼を知り己を知れば、百戦殆うからず」という名言がある。ここの人たちは、相手も知らなければ、己も知らない。これではとても戦うことはできない。競争がない世界なので、これまでは戦わなくてもやってこられたことが、このような人たちを生んでいる。役人が己を知るためには、役人以外の経験が不可欠である。「井の中の蛙」ということばがある通り、異なる環境で仕事をした経験がなければ、現状を理解できない。井戸こそが世界だ、と認識することにならざるを得ないからである。

ところが、独占の立場にあって役人として権力を行使できてきていることから、民間を見下し、傲慢で不遜なのである。俺たちが一番正しいと思っているようなのだ。言語学者の鈴木孝夫氏は、その著『ことばと文化』の中で、「一般の人は、自分の文化を意識もしないし自覚もしていない。そこで自分の文化に存在する項目が、それ自体絶対的な、どこでも通用する価値を持っているように考えがちである」と述べている。大多数の役人は異なる文化を知らないために、自己の価値が絶対であると考えているようなのだ。

このような人たちと6年間、一緒に仕事をした経験を話してみたい。民間で働く人たちにはこんな世界があるのかということを、そして公務員の人たちには民間から来た人から、自分たちがどのように見えているのか、己を知る機会としていただければ望外の幸せである。

この記録は、学生へのキャリア形成支援を通じて、私が実際に体験した記録である。従って、実名で記述することも可能である。しかし、実名を避け職名で話を進めることにした。ある個人を誹謗・中傷することが目的ではないからである。そのために、現在その地位についている人もいるが、過去にその地位についていた人の話も含まれている。ある職名の人が、全て現在の人であるとは限らないことをご理解いただければと思う。

また、私は民間企業で米国での5年半の駐在も含めて、32年間人事部門に籍を置いた。従って、Y大学の人事部門の人たちの実務と理論双方の貧困さについては特に目がついた。他の分野の専門家に見ていただければ、私と全く同様にその部門の貧困さを指摘されるものと思う。人から聞いた話としては、ここで紹介する話と類似した多くの話を聞いている。しかし、伝聞であるためにここでは記述はしなかった。私の話は、決して特殊な話ではなく、他にも同様な話が数多くあることについても併せて、ご理解いただければと思う。

キャリア妨害

ある公立大学の
キャリア支援室での経験

◇

目次

第1章　役人たちの仕事の現実

米国に駐在していた時代、私の米国人上司は、困ったことがあると、「アイヤ、イヤイヤ」と意味不明なことばを発していた。日本企業の現地法人であったため、日本と米国の文化、慣習の違いに閉口した時に出てきたことばであった。私はY大学へ来てから、いつも彼の口癖であった「アイヤ、イヤイヤ」を言い続けなければならなかったのである。それは、あまりにも世間の常識とは隔たりがあるやり方、考え方によって仕事が進められていたためである。

ただ、米国人の同僚・上司とは、少なくともお互いにわかり合うことができた。人間同士であったと言ったほうがよいのかもしれない。民間企業であったため、最終的には利益を出さなければならないという一点では、共通の認識を持つことが可能だったからである。しかし、Y大学では共通の基盤となるものが存在していなかった。エイリアンとの共同作業であったのだ。まさに「未知との遭遇」をした6年間であった。それでは、エイリアンとの6年間の戦いを見ていくことにしよう。

就任早々に言われたことば

ここへ来て就任早々に言われたことばの中で、最も印象的だったのが、「絶対に変えない」と言われたことである。このことばを発したのは、課長の地位にあった職員である。大学内の他部門から異動して1年後には本庁に戻ることになった。異動した先はある区役所であり、横滑りして課長の地位にいる。間違いなく区役所でもこの考え方でやっているはずである。全く問題とならず、そのまま仕事をしているということは、本庁でも十分この考え方が通用する、ということを意味しているように思える。

この課長は、ある問題で教員ともめており、その教員とのやりとりのうち、自分が送付したEメールだけを全て消し去って本庁に戻った。これでは、後任者は経緯と事実を全く把握できない。仕事が途切れてしまうのである。これからも何度となく述べることになるが、ここの人たちは引き継ぎということを考えていないようなのだ。あとはどうなろうとよい、と考えているように思える。

また、この事実は当時勤務していた職員皆が知っていた。しかし、この課長がやった事実が問題となることはなく、責任が追及されたという話も聞かない。民間であればこのようなことは必ず問題となり、懲戒問題へと発展することもありうる。そもそも、この課長と教員とのやりとりは、個人的なやりとりではない。組織としてのやりとりであり、次にこの組織の長となる人間に引き継がれるべきものである。

キャリア支援に絡んで就職委員会というのがある。これも引き継ぎがなされなかった。2年後にある教員から指摘を受け、このような委員会が学内にあり、規程化されていることがわかった。直ちに開催することにしたが、民間では業務引継書を作ってしっかりと後任者に引き継ぎを行う。しかし、ここではそのようなことはない。また、転任に際して挨拶をしないで去って行く。ある日突然いなくなるのである。これも大変奇異な習慣である。ここへきて転任の挨拶をして移っていった職員は、6年間でたったの2人である。

民間では、挨拶ができないと仕事もできないと言われる。挨拶は社会人としての基本だからだ。民間にいた時代であったが、外国人雇用問題の打ち合わせで、大阪にあるパナソニックの本社を訪ねる機会があった。受付から会議室に行くまでに何人かの社員と行き合ったが、全員から「こんにちは」と声を出して挨拶を受けた。訪問者の札を胸に付けていたので、お客さんだとわかったからであろう。「ああ、良い会社だな」と思った。企業のレベルは人材で決まる。世界的な優良企業で、人材は世界で最低ということはありえない。人を見れば、企業あるいは組織のレベルが判定できるのだ。

幼稚園でも、最初に教えるのが挨拶である。「先生おはよう、みなさんおはよう」と歌を歌って挨拶を習う。すると、ここの人たちは幼稚園の子供ができることもできていないことになる。これでは、とても社会人と言えるレベルではない。易しい仕事ができない人に、難しい仕事はできない。仕事は、易しい仕事から始めて、徐々に難しい仕事を覚えていくからだ。新入職員教育も含め、しっかりとした教育がなされているとは思えない。果たして、本庁の人事部門に人材育成、人材開発の基本がわかっている人がいるのだろうかと心配になってくる。これについては、また後に詳しく述べたい。

話はそれほど難しいことではなかった。キャリア支援室には求人票、会社案内、就職関係の書類、企業、就職情報サイトが開催するセミナー等の案内ビラが多数送られてくる。この案内ビラを掲示板に貼り出す場合は、「全て起案をしろ」というのだ。セミナーの開催日が先の場合もあるが、それほど時間的余裕がないものも多い。起案して数日、あるいは1週間も掲示できなければ、開催日を過ぎてしまうかもしれない。セミナーに参加したかった学生が、参加できないことも考えられる。どうして、こんなことまで起案するのか、その理由がわからないので聞いてみたところ、「過去、全て起案してきたからだ」と言うのである。

過去やってきたから今後も同じようにやるのだ、というのがこの課長の主張であった。目的は何もなく、起案することが目的になっていた。私が「過去やってきたからこれからも起案する、ということだけが理由なら、変えたらどうだ」と言った時に返ってきたことばが、「絶対に変えない」であった。「憲法だって改正は可能だ。意味のない起案をしてセミナーに参加したかった学生が参加できなかったら、学生サービスにならないではないか」と言ってみても「絶対に変えない」の一点張りであった。私も「こんなことにまで、起案なんかは絶対にしない」と言って無視することにした。

この対立を見かねた彼の上司が、「起案することが目的ではないだろう」ととりなしてくれ、就職情報サイトのセミナー開催を知らせる案内ビラの起案は廃止となった。もめなければこの上司も何もせず、案内ビラを貼るための起案が続いていたはずである。これに要した期間は約1カ月、何十年間続いてきた起案が1つ廃止となった。この間のエネルギーと時間の浪費は、大変なものであった。後で述べることになるが、なぜ、彼らはこんなことにまで起案をしていても平気なのか、よくわかる事件に何度も遭遇することになる。全てが「未知との遭遇」だったのである。

多すぎる起案のハンコ

私がセミナーの開催案内の起案に反対した理由は、もう1つある。ここでの起案というのは、ともかくハンコの数が多いのだ。そのため、決裁までに大変な時間を要する。決裁権限を下げないことに加えて、起案を回す部署と人が多いからである。関連する部署ごとに、常に担当者から順番に上司へと起案を回していくのである。

担当者、係長、課長とハンコをもらうので、最低でも各部署で3個のハンコが必要となる。担当者が

２人、係長が２人ということもあるので４個か５個となることも多い。ものによっては、学務部門、総務部門、人事部門、経理部門を回るのでここで最低でも12個、さらに決裁者に回っていくので13個以上のハンコが必要となる。民間では課長一人が決裁するようなシンプルな起案でも、この程度は普通である。金がかかるような起案ともなれば、どのくらいのハンコが必要であるか想像いただけるであろう。

世の中の一般的な考え方では、通常の状態であれば予算の執行権限はその部門の長の裁量に任される。そうでなければ管理職がいる意味がない。しかし、ここでは寄ってたかって他部門のハンコを要求する。これでは、問題が起きても責任を取らせることはできない。責任回避のためのシステムではないかとさえ思える。

また、ここでは会議が異常に多い。日中は、管理職のほとんどが席に座っていない。多くの管理職が、意味があるとは思えない会議に出ている。民間企業であれば、会議に出ているトップが怒り出すに違いないような内容である。何も決まらないし、ただ集まってわけのわからないことを話し合って終わる。ここの経営幹部や管理職は、これが会議だと信じて疑っていない。あたかも、大変な仕事でもしているかのように参加している。本庁でも、このような会議が連日行われているのではないかと心配になってくる。民間を経験した人であれば、とても参加することに意義を見出せない会議である。

従って、議事録が直ちに出てこない。これも出すまでに膨大な人たちのハンコをもらっているのであろう。会議についてはまた後で詳しく述べることにするが、民間企業で行われている会議ではない。その昔、おばちゃんたちが洗濯をしながらやっていたあの井戸端会議を想像していただくのが、最もここの会議に近い。おわかりいただけるかと思うが、これでは起案がいつ決裁になるのかわからない。忘れた頃に下りてくる、ということになる。

話を戻そう。それでは、何か問題があったら責任を取るのかといえば、責任は一切取らない。先ほども述べたが、授権しないで、ハンコの数だけ多いのは「無責任体制です」と言っているのと同じである。「赤信号、みんなで渡れば怖くない」ということばがある。ここは、まさにこれである。私のいた民間企業の場合、課長が通常は起案者となり、関係部門があれば、その関係部門の責任者だけの承認で済んだ。課長決裁であれば、お金がかかっても課長のハンコが1つだけなのである。問題が発生したらこの課長の責任となる。大変シンプルであった。ここでは、責任を逃れるために多くの人間が起案にハンコを押しているとしか思えない。

なくなる起案

このように、ともかくたくさんの人たちに起案が回るので、起案がなくなるということがよく起きる。「こういう起案が回っているはずだが、現在紛失して見当たりません。ご存知の方は、誰々までご連絡下さい」と書かれたEメールを何度か受け取ることになった。民間で32年間仕事をしてきたが、このような経験は皆無であった。しかし、ここでは年に数度、このようなEメールが送られてきた。起案の数もさることながら、最終決裁者までに回る人数も多いことから、起案の紛失事故が起きる。また、会議が多いことも原因となっている。見つからなかったことはないようなので、誰かの机の上で長期間埋もれていたのであろう。

さしさわりのない起案であればよいのだが、ある時は非常勤講師採用起案というものも紛失していた。「おいおい、これって人事案件で、非常勤講師の経歴や個人情報といった丸秘の内容が含まれているんじゃないの」とスタッフと話をしたのでよく覚えている。民間であれば、持ち回りで起案決裁が行われる内容のものである。この起案は、私のところに回るような案件ではない。

しかし、関係すると思われるところは既に捜したのであろう。それでも見つからず、どこへ回っているかわからないため、相当な数の人間にあてて、探索メールが流されていたようなのだ。民間企業の人事部門の人たちにとっては、とても考えられないような話だと思う。私がエイリアンと表現した意味が、よくおわかりいただけるものと思う。

「こんなＥメールを流してよく恥ずかしくないよな」と思ったこともたびたびである。非常勤講師採用起案のような重要案件であっても、持ち回りで回せない。というのは、会議、会議で日中はほとんど管理職がつかまらないためである。持ち回りではとても持って歩けないのである。重要な起案であれば、よく説明を聞いた上でハンコを押す必要がある。しかし、説明もなくハンコを押しているということは、ほとんどわからなくても押していることになる。数日間、自分の席の未決箱に置き、古い起案から順番に読みもしないで回しているに違いない。従って、起案決裁には大変な時間がかかる。慎重に検討した結果で時間がかかっているのではない。

ともかく起案決裁に時間がかかっているということは、最終決裁が下りなくても、実際には行動がなされていることを意味する。決裁を待っていては、アクションがとれないからである。決裁前に行動がなされるのであれば何のための起案なのか。最終決裁とは何なのかということになる。他の多くの教員も、出張から帰った後に起案が下りてきたと言っていた。

ホームページも起案

キャリア支援室では、独自にホームページを作成している。当然、大学のホームページとはリンクを張っている。キャリア支援室が独自のホームページを作成している理由は、大学のホームページを運営・管理している広報部門にホームページの作成・変更を依頼すると起案が必要だからである。どうしてこのようなことになっているのかについては、定かではない。ただ、想像するに、大学が初めてホームページを作った時の名残ではないかと思われる。大学として初めてのことでもあり、うれしくて広報担当の課長が「私が最終的にチェックする」とでも決めたに違いない。それから何代管理職が代わってきたのかは知らないが、各代の管理職全てがただ前例を踏襲し、ハンコを押して承認するということだけを引き継いできたのではないだろうか。

そもそも、大学のホームページとリンクを張っている別の部門が作成したホームページは何のチェックも行わず、ホームページの作成を担当している広報部門が作成・修正すると起案だというのもおかしな話である。本来であれば逆ではないか。広報部門は、そもそも仕事としてホームページを作成・修正しており、ホームページを作成・修正するのはルーチンワークのはずである。ホームページの作成技術もさることながら、広報に対する考え方、コンプライアンスに関しても十分に理解している人たちのはずである。実は、ここでホームページを作成・修正している人たちは派遣スタッフから契約職員になった人たちである。ホームページの作成技術を買われて、契約職員に登用されたプロなのだ。本庁から来ている職員で、HTMLを駆使してホームページを作成できる人はいない。

ルーチンワークをするのに起案が必要なら、営業マンが顧客を訪問する、ラインワーカーがネジを留めるのにも起案が必要となる。「人件費はタダ」だと考え、競争がない世界で育ってきているので、こんなことにまで起案をしても平気なのだ。広報部門にホームページの作成・修正をお願いしても、キャリア支援室のホームページは当然大学のメインページとリンクを張る。プロがルーチンでやっている仕事は起案で、部門が独自に作成しているホームページはノーチェックなのである。

このような話をすると、リンクを張っているホームページは全て起案しろ、という方向に動くのが心配である。ここの人たちは、すぐにこのように反応する。プロがルーチンワークで作成しているホームページの起案を廃止しようとは考えない。前例を変えることはできないからである。常にこのように動いて、屋上屋を架してきたのが、役人の世界である。仕事が二重、三重、四重と積み重なって、そこに大変多くの人たちがわけのわからない形で関わっている。これらの実態についても、ここではこれから実例を示しながら、明らかにしていく予定である。

そもそも、現代はドッグイヤーと言われる時代である。特にホームページは、最新の情報をどう早くわかりやすく掲載できるかが勝負となる。競争がないと思っている人たちの鈍感な発想には、ほとほとまいってしまう。少子化時代を迎え、大学間競争は激しさを増している。この時代との感覚のズレはどうすればよいのだろうか。

平成21年3月頃だっただろうか、卒業生の連絡先を把握しようということになって私のスタッフもこのプロジェクトに加わることになった。過去はともかくとして、今年度卒業したＯＢ・ＯＧについては実家に手紙を出して、現在のＥメールアドレスを連絡してくれるよう依頼しようと本庁から来ている管理職が主張し、８月に依頼状を郵送することになった。こんなことに半年かかるのも異常だが、「こんな依頼を出しても、返事はほとんど来ないぞ」とスタッフに話をしていたら、案の定、８００人に出して返事をくれたのは67人であった。役所の発想では、依頼すれば皆返事をくれると考えている。次にこの人たちにメルマガを発行しようということになった。なんとこのメルマガも起案なのである。

ペットボトルに見積りを取れ

キャリア支援室では、学生のキャリア支援、就職支援のために多くの講座を企画・運営している。現在では講座数も増えて、年間約60講座以上が開催され、多くの学生が受講している。これらの講座では、外部から講師の先生に来ていただくことも多い。1つの講座は90分なので、当然喉も渇く。従って、ペットボトルの水かお茶を用意する。これには金がかかるので、当然起案が要求される。それ以上に信じられないことなのだが、このペットボトルを買うためには見積りが必要なのである。ペットボトルの水は、ここの費目では食糧費ということになる。食糧費というのは、企業での会議費にあたる。

以前、官官接待でこの食糧費が社会通念上、儀礼の範囲を逸脱して使われたとして問題になった。そのため、食糧費は特に厳しくなっているようなのだ。このため、見積り、納品書、請求書が必要となる。先ほども述べたが、何かが起きるとすぐに屋上屋を架すのが役人の発想である。一人の不心得者がしでかした悪事に対しても、全員が悪人であると考えて対応をとるよう制度の変更を行う。従って、ここには膨大なムダが発生する。人件費、コスト、時間が浪費されることになる。

何かが起きると、常に管理強化の方向に動く。原因を見つけ出し、それをどう予防するのかといった根本的な問題を考えて解決を図ろうとはしない。ただ人手をかけて人海戦術で何とかしようとする。システムをどう改善するのか、という議論にはならないのだ。従って、いくら屋上屋を架しても、介在する人が悪さをすれば防ぎようがない。そして、また問題が発生する。すると、さらに人を増やして、といったように意味もなく人だけが増えていく。ほとんど無意味と思えるような仕事に、本当に信じられないくらい大量の人が張りつくことになっている。

平成20年11月7日に会計検査院が発表した決算検査報告では、「不適切」と指摘された額が過去最高の１２５０億円に上ったという。このうち、岩手、愛知県で見つかった裏金問題などの最も重い「不当」の認定を受けたケースは約３７７億円にも上った。システムの改善を図らず、人を増やし人海戦術でいくら防ごうとしても防ぎようがないことは明らかである。いつも疑問に思っていることなのだが、このような金の返還は確実に行われているのであろうか。ここの人たちが常に言っている「貴重な税金」なので心配である。

そして、手段であったはずの仕事が目的に変わっていく。手段が目的化するのである。目的になった仕事は、絶対になくならない。組織の拡大とともに、このような仕事にさらに人手が追加される。これがあたり前になった人たちには、実態は見えない。また、不必要な仕事だとも考えられていない。民間から来た人間から見ると「こんなこと必要ないんじゃない」と思えるのだが、大変重要な仕事だと認識されている。ここでは、ありとあらゆるロスが発生する。人件費、コスト、時間、生産性、サービスである。民間経験者から見ると、ロスと浪費のデパート、いや総合商社である。

ここの人たちには理解できないようなのだが、このような書類の作成には必ず人間が介在する。人間はタダで仕事をしてはくれない。従って、このような書類を要求すると金額が高くなることはあっても、安くなることはない。先ほどの起案のハンコの数の多さでもおわかりかと思うが、役人の世界では「人件費はタダ」という発想で物事が行われている。そう考えなければ、これだけ無意味なところに多くの人手、工数をかける意味が理解できない。自分たちはタダで働いているわけではないのに、「人件費はタダ」であるということで行動しているのだ。どうしてこんな単純なことがわからないのだろう、といつも考え込んでしまう。とても理解ができない。

ペットボトルの水やお茶は賞味期限があるので、一度にそれほど大量には購入できない。従って、購入金額が10万円を超えることはない。10万円を超えなければ、見積りは1社でよいことになっている。見積りが1社でよいということは、形式だけは整えてくれということを意味する。見積りさえあれば高くてもよいのだ。簡単に買えるので学内の生協にお願いする。しかし、外部の業者にお願いすれば明らかにもっと安いペットボトルが買える。ただ、安くて儲けが少ないペットボトルに、見積り、納品書、請求書を発行してくれと外部の業者に言ったら、「買っていただかなくて結構です」と言われるのではないかと思う。だから生協のお茶は高い。当然なのである。

民間企業では、人件費が最も高いと考えて仕事が進められる。従って、いかに人を介在させないかと知恵を絞っている。しかし、ここの世界は違う。「人件費はタダ」という考えなので、工数を削減しようという発想はない。いくら工数がかかっても、時間がかかってもかまわないと考えている。起案のハンコの数が異常に多いのも、この考え方に基づいている。それよりも形式が整っていることが最優先される。ここでは、「人件費はタダ」という以外に、人を信用しないという「性悪説」と、ともかく形式が整っていなければいけないという「形式主義」が重要となっている。

私がY大学へ移って思ったことは、ここの人たちは「前例主義」、「形式主義」、「性悪説」、「人件費はタダ」、「コスト意識ゼロ」という、5つの考え方で仕事をしていることである。私は、これをY大学5原則と名付けることにした。ここの人たち、ということで役人、と言わなかったのは、私はここの人たちしか知らないからである。ここの人たちだけの特殊な世界であると信じたい。しかし、事実はわからない。

企業人であれば、民間ではこれとは全く正反対の考え方で行動していることに賛同いただけるものと思う。そう、「前例は常に変えよ」、「形式にこだわるな」、「性善説」、「人件費が最も高い」、「コスト重視」である。鈴木孝夫氏の指摘通り、ここの人たちは自分たちがスタンダードであると考えている。このことが、悲劇なのである。税金を負担している住民にとっては明らかに悲劇である。しかし、ここの人たちにとっては喜劇なのかもしれない。「裸の王様」だからだ。誰かが裸であることを伝えなければならない。

民間であれば、購入するものによって手続きを大きく変えるであろう。1億円の物品を購入する場合と、ペットボトルを買う場合とでは、当然手続きは違う。しかし、ここではそのようなことは考えない。Y大学5原則から、このような行動が生まれているようなのだ。税金なので間違いがあってはいけないという理屈なのだが、そうすることによって税金の無駄遣いが発生しているとは考えつかない。自分の金であるという発想がないからである。

大昔の銀行では、1円が合わないために残業、あるいは徹夜をしてチェックしていたという話を聞いたことがある。残業や徹夜でかかる人件費を考えると、明らかに1円では済まない。現在の銀行で、1円のために残業や徹夜をしているところはないであろう。しかし、ここではこのありえないことが行われている。

また、金額によっては見積り、納品書、請求書の3点セットに加えて請書というものも要求される。請書ということばは、ここへ来て初めて知った。32年間民間で仕事をしてきて、一度も聞いたことがなかったのである。私だけが知らないのかと思い、キャリア支援室を訪問する多くの企業の人事の方にも聞いてみた。しかし、知っている人は皆無であった。『大辞泉』によると「依頼などに対して承諾した旨を書いて相手に差し出す文書のこと」とある。「形式主義」とそのために要する税金の無駄を考えると、ここまでやるのか、と思わず「あっぱれ」と叫びたくなる。いや、「喝」と言わなければいけないのかもしれない。

パン屋、ピザ屋、宅配すし屋からも見積りを取れ

キャリア支援室では、OB・OGにキャリアサポーターとしての登録をお願いしている。登録いただいたキャリアサポーターに学生のキャリア支援、就職支援をお願いしようという制度である。学生は、キャリアサポーターに対して、Eメール、電話等で直接コンタクトをする。そして、アポイントを取って訪問し、直に話を聞くことができる。ボランティアとして、このような活動に賛同いただいているのが、キャリアサポーターである。

個人情報保護法施行以来、企業ではOB・OG情報の大学への開示を控えてきており、従業員の情報を外部に出すためには、従業員個人の了解が必要となる。そのため、原則としてOB・OG情報の開示は行いません、という企業が多くなっている。近年、学生の就職活動の主流はインターネットである。就職情報サイトを使ってエントリーを行い、企業情報の収集も企業のホームページを利用している。つまり文字情報で全てを判断していることになる。これでは現実を知らない学生が、生の情報に触れる機会がほとんどなくなってしまう。このような危機意識から、キャリアサポーター制度をスタートさせる

ことにした。

７５３現象ということばがある。新卒で就職した学生が、３年間で退職する比率を述べたものである。就職して３年間で、中卒は7割、高卒は5割、大卒は3割が辞めるというのだ。これも文字情報ばかりで、実態を正しく把握した上で就職しないために、ミスマッチあるいは実態との違いに失望して、退職してしまうことも大きいのではないかと考えられている。そこで大学では、ＯＢ・ＯＧにキャリアサポーターとしての登録をお願いし、学生にキャリアサポーター情報の公開を行っている。

平成18年度から、このキャリアサポーターを1年に1度招いて「キャリアサポーターと学生との集い」を開催している。ＯＢ・ＯＧが休みとなる土曜日に開催することにし、簡単な昼食と飲み物を提供している。学生にとっては、先輩から直接、仕事・企業・業界、さらには職業観、人生観、大学での勉強についてといったように、多岐にわたって生の話が直に聞ける大変貴重な機会となっている。従って、評判も高く、参加者も多い。場所の問題もあり、学生には定員を設けているほどである。

ペットボトルですら見積りが必要なので、当然といえば当然なのだが、パン屋、ピザ屋、宅配すし屋からも見積りが必要になる。そこで、近所のパン屋、ピザ屋、宅配すし屋に見積りを出してほしいと要求した時のことである。「見積りを出せと言われたお客さんは、開店以来初めてです」と皆が口を揃えて言ったのである。パン屋は2代目で、創業から50年以上も商売をしているとのことであった。

ともかく、食糧費であり、見積りがないと起案ができないので、見本をコピーして作成をお願いした。ピザ屋、宅配すし屋はＰＣで打ち出した見積りを見本と同様に作ってくれた。こちらの指示通り、社印も押されてあった。しかし、パン屋はノートの切れ端に手書きで見積りを作って持ってきた。印鑑はパン屋のおやじの三文判である。経理部門に聞くと、社印が必要で三文判は認めないという。さらに、ノートの切れ端も困るというのである。

パン屋に社印はないのかと確認すると、個人営業であり社印などはないという。キャリア支援室がPCで見積りを作り、パン屋のおやじの三文判を押したもので、何とか経理部門に了解してもらったが、役所がいかに形式にこだわるかがわかる話ではないかと思う。これも本庁が要求しているからということなのであろう。「目的は何だ」と叫び出しそうになる。確実にパン屋のおやじのハンコであり、そのおやじが自分のハンコを押した見積りでなぜいけないのか。なぜ、社印が押されていなければいけないのだろう。

この集いについては、参加する学生から500円の徴収を大学側に求められた。これについては違う機会に述べることにしたい。世の中で行われていないことを、いかに要求しているかがわかる話ではないかと思い紹介した。ここの人たちの理屈は、Y大学は税金による補助を受けて運営されており、本庁の監査が入る。従って、本庁が認める形式が整っていないと困る、というのである。形式さえ整っていれば、いくら高くなってもかまわない、というのがここの人たちの考え方である。また、本庁が本当にこのようなことを求めているのか、実態は不明である。しかし、本庁から来ている職員が言っているので正しいに違いない。

元外務省主任分析官の佐藤優氏は、その著『諜報的生活の技術』の中で、「外務省にいたときも、『このプロジェクトチームはダメだな』というときには、共通の雰囲気がある。まず、予算の支出や書類の作成に関して、物事がどう進むかということよりも、組織内部の手続きをきちんと踏まえているかに関心がいくようになる。さらに自分が担当した仕事については、問題を指摘されても、それに抗弁できるように理論武装することにエネルギーを費やすようになる」と述べている。これからも実例を挙げて述べていくことになるが、ここでは物事の本質より常に手続きを重視する。それに加えて、二重三重に言い訳を張りめぐらすことに、膨大な精力とエネルギーを費やすことが日常的に行われている。ここは、プロジェクトチームではなく、固定組織である。そんなことになっていないとは思うが、本庁全体がこのようなことになっているとしたら、大変な事態である。

安い物が買えない

ともかく見積り、納品書、請求書あるいは請書という形式が要求され、これらの1つでも欠けると起案が通らない。従って、これら全てを準備してくれる業者から物を購入することになる。民間にいた時代であれば、同じ物を買う場合、安ければよいので、インターネットでも通販でも、安く買えるところから買うことができた。価格を比較できるサイトもあり、そこを見て安いところから購入し、自分のクレジットカードで決済して、その明細を確証として費用請求することも可能であった。また、よほど高額な物でない限り、通常の物品購入では領収書だけで十分であった。

しかし、ここではそんな融通は利かない。形式が最優先されるので、形式を整えてくれる業者からしか買えないのだ。形式を整えると、人件費が発生するので当然価格は高くなる。役人はコスト意識が全くないので、そんなことはおかまいなしである。ここへ来て面白いことに気がついた。この形式を全て整えてくれる業者が、ここに入り込んでいる。Y大学が要求するシステムを十分に理解していて、必要な形式を全て満たしてくれるのだ。見積り、納品書、請求書の3点セット、金額によっては請書も含めた4点セット全てを整えてくれる。

金額によっては、見積りが3社必要となるのだが、これらも全て用意してくれる。他社の見積りも持ってきてくれるのだ。当然、自社の見積りが最も安い。従って、そこに発注がいく。どうなっているのかと思わず考え込んでしまうのだが、ここの人たちと同様に性悪説で物事を考えると、まず3社が組む。他の2社は、ここではなく、すでに他の大学あるいは公共団体に入り込んでいる。他の2社も大学や公共団体から、同じように3点セットや4点セットが要求される。常に自分の担当するところに発注がいくように価格を調整すればよい。

事実がこのように行われているのかどうかは、定かでない。もし、行われているとしたら談合にあたるように思う。ただ、ここで買う事務用品の全てをある業者経由で購入することになっている。来た当初は、どうしてインターネットで安い物が購入できないのだろうと思っていた。しかし、インターネットで安い物を購入しても形式が整わないので認められない。この業者との強い結びつきは何なのであろうか。どうして、これだけの商品を1社に発注しなければいけないのであろうか。

まあ、数千円の物を購入するのに、他の業者に頼んで紙を何枚も用意するといった煩雑なことはやっていられない。また、こんなことで争っている時間的余裕もない。従って、この3点セット、4点セットを準備してくれる業者から全てを購入することになる。明らかに高い物を買っており、税金の無駄遣いが行われている。いつもここの人たちが言っている「貴重な税金」とはどういう意味なのであろう。明らかにダブルスタンダードである。

平成21年3月、この業者が架空発注で「預け金」をプールしていたという事件が発覚した。この話は別の機会に詳しく述べるが、これだけの癒着があればこのような事件が起きることは想像できる。人海戦術で屋上屋を架すのではなく、シンプルにしてシステムでチェックすることを考える必要があるのだが、とてもそのようなことを考える経営幹部、管理職はいない。

コスト削減するなら起案が必要

キャリア支援室に赴任した後に、私がやってきた仕事については第3章で詳しく述べるが、ここで大変奇妙なことを経験したので、紹介してみよう。平成20年から、学生の保護者にキャリア支援室の活動内容を提供することにした。就職情報会社が作成した保護者向けの冊子2冊も送付することにしたので、かなり重くなってしまった。重さで料金設定がなされている郵便で送付すると、３９０円になるという。企業にいた時は、何をするにも結果が同じであればコストの安い方法で行うのは当然なことであった。それは物の送付であっても同様である。クロネコメール便という郵便よりも安く送れる方法がある。また、時間はかかるがさらに安く送る方法もあった。

今回は、それほど時間がかかってもいけないので、クロネコメール便で送ることにした。確認すると金額は1通80円だという。郵便と比べると1通につき３１０円安い。約８００通を送付することになるので、約24万円のコスト削減が可能となる。ところがこのクロネコメール便で送ることにしたら、大変面白いことがわかったのである。面白いことと言うよりは、とても理解できないことと言った方が正しいのかもしれない。郵便で送付する場合は、起案の必要はない。しかし、24万円ものコスト削減が可能となるクロネコメール便を使う場合は、起案をしてくれというのだ。コスト削減が可能となるので、その削減した分を、大学のコスト、工数、時間をかけて埋め合わせてくれとでもいうのであろうか。

どこの社会でも、例外処理には手続きが求められる。結果が同じであれば、安い方が常態で高い方が例外のはずである。ところが、ここでは高い方が常態で安い方が例外だというのだ。従って、コスト削減を行おうとすると起案を要求される。コスト削減を行うと、煩雑な手続きを要求するのであれば、コスト削減はしてくれるなと言っているのと同じである。このような煩雑な手続きを要求されると、自分の金でもないし、面倒なことはやっていられないということになってしまう。

大学は送付物も多い。郵便とクロネコメール便では、これだけコストに違いがある。従って、積極的にクロネコメール便を使うべきなのである。そのために、物を送付する場合は、クロネコメール便を基本として、郵便を例外にすべきなのだ。ともかく明らかにコスト削減が可能な場合であっても、前例がないと大変な手続きを要求する。これではコスト削減が進むはずはない。

大学として、このようなことを進めるのは総務部門である。しかし、管理職を含め総務部門も素人の集まりなので、世の中ではどこでも一般的に行われていることすら満足に行えない。経営幹部も管理職も、自宅にはDMも含めていろいろな送付物が届いているはずである。切手が貼ってない。これは、何なのだろう。どうしてほとんどの送付物は郵便ではないのだろう。きっと安いに違いない、と普通の人なら考える。こんなことをセンスだとは言う気もないが、物事を全く考えていないのである。どうせ、俺の金ではない。面倒なことはしたくない、と考えているのではないだろうか。

そういえば、ここの総務部門の責任者は、私のいた6年間に5人が入れ替わっている。一人平均1年3カ月弱である。どのような仕事でも、1年を経ないと全ての仕事を経験することはできない。仕事は、1年が1つのサイクルになっているからである。これは、工場で働くワーカーでも同様である。2回のボーナス商戦、クリスマス商戦、歳末商戦での工場での負荷を経験しなければ全体像がつかめない。1年の経験を踏まえて、2年目には新しい工夫を加えることができる。すると、ここの総務部門の責任者はわけのわからない1年を経験すると、翌年は3カ月いただけでいなくなる。これでは、総務部門の改善が行われるはずはない。

民間であれば、総務部門が率先して送付物に関してのコスト削減方法を、徹底的に調べ上げている。部門の管理職からも「おい、何で郵便で出すんだ」と必ずチェックが入る。大量送付の場合、郵便番号順に並べると安くなるという割引もあった。息子の大学からの送付物は郵便ではないし、クロネコメール便でもなかった。私はここの人たちとは違い、コストの削減、税金のセーブは大変重要だと考えているので、起案をしてクロネコメール便で送付することにした。毎年送付するので、永久に起案をさせられることになる。

企業では、金がかかることを計画・実行する場合、「会社の金ではなく、自分の金だったらどうするのか」と常に問われた。自分の金を使うんだということで、物事を考えさせられたのである。ところがどうだろう。コスト削減をする場合ですら、前例がないと信じられないような面倒な手続きを要求してくる。目的は何なんだ。コスト削減したくないのか。本当に気が狂いそうになる。私の米国人上司は、「アイヤ、イヤイヤ」が続くと、"I am becoming crazy."と叫んでいた。ここへ来てからは、私はいつもI am becoming crazy.であった。

何でも検収が必要

平成19年だったと思うが、突然、キャリア支援室のそばに検収センターなる組織が作られ、部屋ができた。そして2名ほどの女性が勤務するようになった。何をしているところなのだろうと思っていたが、ある時、親しい教員が文房具を持って「消しゴムや電池1個でも検収が必要なんだよな」とブツブツ文句を言いながら歩いてきた。どうも購入する全ての実物をここに持ち込み、納品書に検収印を押し、確かに実物が納入されたことを見届ける組織のようなのだ。

何が起きたのかは知らないが、誰かが業者と組んで架空発注でもしたのであろうと思っていた。そのために、購入者に納入業者から直接物を受け取らせることを止め、必ず検収センターなるところで実物を検収するようにシステム変更をしたようなのである。これが典型的な屋上屋を架すY大学5原則に従ったシステム改善である。ここの人たちは、システムが改善されて良くなったという認識のようなのだ。しかし、検収センターの組織化によって問題が解決できるとは思えない。どうしてこの組織がうまく機能しないかについて、ちょっと考えてみることにしよう。

検収センターの設置によって、確かに架空発注は防げるであろう。しかし、過剰発注あるいは金額の水増しは防げるだろうか。検収センターで可能なチェックは、あくまでも伝票と実物とのチェックである。電池が1個1万円ということであれば、検収センターでもわかるであろう。しかし、特殊な物品であれば、金額のチェックは難しい。さらには、消しゴム1個、電池1個まで、検収を行う必要がどこにあるのだろうか。金額で線を引くべきである。消しゴム1個、電池1個まで検収していては、明らかに人件費の方が高い。「人件費はタダ」、「コスト意識ゼロ」の典型的な例である。

社会保険庁の数々の事件、さらには次に述べる不正経理処理事件を見ていても、ともかく民間に比べると、問題を起こした人間に対しての処分が甘い。事実はよくわからないが、就業規則の懲戒条項が、民間と比較して軽いのではないかと思われる。もし、そうであるなら一般予防としての威嚇効果がない。このような詐欺行為、背任行為を起こした場合は、ビシビシ懲戒解雇、役所では免職と言うようだが、この免職にすべきなのだ。この甘さは、架空発注事件、第2章で述べる医学部事件でも明らかとなる。たまたま、キャリア支援室が発注した物を届けに業者の人が来た。物品を確認の後、「それでは検収センターで検収をしてきますから」と検収センターに向かった。検収を終えて戻ってきたので、他の官庁、公共団体もこのようなことをやっているのかと聞いてみた。するとこの業者は、国、県庁、市役所、区役所とも取引があり、物を納めているが、このような検収をしているのはここだけだという。問題が発生した時にまずやるべきことは、民間も含めてどのようにして架空発注、過剰発注、金額の水増しを防いでいるのかを、よく調べてみることが先決であろう。人海戦術で防ぐのではなく、システム的にどう防ぐのかを考えなければならない。

検収センターの新設は起案で承認を得ているはずであり、ハンコを押した人たちは本当に検収センターの設置によって問題を防ぐことができると考えて承認したのであろうか。「こういう問題が起きたので、こういう組織を新設して、今後は起こさないようにします」と説明を受け、経営幹部は「ああ、そうですか」と承認したのであろう。本庁に対して、このような対応をとりましたと言いたいためだけの組織の新設なのである。経営幹部の責務は、何も考えずにただハンコを押すのではなく、この組織の有効性をしっかりと検証する必要があったのだ。それが、経営幹部としての付加価値のはずである。

架空発注事件

この検収センターなる組織の設置から2年ほど経った平成21年3月11日、新聞各紙は大学付属の市民総合医療センターの前病院長が、平成17年3月から6月の間に事務用品販売会社に対して、架空の物品発注を繰り返し、代金として大学から振り込まれた３５００万円を業者の口座に「預け金」としてプールしていたと報じた。

大学では、研究者が学術研究などのために民間企業などから奨学寄附金を受け取る。この奨学寄附金の90％は、寄付対象の研究者が寄付の目的に沿って使うことが可能となっている。この前病院長は「大学が公立大学法人に移行するに伴い、奨学寄附金の残額を本庁に返還するという噂を耳にして、業者に預けた」と話をしているという。この事務用品販売会社とは、**安い物が買えない**（27ページ）のところで話をした会社である。

新聞報道によると、平成21年1月にある議員から指摘を受け、大学が調査を実施してきた結果、事実が明らかになったので、3月10日に発表したとのことのようだ。小学生も含めて、誰もがどうして外部の議員に指摘されるまで大学内部ではつかめなかったのだろうと思うのではないか。

事実はどうだったのかわからないが、唐突に作られた検収センターなる組織を考えると、どうも大学側はこの事実を把握していたのではないかと思えるのだ。新聞報道では、コピー用紙などを架空発注したとのことのようだが、ものがもので、かつ半端な金額ではない。この事務用品販売会社から物品を購入する場合、10万円を超える場合には起案が必要なはずである。たかだか4カ月という短期間に、３５００万円もの発注をしていてわからないはずはない。もし、本当にわからなかったのであれば、チェック部門の責任者は懲戒であろう。後で話をするが、同じく医学部での学位取得を巡る謝礼金問題が発生してから、ちょうど1年後にまたこのような不祥事が発覚したことになる。

さらに3月31日、この前病院長以外にも架空発注が9件、事務部門も含めて７５３万円あったと報道された。架空発注などで業者の口座に作られた「プール金」は20件、計１２７２万円が新たに判明した。

この新たに判明した「プール金」は、事務部門や他の教員にもおよび、学術情報センターが事務費約398万円、センター病院診療科教授ら教員6人が奨学寄附金について約345万円、センター病院診療科も奨学寄附金で2件、約20万円などである。ここまで多いと組織的に行われていたと言わずして何と言うのであろうか。さらに、この前病院長の架空発注は計約3734万円、使途不明は約2054万円に拡大した。前病院長に対しては詐欺罪での刑事告訴を検討、業者を取引停止処分にするとのことであった。

この報道がなされた日に、私のところにこの事務用品販売会社の営業マンがやってきた。「取引停止処分だそうですね」と聞いたら「え、何も聞いていませんが」とのことであった。新聞報道はされたが、大学からは何も言ってきていないということらしい。4月で予算年度も変わることから、新年度になるまで購入を見合わせていた物品をオーダーした。経理部門からこの業者については自粛するようにと口頭で言ってきたのが4月13日、副理事長名で「契約にかかる競争参加停止及び指名停止措置について」という正式文書で6カ月の指名停止処分が出されたのは、5月13日であった。新聞報道から2カ月、何をしていたのかは知らないが、信じられない時間が経過している。民間であれば即日指名停止処分を実施する。例のごとく、井戸端会議に諮りながら、その後に膨大な人間からハンコでももらっていたのであろう。

4月25日、この前病院長が十数年にわたって他にも現金をプールしており、現在も残額は700万円に上るとの報道がなされた。5月14日、市民総合医療センター教授と医学部准教授の2人を戒告に、2人を訓戒に、その他5人に厳重注意の処分がなされた。さらに6月15日には、前病院長は使用した2000万円を返還し、謝罪文を提出したことがわかった。大学は「プール金」が私的流用を目的としたものかどうか証明できないとして、詐欺罪などでの刑事告訴を見送る方針だという。

大学が証明できないのであれば、刑事告訴して公権力に証明してもらえばよいはずである。そもそも処分が軽すぎると考えるのは私だけであろうか。金を返せばよいというのでは詐欺罪も窃盗罪も成立しない。ともかく公務員の世界は身内に甘いように思う。身分は保障され、このように甘いのではモラル・ハザードが起きる。

千葉県庁不正経理事件

平成21年9月10日、新聞各紙は千葉県庁の不正経理事件を一斉に報じた。不正経理額は平成19年度までの5年間に29億7900万円、全401部署のうちの96％にあたる387部署で組織的に行われていたという。調査対象は事務用消耗品費の64億8700万円分で、このうちの46％が不正に処理されていた。手口は、物品を購入したように装い、業者の口座にプールする「預け金」が18億1100万円と最も多く、164部署の4億1800万円が39業者に預けたままになっていたほか、86部署に4400万円分の現金や金券が保管されていた。

この不正経理事件で、県が物品購入の契約を行う際、プール金を預けている業者から複数業者分の見積り書を一括して受け取っていたことがわかった。業者間で白紙の見積り書を融通し合っていたといい、自社が落札できるように自社に有利な金額を書き込んで提出していたという。県職員からの要請があったとの証言もあり、事実であるとすると官製談合の疑いも出てくる。

プール金を預かっていた複数の事務用品販売会社の関係者によると、業者同士で自社名が入った白紙の見積り書を日常的に交換し、県から発注があると他社の見積り書に自社よりも高い金額を記入し、県の担当者に提出していた。こうすると、業者にとっては高い金額で購入してもらうことが可能となるため、「預け金」などの不正に応じる見返りの意味があったようだ。

先ほど述べたように、Y大学でも架空発注での「預け金」が発覚するが、私の想像とは違って、千葉県庁と同様に白紙の見積り書のやりとりが行われていたのかもしれない。ともかく、問題は形式主義にある。形式が整っていればよいというのではなく、実質主義で最も安いところから購入できるようにすればよいのである。さらに、このような破廉恥なことをやった人間に対しては厳罰で臨めばよい。常に厳罰で臨むことをしないために、次から次へと同じような事件が発生する。

この事件が公表されてから1週間ほど経った平成21年9月18日、財務担当係長から面白い通達がEメールで流れてきた。千葉県庁と同様に公金を扱う立場として、⑴架空発注、⑵発注の付け替え、⑶業務に使用しないものの発注、⑷あいみつでの禁止事項の徹底を図れというのである。この⑷のあいみつでは、「ある業者が、自らの見積書のほかに、別の業者の見積書を持参した上で、発注側で見積り合わせを行うこと（1つの業者が、別の業者の白紙の見積書を持っているケースが多い）」とある。前にも述べたが、こんなことは常態化している。担当部門としては、言いましたよということなのであろう。抜本的に変えていこうという意識は全く見られない。システムを変えようとはせず、Eメールを1本送るだけで財務担当係長は仕事をしていると思っている。上司の経営幹部、管理職もこれで「よく仕事をしている」と考えているようなのだ。

続々と出る不正経理問題

千葉県庁の不正経理事件の後も、続々と官公庁の不正経理問題が明らかになってきている。また、千葉県庁の不正経理事件以前にも、多くの不正経理問題が新聞をにぎわせたので、ご記憶の方も多いのではないかと思う。過去の話では、平成18年7月の岐阜県の職員組合での裏金約17億円、平成19年5月の宮城県での「預け金」約3億円、平成20年10月の愛知県、岩手県での「預け金」、同年11月の会計検査院の調査によって発覚した12都道府県での総額11億円の不正経理問題等があった。

この12都道府県での不正経理問題を受けて、神奈川県でも全国庫補助事業を調査することになった。その結果、環境農政、県土整備の両部で約6400件、計約2億5000万円の不適切な経理処理があったとする調査結果を、平成21年4月に発表している。

そして平成21年9月、先ほど述べた千葉県庁の不正経理が明らかとなり、さらには平成21年10月に会計検査院が調査対象とした26都道府県全てで、実際の発注とは違う商品を納入させる「差し替え」等で25億円以上の不正経理があったとの指摘を行っている。その中で、千葉、茨城、福井、徳島、愛媛、熊本、沖縄の7県では、業者の口座を使った「預け金」が発覚している。

平成21年12月、神奈川県では税務課職員3人が架空発注でプールした「預け金」を1億2000万円以上も私的流用していたことが発覚、さらにこの「預け金」問題は神奈川県警にまで飛び火することになった。取り締まる部署も、不正を働いていたことになる。平成22年3月19日付の新聞報道によれば、不正経理で処分されたのは1724人で、県政最大の組織ぐるみの不祥事と報じている。この処分者の中で懲戒免職になったのは、私的流用していた税務課職員の3人だけである。

また、神奈川県での不正経理が発覚したことを受けて、ここの本庁でも取引業者に聞き取り調査をした結果、約20社が「差し替え」や業者に代金だけ支払って商品は翌年度に納入させる「翌年度納入」などの不正経理処理を繰り返していたことがわかったという。不正経理処理を行っていたのは、健康福祉局など16局と、ある1区を除く17区で、「翌年度納入」が2億6400万円、「預け金」が620万円であった。

以上見てきたように、ともかく組織的としか考えられないような不正経理処理が横行していることがよくおわかりいただけるものと思う。特にここの本庁では、やっていない局あるいは区の方が少なく、ほとんどの局や区で不正が行われていた。これは、誰かがたまたま悪さをしたという問題ではなく、制度的な欠陥以外には考えられない。この制度的な欠陥を明らかにした上で、どう変えていけばよいのかを考えていかない限り、再発を防止することはできない。

何でも多めに買う

検収センターの話が出たので、この組織がいかに無意味であるのかを事例をもって説明してみよう。ともかく何でも起案が必要な上、見積り、納品書、請求書、金額によっては請書と大変面倒な手続きを要求されるので、何かを購入する際には、必要とする数量を水増しして購入する。必要数量だけ買って、もし足りなくなったら面倒な手続きで再度起案をしなければならないからである。

それこそ、仕事の最中に足りなくなったら、1週間、10日、いや1カ月間仕事ができなくなる。時間的に限られたものであれば、間に合わなくなる。そんなことなら、多めに発注して何年かもつようにしてやろうと誰もが考える。係長も課長も会議で飛び回っていて日中は席にほとんどいない。従って、起案さえすれば簡単にハンコは押してくれる。民間であれば「おい、何でこんなにたくさん買わなきゃいけないんだ」と上司から必ずチェックが入る。しかし、ここではそんなことは起こらない。

在庫を持つということは、買った物をどこかに置いておかなければならない。当然の話だが、置く場所が必要となる。民間では場所もコストだと意識する。考えてみれば小学生でもわかる話だが、東京のど真ん中で在庫を置くためのスペースを確保するには金がかかる。賃貸ビルであれば、賃貸料を払っている。自前のビルであっても、土地も含めて固定資産税がかかっている。減価償却だってある。タダではないのである。従って、文房具のような小さな物であろうと、できる限り在庫はミニマイズしようと考える。

ところが、ここの人たちはそんなことは一切考えていないようなのだ。「人件費はタダ」、「コスト意識ゼロ」という認識の人たちであり、物を置く場所に金がかかっているなどという発想を持っている職員はいない。そうでなければ、何かを買う場合、必要数量以上は買わないはずである。

面倒な起案をさせられる担当者にしてみれば、一種の自己防衛であり、同情の余地はある。管理職はハンコだけを押しているのではなく、システム的にどうすべきかを考えるべきなのだが、3年程度しかいない管理職が面倒なことをやるはずがない。新しいことをやり始めれば必ずもめる。もめれば、「なんだあいつは」となり、評価が下がる。役人の世界は、常に減点主義での評価であり、加点主義で評価が行われることはない。減点されないようにすること、そのためには常に前例に従って新しいことをしないことである。

減点主義評価が組織文化になっている組織では、仕事をしない人が出世する。仕事をすれば必ず失敗する可能性があるからだ。特に、前例がない仕事では失敗のリスクは大きい。また、Ｙ大学では、前例のない仕事については上司も含めて関係部門が寄ってたかって足を引っ張るので、失敗のリスクは民間に比べて比較にならないくらい大きくなる。このような組織文化の中で出世をしてきた人が、どのような人であるのかはおわかりいただけるかと思う。高い志を持った若い人材が、減点主義評価の組織文化の中で、時間とともに死んでいくのである。

キャリア支援室にもつい最近まで、信じられないくらい大量のビデオテープが残っていた。使用目的は不明だが、講座の録画にでも使ったのではないだろうか。現在はＤＶＤが主流なので、使いようがない。どうしたものかと一時保管していたのだが、スペースをとるので、捨てることにした。消費期限がない消しゴム、鉛筆といった文房具のようなものであれば何年かかけても使うことは可能だが、このような技術の変化で使われなくなるようなものであれば、捨てるしかない。「貴重な税金」を捨てることになるのである。

ある日、サイボウズを見ていたら、フロッピーディスク70枚、はがき１７２枚が余っているので、必要な部門は申し出てくださいという掲示が出ていた。「ああ、どこかの部門で大量に買い、何年か経っても使い切れないので、仕方なく出したんだな」と思った。はがきはともかくとして、フロッピーディスクは何年前のものなのだろう。最近のほとんどのＰＣにはフロッピーディスクの読み取り装置は付いていない。ビデオテープと同様で、腐らないので大量に購入したのであろう。これも捨てることになるんだろうなと思った。「貴重な税金」を捨てるのである。当然、何年も金を寝かしておいたのだから、金利もかかっているしスペースの費用も浪費したのだ。「コスト意識ゼロ」の人たちである。

使わないと次年度の予算が減らされる

このように、物をたくさん買うのには他にも理由がある。それは役所の予算制度の問題である。役所の予算は単年度予算のため、その年度に予算化されたものについては、その年度に使い切ってしまわない限り、翌年度は減らされてしまうという問題がある。ここへ来てびっくりしたのは、予算化した金額は何としてもその年度中に使い果たさなければならないことであった。ある年、予算が余りそうになってしまった。すると経理部門から、「使わないと来年減らされますよ」と予算を全て使ってしまうよう指導があった。「おー、随分民間の経理とは違うな」とえらく感心したものである。

このように予算が単年度方式であるため、年度末になって予算が消化できないとなると、何か買っておくべき物はないか、といろいろ物色が始まる。腐るものは買えないので、長持ちできて予算を消化できるものを買いこんで、ともかく使い切ろうとする。キャリア支援室に大量に余っていたビデオテープも、ある時、同様の理由で買ったのであろう。このようなシステムでは、予算は常にふくらむ。そして使い切って翌年の予算を確保しようとする。

こういうことなので、年が明けると各部門では物を買ったり、工事をしたりといったことが始まる。まあ、予算は部門ごとなので、学生に関係のない部門では、部屋を改修したり、まだ十分に使えるＰＣを廃棄して、新しいＰＣを購入したり、将来捨てるようになるかもしれない物を大量に購入したり、といったことが行われる。縦割りなので学生の自習室が信じられないくらい貧弱でも、図書館の本が十分でなくても、教室のプロジェクターが古く、カーテンを全て閉めきり蛍光灯を消してやっと見えるような状態でも、スタッフの部屋や、トイレの改修が行われる。

予算が単年度方式であっても、経営幹部がしっかりしていれば、このような馬鹿なことにお金を使うことはない。ともかく必要とされる経費しか認めない。何かを購入する場合、可能な限り安く購入する。複数の部門で必要な物ならば、集中して購入することによって価格を下げる。そして経理部門は予算を常にチェックし、予算が余る場合は、大学全体のプライオリティに従って使う。

こんなことは社会の常識で、民間ならどこでもやっていることである。しかし、このような単純で基本的なことすらできていない。経営幹部がこれらを徹底させ、しっかり管理を行えば済む話である。経営幹部がやるべき仕事を自覚していない、いや知らないのではないかと思われるのだ。コスト削減は即利益につながるという、民間であれば一般事務職の女性社員も含めて、誰もが持っている発想がないためにできないだけの話である。ここの経営幹部は、民間の係長レベルの下級管理職がやっている仕事すらできていないように思える。

資産管理が行われない

ここへ来て初年度にビックリしたことがある。民間では年1回必ず行われる資産管理が行われていないのである。民間にいた時代は、10万円以上のものが固定資産、それ以下でもPCは管理対象だったように思うが、ある基準で準固定資産とされている管理対象のものがあり、これらについては、実物が存在するのかどうか年に1回必ず棚卸しが行われていた。このような管理対象のものには、バーコードが貼られていて、経理部門が打ち出した部門ごとの資産目録と現物との確認が実施されていた。

しかし、ここではそれが行われていないのだ。買ったもののうち、資産にあたるものについては、帳簿上の管理は行われているようである。しかし、それが実際にあるのかどうかについての棚卸しが行われていない。ということは、物を購入してしまえば、それがどうなっていようとも、何のフォローもなされないことになる。

キャリア支援室では、コンピュータ化を進めたことから、学生が使うPCが不足することになった。そこで関係部門にPCが欲しいと言ったところ、真新しいPCを3台持ってきてくれたのである。ある部門で予算が余って余計に購入したPCのようであった。企業では、資産移管の処理が行われたが、ここでは一度も行われたことはなかった。

先ほど検収センターの話をしたが、まあ、ともかく正しく発注が行われ、物が納入されたと仮定しよう。しかし、それが決められた場所にあるかどうかのチェックは永久になされないのだ。そんなことが行われているとは思わないが、これでは大学の費用で自分の物を購入することも可能となる。

全てにおいて性悪説で管理していながら、これで検収センターなる組織が本当に機能していると考えているのであろうか。ここの人たちのやっていることを見ていると、「頭隠して尻隠さず」ということばがピッタリとあてはまる。ともかく、どこかが抜けているのだ。それは明らかに税金の無駄遣いになっている。金をかけただけの効果がないからである。どうして、このようにちぐはぐな管理が行われているのか。とても理解できない。

伝票と実物の納入が正しく行われたとしても、それがそのまま、そこで使われずにどこかに消えてしまってもわからないのでは困る。ここの人たちが考えていることは理解できないが、消しゴムや電池を厳しく管理するよりも、もっと金額が大きい物が、現実にあるのかどうかについて、しっかり管理を行うべきではないだろうか。ここの人たちは、何をやるにも5円、10円については異常と思えるほどにうるさく管理する。しかし、高額な物の管理はずさんである。メリハリとプライオリティがないのが特徴である。これも民間とは正反対である。

出張は正規料金で

安い物が買えないというのは、出張でも同様である。常に正規料金で精算が行われる。企業にいた時は、出張パック等安い方法を駆使することが求められた。札幌には何度も出張したが、往復の航空運賃より大幅に安くてホテルの宿泊、朝食がついている出張パックが多くあり、これを利用して出張していた。そして当然、実費での精算である。しかし、ここでは違っていた。ある出張パックを探してそれで出張しても、それ以上に安いパックがあったら住民に説明がつかないというのが理屈のようなのだ。「貴重な税金」を使うので、説明責任が必要だというのである。「おー、面白い理屈があるものだ」とえらく感心したことを覚えている。

住民からもっと安いパックがあるのに、なぜこのパックで行ったのかとクレームがついたら説明できない。正規料金で出張しましたと言えば誰からも文句が出ないというのである。高くてもクレームがつかないならよいのだ、という発想である。「コスト意識ゼロ」である。確かに、いくら長時間ネットサーフィンをして安い出張パックを探し出したとしても、この出張パックが日本一あるいは世界一安い保証はない。もっと安い出張パックがある可能性はゼロではない。可能性がゼロでない限りは、住民からクレームがつく可能性があるというのである。

そもそも正規料金よりも大幅に安く、それほど時間をかけないで見つけることができる出張パックであれば、もしそれより安い出張パックがあったとしても正規料金で行くよりはコストの削減になり、よいではないかというのが民間の発想である。また、民間は人件費が最も高いと考えているので、より安い出張パックを探し出している時間と手間を考えれば当然安いと言える。ところがここではそうはいかない。「人件費はタダ」、「コスト意識ゼロ」だからである。結果的には税金の無駄遣いとなっているのだが、彼らの論理ではいくら無駄遣いであっても説明できないこと、形式が整わないことは認められないようなのだ。

私もここの住民だが、こんなことで絶対に文句は言わない。それよりも、正規料金より5円でも10円でも安い出張パックで出張してくれと言いたい。なぜ、安く出張できる方法があるのに、正規料金で出張するのかと文句を言う。全ての住民が、私のように考えているとは言わない。しかし、大多数の住民は私と同様の考えのはずである。しかし、ここの人たちは自分たちの頭の中で考えた住民の理屈で物事を行っている。この理屈の裏には何かあるのではないか、と考えてしまうのは私だけではないだろう。どうも、ここの人たちと同様に性悪説が身についてしまった。

金券ショップと言われる店には、多くの航空券、新幹線乗車券が常に売られている。どうしてこのような供給が途絶えることがないのだろうかと考えた時、役所から多くの正規航空券、乗車券が流れているのではないかと疑ってしまう。正規料金で買ってそれを金券ショップに売り、出張パック等安い方法を見つけ出してそれで出張に行き、差額を懐に入れているのではないかという疑いである。事実がどうなのかはわからない。しかし、事実であるなら、これは明らかに税金泥棒である。民間のように、宿泊を伴う出張は出張パックを原則として、実費精算を行えばよい。そうすれば、「貴重な税金」の節約ともなるはずである。

交通費の請求は常に大学から

Ｙ大学へ来て最初に争ったのが、交通費の請求方法であった。交通費の請求は民間同様に市外出張と市内出張とに分かれており、いつ、何のためにどこへ行ったのかについて書くことになっている。ところが、この請求の起点は常に大学であり、帰着も大学となっているのだ。そして、その間の通勤定期区間を除いた交通費の実費が支払われる。

時間によっては自宅から直接訪問先に直出する、あるいは訪問先から直帰するということはグローバルに行われている。米国に駐在していた時も当然そうであった。これこそグローバル・スタンダードなのである。家から10分のところに直出するのに、１時間かけて大学に行き、さらに１時間10分かけて目的の場所に行く馬鹿はいない。ここでは実態は直出、直帰となる場合であっても、大学を起点、帰着にして交通費を請求してくれというのだ。

Ｙ大学は、ある私鉄の沿線にある。私はＪＲの東海道線の沿線に住んでいるので、東京方面への直出あるいは直帰に際しては、東海道線の方が明らかに早い。しかし、これは認めないというのである。わざわざ大学へ行く時の乗換駅である私鉄の駅まで地下鉄で行き、ここから品川に出て、山手線に乗り換えて東京に出ろというのだ。

「人件費はタダ」なので、時間がいくらかかろうと安いほうがよいということのようだ。これを直出、直帰に際しては東海道線を使えるようにするまでに６カ月を要した。仕事をしながらこれを認めさせる労力は大変なものである。５円、10円についてだけはとにかくうるさい、と言った意味が理解いただけるかと思う。

以前は、東京に住んでいる人が東京に直出する際には大学のある駅からの交通費が支給されていたという。ともかく世の中の常識、それがグローバル・スタンダードであっても変えるためには労力を要する。前例主義を切り崩すことは大変なことなのである。「絶対に変えない」と言い張るような管理職がいるからである。人件費が最も高いという考え方であれば、時間的に早く行く方が人件費の節約になると考える。これが、グローバル・スタンダードであり、ローカル・スタンダードでもある。しかし、「人件費はタダ」という考えなので、このようなことを変えることですら簡単ではない。

この交通費についても、以前は金額を入れないでくれと言われていた。担当者が金額を全て調べていたのである。人が余っているからと言われればそれまでだが、「性悪説」と「人件費はタダ」という考え方の良い例である。民間であれば出張した人に記入させ、ランダムにチェックするだけだろう。近地であればチェックも省略する。近地の外出では、10円、20円の間違いがあることは稀にはあるかもしれない。しかし、意図的でなければ、数百円、数千円の間違いが起こることはない。意図的にやったら懲戒にすればよいのだ。

これでは、チェックをする人件費の方が明らかに高い。「人件費はタダ」という発想を持っていなければ、こんなことをするはずはない。つい最近になって、やっと金額は自分で入れることになった。ただ、その金額を証明するものを付けろと言われている。私のスタッフによれば、経理部門から、こっちの方が安いと言ってくるようなので、高い人件費を使って全件チェックをしているのであろう。

この変更がなされる前に、信州に出張で出かけた。信州に行くには新宿から特急に乗り換える。新宿に出るには、自宅のある東海道線の駅から湘南新宿ライン1本で行ける。当然、行きも帰りもこのルートで行き、交通費の精算を行った。ところが、規定上このルートは認めないというのだ。大学へ通うのと同様に地下鉄で私鉄の乗換駅に出て、私鉄に乗り、品川を経由して山手線で新宿に行くルートでの精算しか認めない、と言い張るのである。調べてみると確かに片道90円安い。こんな細かいことまでチェックしている人件費と私の人件費とを考えたらとんでもなく高くなる。「人件費はタダ」だから問題ないのである。

外出先に直出する、あるいは外出先から直帰する、といった場合、JRを使って最短の方法で行くことは認められたと思っていた。しかしある日、経理部門から直出する経路は認めないと言われたと、私のスタッフが言ってきた。どうも担当者が代わり、この担当者は本庁と同様の考え方なのであろうか、そもそものやり方を押し付けてきた。スタッフが頑張って、了解が得られたようであったが、通勤定期が出ている区間を常に記入するよう要求されたという。あくまでも、起点と終点は大学が原則だというのである。ともかく、ここの人たちの考えていることは理解できない。私がいなくなったら、また、元に戻るに違いない。

担当が休んでいるので来週来てくれ

キャリア支援室では、夏休みに学生にインターンシップの紹介を行っている。キャリア支援室が独自に開発したもの、企業、市町村、公共団体が公募しているもの、商工会議所、経営者協会といった各種団体が斡旋しているもの等、たくさんのインターンシップがある。インターンシップへの学生の派遣に際しては、インターンシップ保険を掛けさせている。これは大変安い掛金で保障が受けられる。この保険については、学務部門のある担当者が担当していた。ある日、別の場所で学ぶ大学院生がインターンシップに行くことになり、片道1時間かけて手続きにやってきた。手続きが終了し、学務部門に行ってインターンシップ保険の手続きをしてくるよう指示をした。

少し経って学生が戻ってきて言うことには、インターンシップ保険の担当者が夏休みで休んでいるので、来週来てくれと言われたという。役所は縦割りと言われているが、わざわざ片道1時間かけて手続きにきた学生を、担当者が休んでいて手続きができないため往復2時間をかけて来週もう1回来い、というのである。「おいおい、学生だってあんたのように暇じゃない。宿題もあるし、試験もある」。

ともかく、役所では常識でも民間ではとんでもないことなので、「何とかしろ」とねじ込んだ。すると以前にこの手続きを担当したことのある職員がいて、手続きができたのである。何のことはない、リストに名前を書き、お金を徴収するだけであった。こんなことすらやろうとはしない。明らかに役所の発想で、学生をお客だとは考えていない。休む職員も引き継ぎをしないし、管理職もそれで当たり前だと考えている。住民に対しても同じように接していることは間違いない。住民だけはお客であると考えて接しているはずはないからである。

民間でこのようなことが起きたらどうだろうか。絶対にお客に逃げられる。役所は絶対に逃げられないので、こんなことを平気で言うのである。これではインターンシップ担当部門としても、学生にとっても迷惑なので、インターンシップ保険の手続きを学務部門から取り上げ、キャリア支援室が担当することにした。工数はかかるが小学生にもできる仕事である。

翌年も同様な事件が起こった。医学部看護学科の学生がインターンシップ実習に行くことになり、キャリア支援室を訪れた。看護学科の学生には、日本看護学校協議会共済会の通称Willと呼ばれる総合保障制度を紹介している。任意加入であるため、医学部の学務部門に加入の有無を確認したところ、返事は「担当者が夏休みのためわかりません」であった。本人に確認するとプランの種類は覚えていないが、加入はしているとのことであった。ホームページで保険内容を確認して「大丈夫である」と結論付けた。

経営幹部、管理職の意識が変わらない限り、永久にこのようなことが起こる。インターンシップ期間中に事故が起こらなければよいと思うのだが、事故が起こってしまっては手遅れとなる。夏休みが終わったと担当者から電話が入った。この担当者は、今月担当を引き継いだばかりなので、何もわからないという。まあ、どこかを引っ掻き回せば名簿くらいはあるだろうが、例のごとく業務の引き継ぎがなされていない。コンピュータでデータベースにしておけばとは思うのだが、ＩＴ能力が低いのでとてもそのようなことは期待できない。

今日は切手は出せません

これと同じような事件があった。郵便切手をある担当者が管理していた。ある日、郵便を出すために切手をもらいに行った時のことである。「郵便を出したいので切手を下さい」と担当部署に行くと、今日は担当者が夏休みで休んでいるので来週来てください、と言うのだ。「おいおい、そんな悠長な郵便じゃない。来週まで待っていたら間に合わなくなる」。仕方がないので自費で投函したが、ともかく相手を待たせることに関しては全く気にしない。相手の都合ではなく、常に自分の都合を優先する。

さらに、こんな細かいところまで縦割りが徹底している。隣の担当者がやっている仕事には一切関わらない。管理職も仕事を知らないので、管理職にクレームを言ってもらちがあかない。このような現状が、おかしいという認識すら持っていない。こんな末端まで、独立採算で仕事が行われているのが役人の世界である。

企業であれば長期の休暇の場合、このような業務を引き継ぐのは当たり前である。また、担当、補助の女性、この人たちを管理している係長は、当然このようなルーチン的な単純作業であれば、全員がわかっている。突然病気で休む、肉親に不幸があるといったことも起こるからである。それでなければ誰かが休む、夏休みを取るといった場合に仕事が完全に止まってしまう。「担当が休んでいるからわかりません。来週は出てくるので来週に来てください」とお客に真顔で答えて、民間がやっていけるわけはない。確実に競合他社に仕事を取られる。

そのためにどうするかを、係長や管理職が常に考えていなければならない。まあ、こんなことにまで危機管理とは言わないが、役人に危機管理の考え方はないようである。このような場合、問題を起こさせないというのが係長の仕事のはずである。また、課長は課内の仕事を、担当者が休んでも問題がないような仕組みに作っておく義務がある。しかし、役所ではお客はおらず、競合他社に仕事を取られることもない。従って、係長も課長もこういう事態について考えていない。「すいません。担当者が夏休みでして、来週来てください」と言って謝っていれば時間が過ぎ、部署が変わるのである。担当者、係長、課長、全てがやるべき仕事をやっていない。中でも課長の責任は重い。

行われない最低限度の情報交換

独立採算による仕事の仕方でもう1つ面白い話がある。企業でも役所でも同様だが、常時使用する労働者については労働安全衛生法66条、労働安全衛生規則44条によって、事業者は年1回の定期健康診断が義務付けられている。ある年、大学が行う定期健康診断ではなく、ここの人事課を通して公立学校共済組合が行っている外部の人間ドックを受診することにした。4月に人事課経由で人間ドックの申し込みを行い、5月に人事課を経由して受診承諾書を受け取った。昨年の定期健康診断が10月であったので、人間ドックも10月とした。近くて便利な外部受診機関に電話で申し込むと、直ちに問診票が入った受診キットが自宅宛に送付された。

ところが7月になって、ここで実施される定期健康診断の受診に必要な受診キットが配布されたのである。考えられないことではあるが、人間ドックの担当者と定期健康診断の担当者が違うとしか考えられない。人事課は、人が多いので仕事を細かく分けないとやることがないからなのであろう。人事課に行き、定期健康診断の担当者に今年は人間ドックを受診するので、受診キットは不要であると返却した。

するとどうだろう。10月に人間ドックを受診して大学に戻ったその日に「貴職は、今年度まだ定期健康診断を受診しておりませんので、×月×日に行う今年度最終の定期健康診断を必ず受診するようお願いいたします」と健康管理センターから手紙が来ていた。仕方がないので、この手紙に『本日、たった今外部の人間ドックに行き戻ったところです。人間ドックに加えて、さらに定期健康診断を受診する必要があるのであれば、ご指示下さい」と書いて、返信しておいた。

すると翌日健康管理センターからEメールが入り、「未受診者への対応については、人事課から受け取りました未受診者名簿に基づき今回の文書を配付しました。人間ドック受診済みの旨を人事課宛に連絡いただけますようお願いします」との連絡を受けたのである。おわかりいただけたかと思うが、ここの人事課では最低限必要とされる情報交換すら行われていない。人間ドック担当者と定期健康診断担当者が、全く独立採算で仕事をしている。人事課には係長も課長もいる。担当者に仕事を振り分けたらそれで終わりなのだ。最低限度の情報交換すら全く行われていない。

企業にいた時代は、50歳を越えると2年に1回は人間ドックの受診が義務付けられていた。さらに5年間は、地方にある子会社に出向を命ぜられて単身赴任をしていた。地方への単身赴任では、毎年人間ドック受診が求められ、地方の病院での受診であったが、医療データも含め、全ての情報が本社で一元的に管理されていた。ここでは、全てが紙の管理なのであろう。同じ部門内で、それも当然情報交換をしなければならないことさえも行われていない。管理職も部内で何が行われているかを全く理解しようとはしない。毎日会議に出て、「あー、忙しい」と言っているだけのようなのだ。

この事件が起こった翌年、前年と同じ時期に人間ドックの申し込みをした。今回は、私のスタッフも人間ドックを受診するということで手続きを行っていた。するとある日、健康管理センターから電話が入り、今年度の定期健康診断の受診キットが届いているので、取りに来るようにとの依頼がきた。今年度も昨年同様に人間ドックの受診が決まっているが、本当にここで行われる健康診断も受診しなければいけないのかと聞くと、ともかく取りに来てくれの一点張りであった。その時は、時間がなかったので放っておいたら、翌日電話が入り、受診キットを取りに来る必要はありませんと連絡が入った。昨年も同様の問題を起こしており、明らかに私だけではないだろう。このやりとりは、未来永劫続いていくはずである。

平成22年度も人間ドックを受診することにして、人事課を経由して手続きを行った。いつものことであるが、大学が実施する定期健康診断の受診キットが届いた。さらに、10月29日には、すでに大学での定期健康診断は終了しているので、外部の機関を予約した上で受診するようにとの依頼状も届いたのである。

３年で動く職員

係長、課長がルーチンの仕事を全く知らず、なぜ管理も行わないのかというと、ともかく人事異動が激しいからである。３年程度で人が代わっていく。それも面白いことに、全く現在の仕事とは関係ないところに動いていく。大学から保健所、保健所から大学といった調子でアットランダムな人事ローテーションが行われる。まるでトランプのババ抜きのようである。企業であれば、ある目的を持って人材の育成を行う。しかし、ここではそのようなことは全く考えていないようなのだ。従ってプロが育たない。ここの課長レベル以上で、現在の収入を維持、あるいは収入以上で民間にプロとして転職できる人は、ほとんどいないのではないか。それほど専門性が低い。

Ｙ大学にも人事課という組織がある。ここでも本庁と同様の考え方で人事異動を行う。というか何も考えていない。係長に上げたら常に動かすといって、確かにランダムな人事異動が行われている。それというのも競争がないので、専門性を高める必要がないからである。

専門性が低いということは、誰でも出来る仕事しかしていないということになる。現代は、専門家の時代である。モノ造りは中国を中心としたアジア諸国に移転していき、日本は「知」で勝っていくことが求められている。しかし、ここでは「知」のある人材を育成することから、最も遠い人事ローテーションが行われている。

ホンダの経営幹部であった友人から聞いた話を紹介しよう。本田宗一郎氏とともにホンダを立ち上げ、技術屋であった本田氏を事務屋として支えた藤沢武夫氏から直接聞いた話とのことであった。藤沢氏から、「組織の力は管理職の数ではない。プロフェッショナルの質と量だ」と言われたという。本庁も含めてここの職員には、確かに管理職の肩書きがついている人の数だけはやたらと多い。しかし、プロフェッショナルと呼べる人材は本当に少ないように思う。プロフェッショナルとしての質もなければ量も少ない。藤沢氏のプロフェッショナルには当然管理職も含まれる。プロフェッショナルとしての管理職を意味しているはずである。これでは組織に力があるはずはない。アマチュアは、数がいくら多くてもしょせんアマチュア集団にすぎない。プロ集団に勝てるはずはない。

ここでも人材育成ポリシーなるものが作られている。この検討委員会のメンバーに任命されたので、初回は出席した。しかし、次回からは出席しないことにした。最終的には、絵に描いた餅のようなポンチ絵が出来上がった。そもそも人事というのはシステムであり、人材育成のポリシーなるものを単に絵に描いてみても意味がない。人事管理の考え方全体に、整合性がとれていなければならないからだ。人事制度と人材育成制度は車の両輪であり、お互いに矛盾があってはならない。年功序列の役所の人事制度を続けながら、人材育成制度でいくらチャレンジ、といったような格好ばかりのお題目を並べても機能しない。

初回の会議で、このことをはっきりと述べた。しかし、人事課長は私の言っていることの意味すら理解できなかったのである。くるくる動いたプロセスの中でたまたま人事課長をやっているので、人事のイロハも知らないし、理解もできない。また、全く勉強もしていない。次の職場が人事関連の部署である保障はないからである。この人事課長も平成21年4月に挨拶もないまま3年で、ある日突然異動となってていなくなった。案の定、今ではこのポンチ絵すら貼られなくなった。こんなことをやりましたと言いたいだけに時間と工数をかけてやった仕事であった。

後ほど詳しく述べるが、ここに勤務していた時代、意味のない会議には出ないことで通してきた。事実、出るべき会議は１つもなかった。また、会議に出席しないことで困ったことも全く起きなかった。任期を残し、他大学に転職して去っていった米国人の学長は、会議終了後いつも私に"Wasting time!"と言っていた。米国も含め、外を知っているのでここでの会議の無意味さ加減がよくわかるからであろう。

ここの異動は無責任体制の権化

ここでの、あまりにも短期間のアサインメント、そしてアットランダムな人事異動は、無責任体制の権化でもある。前にも述べたが、民間であればある意図を持って人事ローテーションが行われる。幅広い経験を積ませるとともに、専門性の向上にも配慮した人事ローテーションが行われるのである。人材の育成を図らなければ競争には勝てないからだ。ヒト、モノ、金、情報といった経営資源のうちで、ヒトが最大の経営資源であることは論を俟たない。また、「知」の競争となっている現代においては、特に人材の重要性は増している。企業競争は、人材開発競争になっていると言っても過言ではない。

人材の育成に際しては、評価が重要となる。評価は、行った仕事で行われる。民間では、あらゆる局面で人材を常に評価している。しかし、ここで行われているような3年程度の短期間で、かつアットランダムな人事ローテーションでは、評価が常にご破算にされていく可能性がある。あの、算盤で「ご破算で願いましては」という全てのゼロクリアである。民間のように、平均的な在任期間が5年であれば、行った仕事の結果が在任期間中に必ず出てくる。

しかし、3年程度で人事ローテーションが行われるのであれば、結果が出てきた時には、すでに責任を取るべき人はおらず、後任者は、この責任は「前任者がやった仕事で私ではない」と言っていれば済むことになる。さらに前任者も全く違った分野へと異動となるため、その責任を追及されることなく、心機一転仕事を行うことができる。そして、また3年、そこでの責任を追及されることはなく、新しい部署へと移っていく。これではあたかも責任逃れのために、短い人事ローテーションが行われているようにさえ思える。

民間ではこうはいかない。平均在任期間5年であれば、明らかに自己の仕事の結果責任がその期間内に問われる。さらに、前任者の責任が不問に付されることはなく、別の部署に異動したとしても、後任者から、あるいは上司からも責任追及がなされる。懲戒もあり得るし、社内に悪評となって残る。しかし、ここでは皆があたかも臭いものに蓋をするようにお互いにかばいあっているようなのだ。

ある部署の出来の悪い係長が1年で異動した。この係長は、どこでも本当に短い期間しか勤務していないとのことであった。6カ月しかもたなかった部署もあったようである。異動に際して、大学のかなり高額な備品を自分の荷物に入れていることを他校から来た管理職が見つけ、人事課に対して厳重に注意するよう依頼した。人事課の調査では、備品が荷物にもぐりこんできたと答えたという。備品に足がついていて、歩いて入ったということのようなのだ。結局ウヤムヤになったが、このように職員同士では徹底的にかばいあう。ともかく、身内には甘いのである。

ここの人事考課は住民の視点？

このような人事課なので、自分たちでは何も考えずに、本庁のやっている人事制度をそのままここでもやっている。人事考課でもマニュアルは本庁のものであり、それをただコピーして配ってくる。また、その分量たるや馬に食わせるほどの量である。このような仕事をしておきながら、人員だけはやたらに多い。平成22年４月現在、19人の人事課員がいる。キャリア支援室は、学生・大学院生４０００人弱に対して６人である。しかも１人は平成22年４月に増員されたスタッフで、それまでは５人であった。当然、平成22年度は指導工数がかかるので５人以下でやることになった。

ライン部門より、スタッフ部門の人員の方が多いという組織は民間にはありえない。しかし、ここではこのような仕事をしていながら膨大なスタッフを抱えている。企業で言えば、営業課より人事課の人数の方が多いことになる。私立大学をよくベンチマークして比較するように、と言っても聞く耳を持たない。明らかに自分たちに不利な結果になることがわかっているので、絶対にベンチマークを行おうとはしない。当然、経営幹部もこれを認めている。

信じられないことだが、ベンチマークの意味自体がわかっていなかったのだ。私が、「ベンチマークをやりなさい」と言っても、駅のベンチにマークでも付ける意味とでも思っていたようなのである。「何でこいつは駅のベンチにマークを付けろ」としつこく要求するのだ、と不思議に思っていたようなのだ。「Y大学と他大学の人事課の人数を比べてみなさい」と小学生に話すように言ってあげるべきだったのである。この話は、後に詳しく述べたい。

経営に関わる経営幹部がこのような意識を持たなければならないはずなのだが、減点主義評価で同じように育ってきた人間に、そのような意識を期待するのは所詮無理な話である。どうでもよいのである。ある期間椅子に座り、給与をもらい時間を過ごすのが目的なので、面倒なことはしたくないようなのだ。社会保険庁の問題を見ればわかるように、あれは何十年にもわたっての不作為、怠慢の結果である。その間、社会保険庁長官が何人代わったのかは知らない。しかし、都心の一等地に秘書つきのオフィス、高給の待遇、車の送り迎え等の処遇を受けて、何もしなかった人たちがいたはずである。自分の時代はともかくうまくすりぬければよい、ということであったのだ。ここでも同様の意識の人たちが座っている。

民間であれば給料泥棒と言われる。しかし、ここは税金でやっているので税金泥棒ということになるのだろうか。仕事は先送りなのに首は切られず、さらに責任も問われない。担当している仕事に関しての勉強も行わず、ベイシックなスキルも信じられないくらい低い。そして、給与は年功序列。民間時代、こんな社会があるとは想像すらできなかった。

話がまた逸れてしまった。キャリア支援室のスタッフの人事考課をつけていたら、評価の項目に「住民の視点で仕事ができているか」というのが出てきた。「おいおい、ここでは学生あるいは教員の視点だろうよ」と思って人事課に話をしたら、「そのように読み替えて下さい」と言われた。翌年は変えるのかと思ったら、また、本庁の人事考課表をコピーして送ってきた。当然、「住民の視点で仕事ができているか」と書かれていた。ここの人事課はコピーができれば勤まるようなのだ。これも前例主義なのだろうか、6年間全く変えなかった。

さらに、人事考課表も含めて人事課が送付してくる人事のエクセルの帳票は職員番号から名前、生年月日、入校年月日を全て書かなければならない。単なる白紙を送付してきて全てを書かせるのである。

私が企業に入社した38年前でも人事考課表は紙ではあったが、個人情報は全てコンピュータで印字されていた。当然、現在はインターネットで全てが処理される。本庁はどうなのかは知らないが、給与の高い管理職がここと同様に全てを記入しているとしたら、合算すると相当な額の「貴重な税金」が使われているわけだ。「人件費はタダ」なので問題にはならないのであろう。

また、ここにも民間での賞与考課なるものがある。勤勉手当における業務実績評価というのだが、この評価は３ランクに分かれている。Ａ　顕著な実務業績をあげた、Ｂ　十分な業務実績をあげた、Ｃ　十分な業務実績をあげていない、である。この３段階の分布の目安が、民間からすると大変面白い。Ａが５％、Ｂが90％、Ｃが５％である。どういうことなのかといえば、90％の人間は同じ評価になるのである。これが果たして評価と呼べるものなのだろうか。一般社会では評価とは言わない。

プロはおらず、新しいことに挑戦することもなく、前例どおりに単純作業をこなしていれば、差がつかないということでは正しいのかもしれない。ＡとＣ評価の場合は、理由書の提出を求められる。ここのＡの理由が面白い。「当初の業務分担を十分にこなしつつ、それに加えて行政運営上重要な業務を担い十分な業績をあげた」とある。理由書も本庁から送られてきたものをそのまま転送してくる。常識ある人たちであれば、文章くらいは変えるはずである。しかし、ここではそのままコピーするだけである。

母集団のない人事考課

人事考課の話になったので、関連した話をもう１つしてみよう。ここの人事考課には、母集団という考え方がない。本庁が同じなのかどうかは知らないが、コピーをする人事課なので、もしかしたら同じなのかもしれない。人事のことを知らない人も多いと思うので、少し解説が必要かと思う。人事考課とは、従業員の仕事に対する評価のことをいう。企業では一般的に人事考課と賞与の査定のための賞与考課という2つの考課、すなわち成績査定が行われる。賞与考課は短期間の実績を評価するのに対して、人事考課は短期的な実績だけではなく、現在の仕事での成果を通して従業員の将来性を含んだ評価を行う。

評価には、絶対評価と相対評価の2つがある。絶対評価とは、ある明確な基準があって、その基準を超えているのか、いないのかを評価するものである。陸上競技での、オリンピック出場を決めるための標準記録がこれにあたる。それに対して相対評価とは、基準となるものはなく、被評価者の優劣を比較してどちらが優秀なのかについて序列をつけるものである。オリンピックの本番は、この相対評価となる。

人事考課では、下位の管理職の評価から始まり、上位の管理職の評価へと数次の評価が行われるのが一般的である。通常は、被評価者、すなわち評価を受ける人の数が少ないこともあり、人事考課および賞与考課双方ともに、下位のレベルでの評価は絶対評価となることが多い。しかし、上位者の評価では相対評価となる。この理由は、人事考課では昇給額を、賞与考課では賞与額を決定する必要があり、ここではあらかじめ決まっている原資を、従業員同士で取り合うことにならざるを得ないからである。いわゆるゼロサムゲームが行われるわけだ。従って、最終的には相対評価によって優劣を決定することが必要となる。

相対評価をする場合、同レベルの集団の中で比較しなければ意味がない。例えば中学1年生と数学のノーベル賞と言われるフィールズ賞受賞者の数学の力を比較しても意味がない。また、市民ランナーとオリンピックのマラソンランナーを比較してみても始まらない。１００ｍをジャマイカのボルト選手と一緒に走れと言われて、はいそうですかと走る人はいない。結果は初めからわかっていて、意味がないからである。

米国でもアップル・アンド・アップル、オレンジ・アンド・オレンジという言い方がある。また、それはアップル・アンド・オレンジとも言う。比較をするならりんごとりんご、オレンジとオレンジとを比較しなければ比較にならないということを言うのである。りんごとオレンジを比較してみても、それは好みの問題であって、どちらがおいしいりんごなのか、あるいはオレンジなのかの比較にはならない、という例えで米国人との会話の中では、よく出てくる表現である。

組織の中での評価も同様である。新入社員と10年のベテラン社員を一緒に人事考課したら、新入社員は常にベテラン社員より高い評価を得ることはできない。秘書と社長を一緒に評価ができると考える人はいないはずだ。そもそも仕事が大きく違い、期待されているアウトプットも違う。人事考課を行う場合、このような違う人たち同十で評価するのではなく、同じレベルの人たち同士で評価するのが原則である。ところがここでは、この原則で評価を行ってはいない。

この人事考課で評価を行う同じレベルの集団のことを、人事考課の考課母集団という。ある会議で、人事課長から人事考課の説明があった。説明では、事務職全体が同一の母集団になっていた。そこで人事課長に、どうして人事考課の母集団を分けて考えないのか、通常は見習い、一人前、ベテランと分かれるはずであり、新入職員とベテラン職員を一緒に評価しても意味がないのではないかと質問した。人事課長は、人事考課の母集団という意味すら理解していなかったのである。人事関係の課長経験がある企画部門の課長が、そのようなレベルを加味した評価をするのだといった言い訳を一所懸命していた。

とても聞くに堪えない話であった。人事考課のそもそも論から教えなければならない人事課長がいることも、世の中の常識からは大きくかけ離れている。

「キャリア・カウンセラー」を知らない人事課長

平成21年4月に人事課長が交代した話をしたが、前任の人事課長が決して特殊な事例ではなく、次の人事課長のレベルもわかる話があるので、ここで紹介しておこう。平成21年4月にキャリア支援室に新入職員が配属された。平成21年の11月下旬だったと思うが、翌年度にこの新入職員にキャリア・カウンセラーの研修を受講させようと考え、予算確保に動いた時の話である。キャリア・カウンセラーの研修には30万円程度の受講料が必要であり、学生へのキャリア支援の費用を削減せよという強い要求の中で、何とかこの費用だけは確保したいと考えたのである。

まず、経理部門に予算確保の話をしたところ、担当者からは「このような研修は、全学的な職員育成方針に関わることなので、経理部門に話をする前に人事課と相談してほしい」と言われた。ここの人事課に職員育成方針があるとは思えなかったが、ちょうど翌年のキャリア支援室の体制について12月11日に人事課長と相談する機会があったので、新入職員をキャリア・カウンセラーの研修に派遣したいので、了解してほしいと言った時のことである。「そのキャリア・カウンセラーというのは何だ。何かの資格なのか」と人事課長が私に真顔で質問したのである。

企業の人事部門、学校関係者はもちろんのこと、新聞を読んでいる社会人でキャリア・カウンセラーということばを聞いたことがない人はいないはずである。しかし、ここの人事課長はその内容はともかくとして、キャリア・カウンヤラーということば自体を初めて聞いたようなのだ。「ともかく、それがどういう資格で、どういう役割をする人なのか書いたものを送ってほしい」ということであったので、私のスタッフのキャリア・カウンセラーに、小学生にもわかるように書いて人事課長に送るよう指示をした。

12月11日に人事課長と話をした時も、そのような高額な費用が発生する研修に職員を派遣することは難しいと言われたが、ともかく淡い期待を抱いて待つことにした。数日とは言わないまでも、年末までには返事が来るだろうと思っていたが、翌年の1月13日に人事課長から電話があった。前任の人事課長は少なくともEメールはできたのだが、今度の人事課長はEメールをしても必ず電話で返事が来る。まさかEメールでの返信ができないとは思わないが、キャリア・カウンセラーということばも知らないくらいだから、もしかしたらEメールの返信もできないのかもしれない。

どうしてこんなに時間がかかるのだろうと思うが、私のスタッフの書いたキャリア・カウンセラーについての説明をよく読み、内容を理解するのに時間がかかったのであろう。人事課長は、「この職員は、いつまでキャリア支援室にいるかわからないし、将来係長にするかどうかもわからないので、今回の研修受講は認めない」と言ったのである。これが本庁での職員の教育に関する方針なのであろうか。これでは誰も外部の研修を受講することができない。絶対に外部研修は認めないと言っているのと同様である。民間企業だって社員には必ず異動があり、将来の昇進だって保障の限りではない。

しかし、現在の部門で必要な教育については問題なく認められる。民間時代、私も部下10人ほどにキャリア・カウンセラーの資格を取得させたが、金がどうこう、異動や昇進がどうこうと言われたことは一度もなかった。そもそも、予算を確保し、ラインの責任者が派遣を決めればそれが最終決定であった。ここはキャリア支援室であり、学生のキャリア相談も含めてキャリア支援を担当する部署である。そこの職員に外部でのキャリア・カウンセラー研修の受講を認めないというのである。確かに知識・スキルは個人につくものではあるが、それによって学生へのサービスの向上が図られる。他校から来た管理職にこの話をしたら、前任校ではキャリア部門の職員全員に大学の費用で強制的に研修を受講させていたという。なるほど、これではプロが育つはずはない。

平成22年8月12日、この人事課長が電話をかけてきて10分ほど時間をくれないかと言ってきた。話を聞くと、職員の人材開発を考えたいので話を聞きたいとのことであった。たたき台だという数枚の紙を持参してきて話をしたが、話の中で出てきた職務給・職能給、職務分析、スキルズ・インベントリーということばの意味を、全く知らなかったのである。当然、職務分析の際に出てきたヘイ・ポイントファクターなどということばは知る由もなかった。

この人事課長のバックグラウンドが何なのかは知らない。しかし、これだけ人事関連の基礎知識のない人間に、これだけの組織の人事課長をやらせることは明らかに間違っている。「あなたも人事課長なら、人事管理の基本についてもう少し勉強したらどうだ」と言っておいたが、前の人事課長が作ったものと同様に、理論とは大きくかけ離れたポンチ絵ができるに違いない。

労働条件の説明もなし

Y大学に入った時の話である。労働条件の説明をしてもらえるのかと考えていたが、全く説明がなかった。これは明らかに労働基準法違反である。まあ、人事のイロハも知らない人事課に、労働基準法をわかっている職員がいるはずはないと今ならわかるが、当時は「どうして労働条件の説明がないのだろう」と考えていた。人事課にいる職員は、当然、人事のプロであろうと思っていたのである。ともかく、ここの職員は次にどこへ動くかわからないので勉強しない。こういうことで10年、20年経つとどういう人材になるのかは、おわかりいただけるのではないだろうか。どこでも使えない人間ができるのである。

最近は転職も増えている。俺は民間でもやれる、という人材がいるならやってみるとよい。20歳代あるいは30歳代前半の若手職員以外は、現在もらっている給与以上で民間への転職を果たせる人はほとんどいないはずである。20歳代あるいは30歳代前半であれば、若いことが付加価値とされ、採用される可能性はある。しかし、中途採用には即戦力の能力が求められる。従って、「マスの中にきれいにハンコを押せます」というだけの人材を採用する民間企業はない。このような人材育成方法は、明らかに間違っている。

労働基準法第15条第1項では、「使用者は、労働契約の締結に際し、労働者に対して賃金、労働時間その他の労働条件を明示しなければならない。この場合において、賃金及び労働時間に関する事項その他の厚生労働省令で定める事項については、厚生労働省令で定める方法により明示しなければならない」としている。これを受けて、労働基準法施行規則第5条では、明示しなければならない労働条件を規定しており、特に第1項から第4項については書面の交付を義務付けている。

1　労働契約の期間、1の2　就業の場所・従事すべき業務、2　始業および終業の時刻、所定労働時間を超える労働の有無、休憩時間・休日・休暇、労働者を2組以上に分けて交替に就業させる場合における就業転換に関する事項、3　賃金（退職金、賞与を除く）の決定・計算・支払いの方法、賃金の締切・支払の時期、昇給に関する事項、4退職に関する事項である。さらに、労働基準法第120条では、「次の各号の一に該当する者は、三十万円以下の罰金に処する」として、労働基準法第15条第1項の違反に対しては、罰則をもって臨んでいる。

この中で就業規則によって定められている事項もあり、それは書面で交付したとみなされる。しかし、就業規則も渡されることはなかった。働き始めて何日か経った後になって、私が3年契約であることを知ったのである。ということは、正規ではなく非正規ということになる。正規とは「期限の定めのない労働契約」を言うからである。当然、賃金に対する説明もなかった。賃金については、事前に訪問した際に、副理事長（当時）から口頭でだいたいこのくらいを考えているとの話があっただけである。このような重要な雇用条件すら全く説明しない。労働基準法も守れないのであれば、人事課の存在する意味はない。なくてもよいのである。

給与も知らせず契約を迫る

このようないいかげんなやり方は、3年後の契約更改でも行われることになる。契約が延長になるのかならないのか、3月に入っても連絡が来ない。まあ、何も言われないのは契約が更改され、延長になるからだろうと考えていた。とうとう3月31日になっても何も言ってはこなかった。そして4月7日になって初めて、人事課の係長が理事長名の労働条件通知書なるものを持ってやってきた。まあ、ここには基本的な労働条件が書かれており、「おお、3年前より随分良くなった」と思ったのだが、賃金を見て飛び上がるほど驚いたのである。

ここには年俸、諸手当とあるではないか。諸手当には管理職手当、家族手当、通勤手当支給とある。前の3年間はこんな手当はなく、年俸一本であった。今後の3年間は、手当を付けるというのだ。すなわち手当を外出しにした年俸だということらしい。「へー、ここは時代と逆行しているんだな。まあ、素人集団なんだからしょうがないか。世の中の動きを知るはずもないし」と思った。「今度こういうことにしました。いやなら契約しなくても結構です」とでも言うつもりなのだろう。

「ところで、全てを入れると年額は合計でいくらになるんだ」と係長に尋ねた。「それは、わかりません」と言う。「おいおい、合計金額も教えないでサインをしろというのか」と思ったが、詳しい金額は担当者から連絡させます」ということであったので、まあ、しょうがないかとサインだけはすることにした。まるで子供のお使いである。新入の担当者ならいざしらず、人事課の担当係長がやってきて賃金も教えずにサインしてくれというのだ。

その後、1週間経っても連絡が来ない。この係長に催促のEメールを入れた。すると担当者が休んでいるので、もうしばらく待ってくれと言う。「今でも後でも金額が増えるわけでもないし」と考えて待つことにした。前にも話をしたが、こんなことすら担当係長ができない。外出しの手当額だけを教えてくれればよいのだが、平気で待たせる。こんなことを1週間も答えられない企業の人事課は、日本には存在しない。多分、ここの人事課だけの特殊な例なのであろう。

そもそも世の中では、手当を廃止して年俸化を図っている。それも当然で、年功序列賃金制度から成果主義賃金制度へと移行を図ってきている中では、成果に関係ない手当てを排除していこうというのが、世の中の動きである。家族手当が良い例だ。結婚した、子供が生まれたということと成果とは無関係である。家族手当を廃止しないと、結婚した、子供が生まれたということで給与を上げなければならない。

パフォーマンスが極端に低く、明日にでも辞めてもらいたい従業員の給与も結婚、あるいは子供が生まれると上がってしまう。企業にとっては、成果主義が進行する中でこのような不合理なことはないということから、大変な努力をして家族手当を含め各種手当の廃止を行ってきている。少子化の世の中なので、役所は率先して出生率を上げるための手段を講じてきている、とでもいうのであろうか。それにしても私は当時58歳であった。出生率に関係する年齢ではない。

企業は、家族手当の廃止に際し、家族を持たない独身の従業員に対しては、妻と子供2人という典型的な家族構成であると仮定して、その家族構成に相当する家族手当を加算して年俸化を図った。そのための費用も決して少なくはなかった。そこまでして手当の廃止を行っているのに、ここでは世の中の動きに逆行している。まあ、素人がやることだから、と笑ってはいられない。今後、再度年俸化を図る際には、また、金がかかることになる。俺の金ではないからよいとでもいうのであろうか。

昔、米国に駐在していた時、現地人に「日本にはファミリー・アローアンスがあるんだ」と話した際の反応が忘れられない。「えっ、何で子供が生まれると給与が増えるんだ」と飛び上がらんばかりに驚いたのだ。「日本の会社は、子供を生むことを会社が奨励しているのか」と言うのである。まだ赴任したばかりの頃で、家族手当を当然だと考えていたのでえらく感心したことを覚えている。世の中に遅れているならまだしも、世の中の動きと正反対のことをやるとは、ともかく不思議なことをやってくれる人たちである。米国人は異民族だが、ここの職員は異星人、エイリアンであることがおわかりいただけるものと思う。

ところが手当の外出しについては面白いことがわかったのだ。退職手当規程を読んでいたところ、第5条で「……退職した日におけるその者の給料月額に、その者の勤続年数に次の各号に掲げる割合を乗じて得た額を合計して得た額とする」とあり、第10条に「年俸対象者については、給料相当分の12分の1を退職した日におけるその者の給料月額とし、第5条の規定に準拠して算出する」とある。すなわち、手当を外出しにして給料相当分を下げ、退職手当の計算根拠である給料月額を低くすることで退職手当を下げることを狙ったものであった。なるほど、今回はしっかりと労働条件通知書なる紙を持ってきた理由がよくわかった。退職手当も「貴重な税金」で支払われるので、少しでも安くして税金をセーブしようと考えたのであろう。

契約更新をして、初めての期末手当が出ることになった。理事長から「平成20年6月期の期末手当及び勤勉手当の支給について（通知）」というのが回ってきた。年俸対象者以外の月数の説明の後に、年俸対象者に対しては「各個人宛に通知した規定の金額を支給します」とある。「おいおい、どこでこんな説明をしてくれたんだ」。そもそも契約書にも6月と12月に支給するとは書かれているが、金額の説明は一切なされていない。いつものことなのでもう驚きはしない。全てがこの調子なのである。

給与袋は手渡しで

ここの給与は毎月5日である。いつ払われようとそれはあまり問題ではないのだが、ここでは、毎月人事課の職員が給与袋を持って配りにやってくる。人が多いのでここまでサービスができるんだ、と言ってしまえばそれまでだが、こんなことに人を使っている組織がまだ日本にあったのか、ということにいたく感心してしまった。サービスは学生にすべきなのだが、どうもここでもプライオリティが違っている。

これだけ人件費が高い日本にあって、こんなことが行われているのだ。中国はもちろんのこと、ベトナム、カンボジア、さらには日本の給与の50分の1とも言われるバングラディッシュであっても、このようなことに人を使っていないのではないか。「人件費はタダ」と考えている証拠である。

どうもそれは給与袋を受け取ったというハンコが必要なためのようなのだ。この広い日本のどこを探しても、アルバイトに支払う日当以外は、今どき給与袋に現金を入れている組織はない。息子は、アルバイトの日当すら銀行振込みで受け取っていた。いわんや私は3年契約の非正規とはいえ、アルバイトではない。どこだって銀行振込みになっているはずである。当然、ここでもそうだ。

ということは人事課の職員は単なる袋だけを持ち、この袋を受け取ったという確証を各部署にもらうために、ハンコをもらいに歩いているのだ。ところが、源泉徴収票、市民税・県民税特別徴収税額決定通知書については、受け取りのハンコは要求されない。源泉徴収票だって、市民税・県民税特別徴収税額決定通知書だって収入に関しての個人情報が載っている。給与袋と何が違うのだろうか。

これから想像すると、昔々給与袋に現金を入れていた時代の名残なのではないかと思える。まあ、それ以外にはこんなことをする理由は考えられない。現金が実際に入っていれば、受け取り先が確かに受け取ったという確証のためにハンコが必要なことはわかる。開けてみたら金額が足りないといったことが起こった場合、どこで間違えたのか、ということが問題となる。配っている職員にとっては、封がしっかりなされた給与袋を間違いなく渡しましたよ、という確証が必要である。それが受領印であったはずである。

しかし、ある時、給与は全て銀行振込みに変更した。ところがそれ以外のアクションは、給与袋に現金を入れて配っていた時代にやっていたことがそのまま残ったのではないだろうか。ハンコが必要なので、給与袋は手渡ししなければならない。手段が目的となった良い例である。現金を入れるのをやめても、それ以外のアクションは変えなかったのである。これは環境が変化しても、役人がその変化にあわせて行動を変えることができないことの典型的な例ではないか。ここの給与が銀行振込みになったのがいつだったのかは知らない。その間に管理職は何人代わったのであろうか。

減点主義、前例主義、管理職が全く何も考えていないと、今まで私がここで経験した実例を挙げて何度も述べてきたが、このことで本当に私の言ってきていることがおわかりいただけるのではないかと思う。手段が目的化し、目的化した仕事は環境や状況がどのように変化しようと変えることができない。このように、無意味で必要のない仕事に人が従事し、「貴重な税金」が人件費として使われている。政府が行っている「仕分け」では事業・組織の必要性が判断されている。しかし、このように仕事内容にまでブレイクダウンして厳しい査定を行っていけば、巨額な無駄が存在している事実が判明するはずである。

私のいた企業では、こんなことで人を使ってはいなかった。給与明細はウェブ上から自分で打ち出していた。民間では人件費が最も高いと考えている。従って、徹底的に人手を省こうとする。給与袋そのものが、もうないのである。このような制度になって何年になるだろうか。15年以上になるのではないか。銀行振込みになったのはもっと昔である。ここでの、これまでの給与袋を配るために使われた人件費を考えると、かなりの額になるはずである。こんなことを続けていて、「貴重な税金」を有効に使っていると言えるのであろうか。

ここの人たちは、税金を自分の金だと考えたことはないようである。自分の金であれば、節約をするからである。経営幹部を含めて、徹底的な意識改革を図っていく必要がある。経営幹部はこのような小さなことを、と言うであろう。しかし、小さなことができなければ、大きなことができるはずはない。足し算、引き算ができない子供に微分、積分は無理なのだ。小さいこと、小さな改善を積み重ねていく以外に方法はない。小さいこともやらない。当然大きいこともできていない。このツケは、いつかは払わされることになるに違いない。

特にY大学は公立大学法人となり、他の公立大学法人をはじめ、国立大学法人、私立大学と競争になっている。さらに、現代は少子化時代を迎え、大学を選ばなければ全入が可能である。現代は、大学が子供を選ぶのではなく、子供が大学を選ぶ時代なのだ。今は価格競争だけで勝つことができている。しかし、今後は設備も含めて教育の質が強く問われる時代になる。子沢山な時代とは違って、多少授業料が高くても良い教育が受けられる大学に子供を進ませたい、と親は考えるはずである。私だってそう考える。だから絶対に、自分の子供はY大学だけには進学させたくない。このままでは明らかに時代に取り残されていく。

源泉徴収票は部下からもらう

ここの給与袋のように、極端に丁重に扱うものがあるのとは反対に極端に粗雑に扱うものもある。また、そこに何らかの理屈、根拠があればよいのだが、どうもそのようなものは全くないようなのである。単に前からやっていることを、やり続けているだけのように思える。ある日、この給与袋配達係が、源泉徴収票を持ってやってきた。給与袋とは違って、ハンコの要求はなかった。驚いたことに袋に入ってはいるが、他のスタッフの源泉徴収票と一緒に1つの袋に入っている。「おいおい、ちょっと待ってくれよ。これって健康診断結果と同様に究極の個人情報じゃないの」、「個人ごとに袋に入れて渡すべきじゃないのかね」と言ったが、「ここでは今までこうしています」と言われてしまった。前例は常に正しいと考えているのだ。

それからも「ここではこうしています」、「もうこの話についての返信はしないで下さい」ということばを何度も聞くことになる。「絶対に変えない」と同じように、誰に何と言われようと自分たちは正しいんだ、という強い意気込みを感じる言い方なのである。これを言われると何を言っても意味がないし、聞く耳を持っていない。従って、「ああ、そうなの」、「民間の感覚じゃおかしいと思うんだけどね」と言うだけに留めて、あきらめる以外になすすべはない。

ところが、他大学から採用されたある部門の管理職が、カンカンになって電話をかけてきた。話を聞くと、源泉徴収票が机の上にむき出しで、それも表を向けたままで置かれていたという。「おお、そうか。やっぱりな」と思った。私が所属しているキャリア支援室では、私がたまたま席にいたので私自身が受け取ることができた。通常は、部門の事務を担当する女性職員が受け取り、組織内の職員に配るということであった。文句を言っても「ここではこうしています」と自信を持って言われてしまうのだ。

「表を向けてですか、それはひどいですね」と話をした。このことを人事課に文句を言ったら、「ここでは毎年こうしています」と言われたという。個人情報である組織に所属する全員分の源泉徴収票を、事務を担当する女性職員に渡した上で、この女性職員に配るように依頼しているのだ。女性職員に上司、同僚全員分の年収を見せて教えるというのが、ここの考え方なのである。情報公開もここまで進むと笑い話では済まされない。人事課が主催して個人情報保護の研修をやっていた。「出ろ、出ろ」としつこく言われたが、「出るのはお前たちではないのか」。ここまでくると本当にジョークである。

この事件があって反省したのだろう。平成20年度から、源泉徴収票が給与と同様個人別に袋に入って配られるようになった。ところが、この管理職の平成20年度の年末調整が間違っていたというのだ。「へー、そんなこともあるんですか」と民間との違いに驚いていたら、平成21年度も間違っていたという。

2年も続けてミスをしたので、係長経由で人事課長に文章での謝罪文を要求したところ、係長と担当者が訪ねて来て、どこが間違っているのか教えてほしい、さらには、年末調整の計算の仕方を指導してほしいと言ってきたというのだ。2年も続けて間違え、計算の仕方を教えてほしいという人事課である。本当に、この管理職だけが間違っていたのだろうかと心配になってくる。この程度の能力と仕事で給与がもらえるというのも驚きだが、世の中の常識では月謝を払わなければならないはずである。

ところが、ある係長の平成21年度の年末調整も間違っていたというのだ。「ああ、やっぱり一人じゃないんだな」と思った。私のスタッフにも「よくチェックしておいた方が良いぞ」と念を押しておいた。私は数年前から個人年金等の控除も大学では申請せず、確定申告に際して全て自分でやることにしている。ともかく、とても信用できないからである。

この年末調整の間違い事件には、さらなる後日談がある。ある日、この管理職が人事課長に会ったので、年末調整が2年続けて間違っていた旨を伝えたところ、この人事課長は何のことだかわからなかったというのだ。係長が課長に報告を上げていないのである。この時、人事課長は事実を調べさせてくれと言ってその際は別れた。その後、事実がわかり、誠に申し訳なかったと謝りに来たという。ともかく、このようなネガティブな情報は上司に上がっていかない。減点主義だから隠すのである。

さらに不思議なことには、再計算した源泉徴収票が来ないという。どうもここの人事課は「すいません。間違えました」と謝ればそれで全てが終わったと思っているようなのだ。源泉徴収税額に間違いがあれば、翌年の住民税に影響する。人の給与なので、どうでもよいとでも考えているのであろうか。この管理職も「ともかく、何を言っても頓珍漢でピンボケだし、私も忙しいので、放っておくことにした」と言っていた。6月に入ってやっと再計算した源泉徴収票が届いたようであった。

新卒法人職員も非正規雇用

前にも述べたが、平成21年4月、キャリア支援室に新卒の法人職員を配属してもらえることになった。これについて、私に給与の総額を説明できなかった係長からは、職員を1人配属するので、派遣スタッフを2人削減してほしいとの要求があった。私は、「そのような要求はお断りする。従って、新卒は配属してもらわなくて結構です」と伝えておいた。そもそも新卒は、少なくとも1年間は戦力にならない。というよりは逆に指導する工数がかかるので、足を引っ張られる。4人でやってきたので、今までの仕事を3人以下でやってくれという要求である。人事課のように19人もいれば、何とかなるであろうが、とてもそのような余裕はない。

結果は、1人増員ということになったが、この係長は全ての仕事は3日もあれば習得できると考えているようなのだ。給与計算も満足にできず、本庁から来るものをコピーして配るだけでも19人も必要としている。キャリア支援室は、全くコピーするものがない。全てを自らが企画・立案していかなければならない。どこの部門も人事課と同様にひな形やマニュアルがあり、それらをコピーしているだけだと考えているように思える。

新卒の職員が配属され、数カ月経った後に、この職員と話をしていて、本当にこればかりは目の玉が飛び出し、腰が抜けるほど驚いたのである。それは、Y大学に入った新卒法人職員全員が、3年契約の非正規職員として採用されたというのだ。キャリア支援室に配属された職員は、ある有名私立大学の出身であり、高校で1年間、大学で1年間の計2年間米国への留学経験がある。従って、英語力は本庁も含めて、ここの職員にはとてもいないような高度なレベルなのである。まあ、それはともかくとして、新卒の職員全員を非正規で雇用するという組織は、ここを除いて日本にあるのだろうかと考え込んでしまった。

確かに、非正規であることを条件として募集し、それに対して応募して採用されたのであり、私の場合とは違って労働基準法違反ではない。しかし、大学の法人職員として将来を背負う人材とは考えていないという意思表示をしているのだ。また、全ての学生が労働法規に詳しいわけではない。ほとんどの人が、非正規職員だと明確に理解した上で応募したとは思えない。何人かの新卒の職員がこの点について、人事課に質問をしたところ、基本的には契約を解除することはないので、正規職員と変わらないと回答したのだという。それではなぜ正規職員として採用しないのだろうか。ことばでどのようなことを言おうとも、法律的に雇い止めは可能であり、正規職員とは違う。

この職員に確認したところ、大学のホームページの採用情報のQ&Aで「Q　契約職員なのでしょうか?」、「A　正規職員で、契約回数に制限はありません」と記載されていたという。ともかく、このQ&Aは労働基準法を理解している人間が書いている文章ではない。このように、子供をだますような文章を書いて恥ずかしくはないのだろうか。本庁および関連組織の人事部門に配属する職員に対しては、最低限人事管理理論に加えて、労働三法を教育する必要がある。さらに、試験を課し、合格した職員だけを配属すべきである。

私の採用のところでも説明したが、正規職員と非正規職員との違いについて、知らない人もいるのではないかと思うので、再度説明しておくことにしたい。正規職員というのは、「期限の定めのない労働契約」で雇用された職員であり、組織としては定年退職まで雇用を保障するという意味を持つ。従って、期限を定めて雇用する職員は、全て非正規職員である。ここの新卒法人職員の場合、３年ごとに延長するのかしないのかを見極め、延長しないという判断も可能な不安定な身分の職員ということになる。私の経験でも、人の育成には10年単位の時間を要する。若いフレッシュマン、フレッシュウーマンをこのような不安定な身分で雇用することは明らかに間違っている。

私のところの新卒の職員には、早くスキルを磨いて、正規職員、正規社員で雇用してくれる組織、企業に転職するよう伝えてある。前にも述べたように、スキルアップのためにこの職員を外部研修に派遣しようとしても、人事課長はとても論理的だとは思われない理屈をつけて認めなかった。それは非正規職員だったからなのである。どこの組織であっても、雇用の調整弁としての意味しかない非正規従業員に、正規従業員と同様の教育投資をするはずはない。本庁の職員は正規職員なので、外部の研修にも派遣が認められるのであろう。Ｙ大学にいる限り、法人職員は自己のスキル向上を図ることはできない。

勤務管理は出勤簿で

ここの勤務管理は、未だに出勤簿で行っている。出勤すると出勤簿にハンコを押す。起案でもそうだが、ハンコが好きなのである。米国では、日本のハンコのことをラバー・スタンプと言って、馬鹿にしている。考えもしないで、ペタペタと簡単に承認するという意味である。当然、米国にハンコはない。直筆のサインがハンコの代わりとなる。企業時代、日本に出張で来た米国人が、えらくこのハンコを欲しがった。ラバー・スタンプが欲しいとせがむのである。米国に帰って、これが日本のラバー・スタンプだと見せたいという。要望に応えて、随分、シャチハタを特別注文した記憶がある。

私が企業に入った38年前でも、タイムカードが使われていた。調べてみると、出勤簿というのは平安時代の遺跡から出土するという。平安時代に出勤簿を使う企業があったとは思えないので、平安時代の役所で使われていたものであろう。ということは、平安時代から全く進歩していないことになる。ここでは、今から1200年以上も前と全く同じやり方で出勤を管理しているのだ。確かに、歴史を超えて残さなければならないものがあるのも事実である。しかし、出勤簿での出勤管理が歴史を超えて残さなければならないものだとは到底思えない。

ここの人たちは、「人件費はタダ」だと考えているので、工数を削減することも、何とか時間を短縮して効率化を図ろうという考えも全くない。そもそも、ハンコを押すというのも工数がかかりコストが発生している。また、残業料が支給される職員は、この出勤簿に残業した時間を書き入れるようになっている。ハンコを押す、残業時間を書き入れる時間は賃金を支払わないというのであればよい。しかし、全ては勤務時間に行われている。当然、人件費が発生している。ここの人たちが言う、「貴重な税金」が使われていることになる。

また、民間の人たちは、ハンコを押すというのもインプットであり、紙に何かを書くのもインプットであると考える。コンピュータに何かを入力することだけがインプットではない。現代はＩＴの時代であり、世の中ではできる限り1回のインプットで全てを終わらせようとする。この1回のインプットで得た情報を、他で必要とされる全てのケースに利用することができるように考える。工数の削減、人件費の削減、すなわちコストの削減になるからである。

誰かが紙に書き入れ、それを別の人がデータ化をするために、コンピュータにインプットすると工数は2倍になる。さらに、インプットによるミスも発生する。工数、人件費、コストが増加するだけでなく、ミスの発生も増加する。ミスが発生すると、それを正常に戻すための工数がさらに発生する。この作業は、生産性にとってはマイナスであり、後ろ向きの仕事である。生産的でない仕事が増えるのだ。従って、最近はどこでも再インプットを避け、最もデータのことを理解している第一作業者のデータを有効に活用しようと考える。

当然、民間ではインプット作業は極力排除する。ところが、ここではそんなことは全く考えていない。例えば出勤簿だが、職員がハンコを押す、残業時間を記入する、それを人事部門がコンピュータにデータをインプットしている。人件費が2倍かかるだけではなく、ミスも増加する。地方公務員、国家公務員、その他の公共団体でどのくらい出勤簿が使われているのかは知らない。しかし、これを全てITで処理しただけでも、大変なコストの削減になる。当然、これらの仕事に携わる人間もいらなくなる。これは単なる一例である。先ほども述べたが、仕事の全てを見直せば増税は避けられ、減税ができるはずである。

学生に対しても同じことが行われている。何でもまずは紙に書かせようとする。当然、これら膨大な紙の置き場も必要となる。ともかく、金がかかるように金がかかるように仕事が行われている。霞が関は、このようなことをしていないはずである。東京の一等地である。国の機関であり、エリートの集まりである。明らかにここことは違って、このような仕事が行われていることはないであろう。民間で行っているベンチマークを霞が関の役所と行い、良いことについては水平展開を図っていくべきである。

キャリア支援室には、2人の派遣スタッフがいる。当然のことだが、この人たちは出勤簿なるものは使っていない。ウェブ上で全てが完結する。派遣会社は競争があるので、徹底的な効率化を図っている。ここには人事課も含めて、相当な数の派遣スタッフが入っており、この人たちの勤怠管理を本庁から来ている職員がやっている。しかし、誰も不思議だとは考えていないようなのだ。民間から来た人間にとっては、それが摩訶不思議なのである。

もう1つ個人的な経験であるが、いかに重複したインプットはミスを伴うかを紹介しておこう。平成20年11月1日付の『朝日新聞』の朝刊一面に、社会保険庁からのお知らせとして、『年金特別便』へのご回答をお願いします」として、「10月までに受給者・加入者すべての方にお送りしました」との案内が出た。年のはじめに、同級生の友人皆が受け取っている58歳通知が来ないので、社会保険庁に電話で確認した。すると、年金特別便で連絡するので待ってほしいとの回答であった。家内と息子の年金特別便は届いたのに、私の年金特別便だけが来ない。息子は学生であり、現在の65歳の支給開始が続いたとしても、支給は43年後である。その息子にさえ、年金特別便が届いていた。そして、新聞の案内である。

案内にあった番号に電話をかけて確認すると、本人であることを確認するための個人情報を聞かれた後、住所が間違っていることがわかったのである。これでは届くはずはない。社会保険庁のオペレータによると住所情報は、公立学校共済組合から受け取っているという。どこで間違えたのかはわからないが、どこかで紙の情報をインプットする際に間違えたのであろう。公立学校共済組合に電話をして、住所が間違っていることを伝え、社会保険庁に正しい情報を伝えるよう電話してほしいとのことであった。

このようなことがあった後に、もっと面白いことがわかった。この年金特別便は、自宅ではなく大学の人事課に届けられていたのだ。公立学校共済組合から、年金特別便が届かないというクレームが来たという情報が、人事課に入ったのであろう。あわてて私の年金特別便が人事課から送られてきた。ともかく、ここの人たちは相手には厳しく期限を守らせる。しかし、自分たちはやるべきことは期限までにやらない。常に先送りである。そして、クレームが入ると初めて腰を上げるのである。

学生中心？

大学の事務棟、教室棟の壁に大きく「Student Centeredness」（学生中心）と大きく描かれている。これからも紹介する具体的な事例でもわかる通り、ここの人たちの考え方は明らかに「学生中心」ではない。また、キャリア支援室の横には学生の自習室がある。この自習室の貧弱なことといったら、本当に惨めになってくる。いくつかの大学で非常勤講師をしているが、比較に堪えないほどの貧弱さである。特に休みの日は空調が利かない。冬休みに一人の学生が毎日やってきて勉強をしていたが、この自習室で厚着をした上、襟巻きまでして勉強していた。電気がついているからよいとでも言うのだろうか。

予算でも余ったのであろう。平成19年度末に人事課を中心として事務室の改修が行われ、見違えるようにきれいになった。おまけに、自分たちが使うトイレにも最新式の温水洗浄便座を入れたのである。惨めな自習室はそのままにしておいてである。何をするのも、プライオリティを考えて行うのは社会一般の常識である。自分の家であれば、雨漏りをそのままにしておいて、大型液晶テレビや自家用車を買う人間はいない。

しかし、ここではこんな信じられないことが行われている。ともかく全体の中で、何をしなければいけないか、と考えるのではなく、自分のところがカンファタブルになればよいと考えている。縦割りなので予算さえ取れれば、他の部門でどんなに困っていようがおかまいなしである。以前、財務大臣が「母屋でおかゆをすすっているのに、離れではすきやきを食っている」と言ったことがあったが、このようなチグハグなことが常に起きている。マネジメントが全く欠如しているのである。

特に学生は、これら予算に口出しする機会がない。社会保険庁同様、ここの経営幹部も自己のやるべきことを理解していないので、このようなことが起こる。給与分だけの付加価値をつけていない、というよりは、高い報酬を考えると、いること自体がマイナスである。民間時代、常に「おまえの付加価値は何だ」とよく言われた。また、経営幹部は大学内を回ることもない。自分のトイレがきれいになり、座った時に温かければよいのであろう。学生のトイレがどんなに汚くても寒くてもかまわないのである。

企業は、現場が最も大切であると考えている。大学といえば教育の現場、すなわち教室である。意味のない会議に出ている暇があったら、経営幹部がいつも授業を見て回っているようでないといけない。以前、トヨタの役員をされた方と話をする機会があった。張会長が、北米の現地法人の社長をされていた時の話である。張会長はほとんど執務室にはおらず、執務時間中は工場にいて、それも工場が広いのでゴルフカートに乗って走り回っていたという。日本を代表する企業の会長とここの経営幹部とは比較のしようもないが、仕事への情熱の違いを感じる。

Y大学は公立大学法人なので、月謝は私立大学より安い。安いんだから教育の内容、施設が悪くてもよいじゃないか、と考えているのではあるまいか。そうでなければ、このようなことが起ころうはずはない。あるいは、何も考えていないかのどちらかであろう。

私の授業でも、教室のプロジェクターが異常に暗い。窓という窓のカーテンを全て閉め切ってもスクリーンは大変暗い。ピントもぼけていて、鮮明には映らない。毎回、机の上に乗ってピントを合わせるが、ピンボケである。明らかに機器が古い。キャリア支援室を訪問する他大学のキャリア支援担当者が増えてきたため、我々がやっている活動の紹介用にプロジェクターを1台買った。10万円以下で買ったプロジェクターでも明るく鮮明に映る。

大学としては、自習室の改修、学生が使う機器の整備がプライオリティ第一のはずである。しかし、ここの人たちにとってはスタッフの部屋の整備、自分たちが使うトイレの改修が第一なのである。誰が描かせたのかは知らないが、「Student Centeredness」とは、全くもってブラックジョークとしか思えない。「Employee Centeredness」（職員中心）あるいは「Precedent Centeredness」（前例中心）と書き換えるべきである。また、このブラックジョークの描かれているところから建物に入ると、巨大なモニュメントが目に入る。随分金をかけたようだが、こんなモニュメントを作るならプロジェクターの方が先である。ある企業からの訪問者が、「あれは何でしょうか。保育園みたいですね。ここは大学ではなかったんですか」と言って笑った。ともかく、社会の一般常識とは大きくかけ離れている。

予算でも余ったのであろう。平成22年3月になってやっといくつかの教室のプロジェクターの取り換えと3階のトイレの改修工事が行われた。しかし、全てを取り換えるだけの予算はなかったと見えて、私が講義している教室のプロジェクターは暗いままである。職員の温水洗浄便座の取りつけ工事から丸2年が経過していた。そして、平成22年の暮れに惨めな自習室の改修もやっと行われた。この改修費用は、大学ではなく後援会から出ているようであった。

送られてくるEメールの意味は理解不能

送られてくるEメールも常に不可解で、いちいち確認しなければ理解できないものがほとんどであった。ここでは、役人であれば当然わかっていることを前提条件として、あるいは役人特有のことばでEメールが送られてくる。民間から入った人間では、とてもわからない内容のEメールを平然と送りつけてくるのである。「これはいったい何が言いたいんだ」と何度読んでもわからないEメールに腹が立ってくる。ともかくわからせようという意識がない。住民に対しても同様なのであろう。お客さんではないので「わからないのはお前が悪い」、「わからなければ聞けばいいだろう」という態度のように思える。

それに膨大な資料を添付してくる。そして、常に一度では済まない。添付資料が多いため、何かを添付し忘れた、添付資料に訂正があるといった内容のEメールが後追いで送られてくる。ミスが多いのである。こうなってくると、さらに何がなんだか全くわからなくなってくる。初めての人間にとっては、このようなEメールを全て理解して返送するにはほぼ半日を要する。ともかくできる限りシンプルに、わかり易くという発想はない。民間で、スタッフがライン部門、例えば第一線の営業部長や製造部長にこのようなEメールや資料を送付したら、怒り出すに違いない。

「おい、だから何が言いたいんだ」、「おい、俺は何をすればいいんだ」とねじ込んでくるだろう。ラインは忙しいので、できる限りわかり易くしてやろう、時間と工数がかからないようにしてやろうという発想は皆無である。これも面白いことに日付が昨年だったりする。昨年使った資料の日付を訂正し忘れて、そのまま送りつけてくる。昨年の資料を有効活用して、コスト削減していますとでも言いたいのであろう。住民に対しても、本庁にいた時代には同様の対応をしていたはずである。また、本庁に帰ったら日常的にこのように住民に接していくに違いない。

工場に勤務していた時代、「次工程はお客様」ということばがあった。そして、このことばを書いた大きな紙が工場内の各工程に貼られていた。工場ではまず部品が集められる。これらの部品は製造工程を通じて製品に組み上げられ、完成した製品は検査工程に送られる。そして、検査に合格した製品が工場から運ばれ、店頭に並ぶ。この時、各工程は常に「次工程はお客様」なのだと考えて仕事を行え、というのである。自分の工程だけがよいのではなく、次の工程ができる限り仕事がしやすいように引き渡さなければならない、というのが民間の仕事の仕方である。Y大学で仕事をした6年間、大変残念なことだが「次工程はお客様」という考えを持って仕事をしている本庁から来ている職員は皆無であった。

入学手続きには必ず本人が来い

Y大学では、入試が終了して合格発表が行われた後に、入学手続きのために全ての入学予定者に大学に来るよう要求していると聞いて、以前から大変不思議に思っていた。地方出身で下宿やアパートを借りる必要のある学生が、入学式までに一度は大学に来なければならないことは理解できる。私も地方の大学に進学したが、住居の契約等で入学式前に大学のある街を訪ねた記憶がある。しかし、Y大学が学生に手続きに来るよう要求している理由を知って、こればかりは本当に驚いたのである。

その理由は、入学金と施設設備費の納入を現実に行ったかどうかについての確認をするためだという。ここに、理事長名で学生宛の請求書、振込金受取書、さらには電信扱いでの振込依頼書がA4で1枚となっている用紙がある。学生は請求書から下の部分を切り取り、近くの銀行に入学金と施設設備費の合計額を支払う。支払先は、ある銀行の大学の口座である。学生は、この振込金受取書のご依頼人欄に受験番号、氏名、フリガナを記入し、振り込んだ地元の銀行の収納印をもらう。地元の銀行は、収納した金額を電信扱いでこの銀行の大学の口座に送ることになる。

銀行を通しての振込みは誰もが日常的にやっていることであり、大学側が自己の口座を確認すれば、誰がいくら振り込んだかがわかるはずだと小学生でも理解できる。しかし、Y大学の経理部門は銀行側にこのような確認をするのではなく、本人に振り込んだ銀行の振込金受取書を手続きの日に持参させることで、振込みを確認しているのだという。そのために全国どこに住んでいようと、大学側が振込みを確認するために、銀行の収納印が押された用紙を持参の上、必ず来いと要求しているのである。

ちょっとわかりにくいといけないので、もっと簡単に説明しよう。実際は保護者であろうが、学生が入学金と施設設備費をY大学の口座に振り込む。これをY大学の経理部門は、銀行に確認するのではなく、保護者が振り込んだ地元の銀行のハンコが押された証明書で振り込んだ事実を確認するために、証明書を持って手続きの日に必ず出頭せよと言っているのだ。

これは明らかに、学生のことを考えている方法ではない。「学生中心」ではないのである。また、九州でも沖縄でも北海道でも振込みを証明する紙を持参させるためだけに、交通費を使って必ず出て来いと言っているわけである。帰国子女であろうと同様である。地球の裏側のブラジルからも来る必要がある。

私も企業時代、研修部門にいてこれと同様の確認を行っていた。その時には、銀行から電子データで振込みの情報を得ていた。その電子データを、コンピュータで直接研修希望者データとぶつければよいのである。江戸時代の両替商ではないので、銀行が持つデータは紙ではない。全て電子データである。

さらに、振込み者の情報には受験番号、氏名等の個人情報も加えられる。ここの経理部門は、この確認の仕組みが作れないようなのだ。いくら金がかかろうとも、証明書を持って来いという態度なのである。

文部科学省も高等教育局長通達「大学入学者選抜実施要項について」で、「大学入学者選抜方法の改善については、かねてから御努力を願ってきたところでありますが、下記の事項を踏まえ、より一層の工夫・改善を進めるよう、引き続き格別の御配慮をお願いいたします」として、第13の注意事項12の中で、「入学手続きに際しては、受験生の負担等に配慮し、必要に応じ郵送による手続きも認めるなど弾力的な実施に配慮すること。……」とある。他大学を全て調べたわけではないが、このためだけに大学に来いと言っているのは、全国でもＹ大学だけではないだろうか。ここにも、前例に固執する役人の態度がよく表れている。銀行の電子データで確認する仕組みが作れないのであれば、収納印のついた振込金受取書の郵送を認めればよいではないかと思うのだが、前例は変えられないのだ。

平成22年の３月の手続きの日の数日前に、ある合格者から飛行機が取れないので行くことができないが、書類を郵送することではいけないかと電話が入った。入試担当部門は、当日までに必ず郵送で届けてほしいということで了解したが、経理部門はこの特別扱いに烈火のごとく怒ったという。なぜ、例外を認めるのかというのだ。Ｙ大学では、親、兄弟が危篤で死にかけている、あるいは不幸にも亡くなって当日葬式がある場合でも、入学手続きの日に入学金と施設設備費を支払った証明書を持参しなければいけないのである。

この話を入試担当部門の管理職としていたら、もっと奇妙なことがわかった。入学金はここの住民の子弟は半額である。この証明については、住民票等を持参させ、それを担当者に見せるだけだという。証拠として控えは取っていないようなのだ。住民票記載事項証明書を提出させればよいと思うのだが、前例は変えられないのである。確証を残しておかなくて、果たして本庁の監査が通るのだろうか。これだけは性善説である意味がよくわからない。

40年前と変わらないアルバイトの募集

Y大学では、学務部門が外部から依頼される学生アルバイトの募集を担当している。どういうわけか、キャリア支援室にもよくアルバイト募集依頼の電話がかかってくる。そこで、どのような手続きでアルバイトの紹介を行っているのかを調べてみた。驚いたことには、何とここでのアルバイト募集方法は、私が大学に通っていた四十数年前と全く同様なのである。指定フォームに必要事項を書かせてＦＡＸさせるか送付させて、アルバイト求人掲示板なるものに張り出している。

まあ、出勤簿は平安時代から変化がないわけだし、それに比べれば四十数年というのはたいした時間ではないのかもしれない。私が学生であった四十数年前よりさらに以前の募集方法は知らないので、明治時代の大学での募集方法とも変わらないのかもしれない。明治時代と変わらないとしても、ここの人たちにとってはまだまだ最近という感覚なのであろう。役人の世界はドッグイヤーではなくタートルイヤーだからだ。亀は万年ということなので、人間の１００年が1年ということになる。明治時代だとしても、1年少々という感覚に違いない。平安時代の始まりは７９４年なので、12年少々、生まれた子供がまだ中学1年生といったところである。

私が学生であった四十数年前は、コンピュータも大学の計算機センターに1台あるだけであった。当然、ＰＣもインターネットもなかった。従って、アルバイトを希望する企業や組織が決まった帳票に必要情報を書き入れ、それを大学の担当部門に持参するか郵送して、大学のアルバイト募集掲示板に張り出してもらう以外には、募集する方法はなかったのである。

その時代に比べて、ＩＴは格段に進歩している。ほぼ１００％の学生が自分のＰＣを持ち、自宅でインターネットが使える環境にある。このように大きく時代が変化している中でも、かたくなに前例を守り続けている。このかたくなさの理由は何なのであろうか。私が担当ならば、アルバイトの募集方法についてどのように考えるかを話してみることにしよう。

まず、学生アルバイト募集専用のサイトをオープンする。このサイトにアルバイトの募集を考えている企業あるいは組織自らが、アルバイト募集に関しての必要情報をアップできる仕組みを作り上げるのである。アルバイトの募集を考えている企業あるいは組織は、初回についてのみ大学に足を運び、大学とアルバイト募集に関しての基本契約を結ぶ。当然、このサイトにはアルバイト募集についての大学としての基本的考え方が示されており、基本契約書のダウンロードも可能となっている。

そこでは、大学として学生にアルバイトを紹介することが好ましくない業界・業種については、基本契約を締結しない旨を明示する。これらの業界・業種については、アルバイトの募集があっても、大学経由での紹介は断る。紹介することが可能な業界・業種であっても、学生に紹介することが好ましくないと大学が考える仕事については、この基本契約に盛り込んでおく。この基本契約では、契約に違反した際の罰則、賠償についてもしっかり規程化する。

これらをクリアした企業あるいは組織については、パスワードを与え、自由にアルバイト募集サイトにアクセスして、アルバイト募集に関しての情報を適宜アップできるようにする。募集が終了すれば、自ら募集情報をアルバイト募集サイトから切り離す。大学のアルバイト担当部門としては、一度基本契約を締結すれば工数は一切かからない。学生は、自宅からアルバイト募集サイトにアクセスして応募する。大学のアルバイト担当部門は、管理画面を使って常にこのサイトのチェックを行う。当然、基本契約に違反したアルバイトの募集があった場合には、直ちにサイトから切り離し、基本契約に従った行動をとる。

これは、単に私の考えた一例である。また、企業時代に全く違う仕事ではあったが、これと同様の仕組みを作ったことがある。このサイトは問題なく運営され、工数ゼロでコミッション収入が得られていた。このような仕組みを作って運用することが、IT時代のアルバイト募集方法なのではないだろうか。この仕組みについては、いろいろな仕事への水平展開が可能である。次項では、ここの人たちがどうしてこのような仕組みを作り上げることができないのかについて述べてみよう。ここの人たちの能力を考えると、現状では永久に作り上げることは不可能に思える。

この話を担当部門にしていたら、平成21年度から、アルバイトの募集を委託してくれる企業に丸投げすることになった。金をかければ何でもやってくれるだろうが、金をかけないで何とかしようとは考えない。金をかけず、自分たちでやることによって若い人の力がつく。そのためには、管理職に指導する力がないといけないのだが、それを期待することは不可能なことであった。「貴重な税金」がここでも無駄に使われることになった。

異常に低いIT能力

それでは、なぜこのようなことになっているのであろうか。それは大変単純なことである。職員のI

T能力が極端に低いためである。ここの人たちのほとんどは、テキストでEメールを打つことくらいしかできない。ここでも、自分ではワードが使えると誤解している人は多い。しかし、学生なら簡単に使いこなしている論文作成機能を駆使できる人はいないし、差込印刷といったワードの機能を使える人は、本当にごく少数であろう。エクセルであれば、縦横計算くらいで関数を駆使できる、ピボットテーブルを使いこなす人はほとんどいない。マクロを使った自動計算もごくごく少数であろう。担当者でこの程度なので、ほとんどの管理職はIT音痴という状況にある。

これも、勉強をして自己の能力を高めるインセンティブがないからである。このような状況なので、リレーショナルなデータベースの知識を持つ人はまずいない。ITを利用すれば、業務がどのように効率化できるのかについて、想像すらできないのだ。これほど情報量が多い現代においては、事務部門の人間にとってIT能力は不可欠である。IT化を図って、業務を効率化していかなければならない時代なのである。民間では当たり前のように行われていることであるが、ここでは仕事が増えると常に人を増やして対応しようとする。

ともかく、繰り返し作業、ルーチンの仕事は、かなりの部分がコンピュータで代替可能である。しかし、管理職のIT能力が極端に低く、担当者を指導することができない。担当者もIT能力向上の意味が理解できないため、コンピュータで十分に代替可能な仕事が、担当者の仕事のほとんどを占めるという状況にある。ともかく単純作業全てが、人海戦術となっている。当然、このような単純作業に対して、もらっている給与は高すぎる。人件費が最も高いので、コスト高の組織となっている。さらに、人間が介在することでミスが増える。コスト高に加えて生産性が低い、というダブルパンチの組織となっている。

ここでは、IT化を推進するのは自分たちの仕事ではない、と管理職も含めて考えているようなのだ。IT部門の仕事だというのである。民間でこんなことを考えている担当者も管理職もいない。だいたいIT能力よりも仕事の能力の方が、習得に時間を要する。IT部門の人は、ITの専門能力が高くても仕事についての知識があるわけではない。3年でアットランダムに動かしていては、当然、仕事の能力も身につかない。また、残念なことだが、ここのIT部門は決してIT能力が高いとは言えない。

仕事の能力が低く、IT能力も低い事務部門がどうなるのか、ヒューマンエラー続発の組織となる。これは本当にあった話なのだが、法人の事務職員として採用された係長の辞令に、「看護師として採用する」と書かれていたのだ。それも一人ではない。あまりに貴重な辞令なので、コピーをとり、家宝として永久保存するのだという。孫の世代になったら、おじいさんは看護師だったと本当に信じるだろうと言って笑っていた。

また、平成21年度の卒業生（平成22年3月卒業）で進路調査票未提出の学生に対して、進路調査票の提出を電話で依頼していた時の話である。卒業判定は、一度ではなく何度かに分けて発表される。どの大学でも同様だが、授業料を払わなければ卒業は認めない。催促を受けてギリギリに支払う学生も出てくる。

キャリア支援室では、卒業判定の学内掲示が行われると、進路調査票未提出者については提出の依頼を行う。ある学生の卒業判定が掲示されたので電話で確認したところ、この学生は卒業論文を提出していないので、卒業判定が出ることはあり得ないと答えたのだ。学務部門に確認すると、調べさせてくれとの回答であった。結局、この学生の卒業判定は間違いだとわかったのだが、キャリア支援室が確認しなければ、卒業することになったはずである。このような信じられないミスも起きている。

仕事をシステム化するということは、仕事の標準化、マニュアル化も同時に進む。標準化を行わなければシステム化ができないからだ。管理職は、システム化を進めることによって、仕事の効率化を進められる人間でなければならない。このようなことを考えている管理職は本当に少数である。少なくとも私の周りには一人もいない。従って、仕事が増えると人が比例して増えていく。

民間の職場では、これほど派遣スタッフ、アルバイト、契約職員、嘱託といった短期契約の非正規職員が入っているところはない。しかし、ここでは大量に短期契約の非正規職員が働いている。ともかく、仕事が増えるとこういった短期契約の非正規職員でしのごうとする。新入職員もここでは非正規職員ではあるが、3年契約と他の非正規職員に比べて長期なので、ここでの話は1年以内の短期契約の非正規職員のことである。効率化して、仕事そのものを見直そうとは考えない。競争のない世界は、どうしても安易な方向に流れてしまう。

これで社会保険庁の問題が、どのようにして起きたのかがわかるように思う。紙のデータをコンピュータにインプットすることになり、大量の非正規職員を雇って、このインプット作業をやらせたのではないだろうか。そもそも、それほど能力が高くはないのに、このようなインプット作業は、自分の仕事ではないと考えている職員は多い。時給で働いている非正規職員がよくわからない紙のデータのインプット作業をさせられ、適切なマニュアル、スーパーバイズもないまま仕事をさせられれば、結果がどうなるかは誰でもわかるはずである。管理職も、ミスが発覚する頃には、どうせここにはいない、とたかをくくっていたのではないだろうか。

職員は短期間で動くので、ここでは短期契約で契約更新されている非正規職員の方が仕事の能力が高い。ＩＴスキルについても短期契約の非正規職員の方が高いのである。短期契約の非正規職員は、このような基本的なスキルが低いと雇用延長してもらえないからだ。競争があるのである。しかし、ここの職場では給与だけは高く、ＩＴ能力の低い職員が管理職として座っている。従って、ハンコだけは押して、俺がやっているんだとでも言いたいようなのだ。本当に「お前の付加価値は何だ」と問いたくなる。

ともかく何でも手作業でやる

ＩＴ能力が極端に低いという話をしたついでに、信じられない仕事をしている実例を紹介してみよう。平成18年の夏休みに、ある大手航空会社がインターンシップを受け入れてくれることになった。インターンシップの受け入れは、後ほど述べるこの大手航空会社の社員の方が非常勤講師として「ツーリズム論」と「エアラインビジネス論」の講義を引き受けてくれることになり、その方の尽力で実現することになったものである。平成18年には国内に1人が、平成19年には海外に2人、平成20年には同じく海外に1人の学生が、海外支店で約1カ月間インターンシップを経験するという貴重な機会の提供をいただいた。海外でのインターンシップは、航空会社でもあり、旅費は往復無料で参加できるという特典もある。このため、学生には大変人気のインターンシップとなっていた。

夏の海外インターンシップに加えて、春休みにも国内でのインターンシップの受け入れを考えたいという話があり、希望者を募ることにした。全学生に対してＥメールを流し、希望者はキャリア支援室にアプリケーション・フォームを取りに来るよう指示をした。夏休みの海外インターンシップ同様、国内でのインターンシップではあったが、希望者が殺到した。

航空会社でのインターンシップは、国内であっても外国人とのコミュニケーション能力が問われる。

従って、応募に際しては実用英語技能検定、ＴＯＥＩＣあるいはＴＯＥＦＬのいずれかのレベルあるいはスコアの記入が求められた。さらに、そのレベルを証明する正式な証明書のコピーをアプリケーション・フォームに添付しなければならないことになっていた。

Ｙ大学では、平成17年度からＴＯＥＦＬ５００点以上、ＴＯＥＩＣ６００点以上のいずれかをクリアすることが３年生への進級条件となった。この点数の話は、又聞きなので詳しくはしない。しかし、世の中で英語教育に関係している人、あるいは実際にＴＯＥＦＬとＴＯＥＩＣの双方を受験した経験がある人であれば、ＴＯＥＦＬ５００点とＴＯＥＩＣ６００点が同等でないことはわかるはずである。これを決めた人は、ＴＯＥＦＬとＴＯＥＩＣの区別もつかない人だと聞いている。学生はこのどちらかを受験し、その証明書を大学に提出する必要がある。改ざんを防ぐためであろうか、大学はＴＯＥＦＬあるいはＴＯＥＩＣを主催している団体が発行する証明書の原本の提出を求めている。

航空会社のインターンシップを希望し、アプリケーション・フォームをキャリア支援室に持参した学生の何人かが、成績を管理している学務部門に提出した英語の証明書の返還を求めたところ、すぐには返せないと言われたと泣きついてきた。時間がかかると言われているが、アプリケーション・フォームの提出期限に間に合わなくなるため、何とかしてほしいと言うのである。また、私のスタッフにもこの学務部門の担当者から、「学生がキャリア支援室から求められているので英語の証明書を返してくれと言ってきているが、なぜ必要なのか」と確認の電話が入った。

どうも学務部門は、学生から集めた英語の証明書の原本を整理しておらず、求められた学生の証明書を捜すのに時間がかかるため、学生に時間が必要だと言っているようなのである。学務部門が、集めた原本の返還を考えているかどうかはわからない。しかし、原本であり、所有権は学生にある。仕事の仕方としては、改ざんを防ぐことで原本を集めているとしても、学生に原本とコピー双方を持参させ、同一であることを確認してコピーを受け取る、あるいは受け取った原本を学籍番号順にファイルしておけば、このようなことにはならなかったはずである。

それより、不思議なのは何で学生から証明書の原本の提出を求めているのかである。この原本に基づいて英語のスコアを人間がインプットしているのではないかと思うのだが、両団体とも要求すれば電子データを提供してくれる。スコアを電子データで取得すれば、学生に紙の証明書を提出させる必要はない。

私のいた企業では、全社員にＴＯＥＩＣの受験を要求しており、1回に数百人単位で受験する。当たり前のことだが、受験した従業員のスコアは電子データで受け取り、直接コンピュータに入力している。証明書は電子データを打ち出したもので、データは両団体のコンピュータに入っている。ここの人たちは、コンピュータに入っているデータを紙に打ち出し、それをまた人間を使ってコンピュータにインプットしているのであろうか。公立学校共済組合同様、重複インプットは必ずミスを呼ぶ。また、このような仕事をしていれば、多くの単純作業要員が必要なのも当然である。

出勤はいつもぎりぎり

ここへ来て気づいたことがある。ここの人たち、特に本庁から来ている職員の出勤がいつもぎりぎりなのである。よくもまあ、3分前、1分前に来られるものだと感心してしまう。電車がちょっとでも遅れたら必ず遅刻になる。電車が遅れれば電事故なので、給与は引かれないと考えているのであろう。このようにギリギリで来ていたのでは、始業開始とともに100％で仕事をスタートすることはできない。着いてお茶を飲んで、書類を出して、手帳を見て今日のスケジュールを確認して、とやっていると20分、30分はすぐに過ぎてしまう。この時間も「貴重な税金」が使われている。「人件費はタダ」なので気にしていないようなのである。

8時30分始業なので、会議は9時からである。なんのことはない、ここでは9時からが始業開始モードである。民間時代は、7時からという会議もあった。役員の都合で、このような時間に会議がセットされるのである。ある日、7時からの会議に出たことがあった。事務局、当日の発表者は6時半には皆スタンバイしていた。このような会議では、自宅の遠い人は一番電車である。7時の会議開始とともに、空いている椅子が全て片付けられた。役員からの指示である。会議が始まり、10分くらい経って汗を拭き拭き走りこんできた人がいた。「電車が遅れまして」と言った途端、会議参加者全員の前で役員から叱責が飛んだ。「何で余裕を見て出てこないんだ。お前の席はない。会議に出なくてよいから出て行け」と言われたのだ。競争のある民間企業は厳しいのである。

法隆寺の宮大工、宮本常一棟梁の弟子である菊池恭二氏はその著書『宮大工の人育て』の中で、「研ぎは朝の始業前に済ませておきます。切れる刃物を用意するのは大工の仕事の大前提ですから、これは当然のことです。ベテランの職人になるとノミなら12〜13本、カンナなら5、6枚持っている人もいますが、必要なら始業の10分前までにはすべてを研ぎ終えておく。そしてその日の仕事の段取りを頭に入れる。それが大工として当たり前の心構えです」、「職人は1日8時間働いていくらという賃金体系の中で生きています。働いてお金を稼ぐべき時間の中で、本来、始業前に済ませておくべき研ぎをやるのは、一種のサボリであって、許されることではありません」と述べている。

もう一人紹介しよう。大リーグのスーパースター、イチローである。大リーグは通常、午後7時に始まる。練習がスタートするのは4時間前であるが、イチローはその1時間半前には球場に入り、体を動かし始めるという。これは、渡米1年目から全く変わらない行動だそうだ。世界のイチローとここの人たちとを比べるのは、あまりにも酷ではあるが、草野球なら試合開始ギリギリに来ても許される。

これがプロとしての心構えである。ここの人たちが、この十分の一くらいのプロ根性を持っていたら、この大学も大きく変わるに違いない。しかし、ここの人たちにプロの心構えを説いても意味がない。プロではなくアマチュアだからだ。始業時間ギリギリに来てもアマチュアなら許される。しかし、給与だけはプロ並みにもらっている。特に、管理職はしっかりしなければいけない。しかし、この矛盾に気づく管理職はいない。プロとしての自覚がないからである。

実務家からの話も紹介しておこう。プロ中のプロとここの職員との比較では、あまりにも無理があるからである。日本電産の永守重信社長が『奇跡の人材育成法』で書いている。昭和54年、日本電産が零細企業から脱皮して中小企業の仲間入りができるようになった時代に、非常に高名な経営コンサルタントと出会い、この経営コンサルタントの先生に経営指導を打診した時の話である。その時、この高名な経営コンサルタントの先生は「即答はできかねます。あなたの会社の経営指導をするかどうかは、あるチェックをさせてください」と言われたという。

しばらくして、先生から連絡が入り、ある日の朝7時に伺います、と言われた。そんなに朝早くから何をされるのかと不思議に思っていると、約束の時間から、ずっと工場の門の前に立っておられた。社員がどういう順に、いったい何時ごろ出社するのかを、じっとながめていた。その理由を尋ねると、「私の過去何千件かの会社を指導してきた経験から言うと、社員の出勤時間の遅い会社は、いくら一生懸命指導しても良くならない。例えば不良品や在庫が多いという問題をかかえていても、それすら治すことができません」と答えたという。

そこで、永守社長はデータをとってみた。すると、出勤の遅い人間はだいたいにおいて仕事の成績も悪い。出勤時間ギリギリになって寝惚け顔で会社に飛び込んでくるような人は、まず良い仕事はしていないことがわかったという。ここで重要なのは、「心の余裕」だと結論付けている。いつもギリギリの状態で物事を進めていると、小さなミスもどんどんふくらんでいく。そして、あらゆることがルーズになって、それが当たり前になってしまうというのだ。ここの人たちを見ていると思わず「なるほど」と声が出てしまう。

私は、昔から出勤は早いほうである。満員電車が好きではないということもあるが、やはり朝は仕事がはかどるからである。朝早く出勤して、2時間仕事をする。会議もないし、電話もかかってこない。民間ではこのように考えて早く出勤する人は多い。また、勉強している若手も多くいる。英語のゼミもよく行われていた。先生は、ボランティアの社員であり、あるゼミからは多くの会社派遣の留学生を輩出していた。この方は、退職後ある大学の外国語学部の教授に転出された。

当然、上司から指示があった場合でないと超過勤務手当を請求することはない。勉強であり、勤務だとは考えていないからである。民間で32年間仕事をしてきて、30分前に他の職場に用事があって行っても困ることは一度もなかった。ここでは、オフィスの鍵さえ開いていない。来た当初は、ああ、ここは違うんだなと思っていつも戻ることになった。

ここの人たちは、朝が遅いからであろう。どうも夜も遅いようなのだ。私は民間時代から朝が早いので夜も早く帰る。終業のベルとともに帰るのを日課にしていた。民間時代も始業は8時30分だったが、

6時30分には自席に座っていた。この時間に一緒になる役員もいたし、私だけが極端に早いわけではなかった。従って、終業のベルとともに帰っても、不満を漏らされたことは一度としてなかった。ところがここでは夜は座っているだけで残業がつけられるからであろう、トータルな就業時間は長いようなのだ。会議で残業問題が議題にのぼることも多いと聞く。

知的な仕事の成果は、時間と無関係である。1時間で大変良いアイデアが生まれたからといって、2時間で2つの卓越したアイデアが創造できるわけではない。ノーベル賞クラスの発見・発明は、時間があればできるわけではない。しかし、単純作業の成果は時間に比例する。封筒貼りを1時間に200枚できるのであれば、疲れを考慮しなければ2時間では400枚が可能となる。私は、民間時代にPCの製造工場に勤務していた。PCの製造ロボットは、時間と生産量が正確に一致していた。

従って、長時間の残業をして仕事の成果が上がるというのは、単純作業しかしていないからである。残業については、労働基準法で賃金の割り増しが義務付けられている。そもそも単純作業を前提としていない高額な給与が支払われているのに、さらに割り増しが上乗せされている。どのくらいの税金の無駄が発生しているのかをお考えいただきたい。ここへ来ていつも思っていたことは、清掃のおばちゃん、おじちゃん、守衛さんが最も仕事をしていた。明らかに時給分以上の成果を出していたからである。

会議も異常

ここでの会議もまた、世の中とは大変違っている。おばちゃんの井戸端会議と形容したが、内容もさることながら、その形態も世の中のスタンダードではない。まず、参加する人員である。ともかく数が多いことで驚かされる。起案のハンコ同様、関係している所属部門の人間がぞろぞろと出てくる。そして、会議のための準備会議というのが開かれることも多い。管理職が仕事を知らないので、事前に話を聞かないと、会議には出られないのだ。人が多いことに加えて、会議に出ていれば仕事をしていることになると誤解している。

さらに驚くことは、ここで配られる紙の資料の膨大なことである。民間では1枚がベスト、最大でも2枚が発表者に許される範囲である。ここには、そのような決まりはないようなのだ。多いほど内容があるとでも言うように質より量なのである。ものをまとめる能力がないのが最大の理由である。本当に馬に食わせるほどの量である。本来であれば役所が率先して省資源を考えなければならない。外に向かって言っていることと、中で行われていることが大きく違う。民間では重要な論点は1枚か2枚程度で紙にまとめ、その補足等はパワーポイントでの説明がなされる。しかし、ここでは担当者も含めてパワーポイントを使える人が少ないため、何でもかんでも紙に書いて出してくる。

さらに、こんなことだけはどういうわけか細かく規定していて、資料に関しての様式だけが異常にうるさい。形態に加えて、文字のフォントやサイズまで指定してくる。ここでも重視されるのは内容よりも形式である。民間では、こんなことまで指定することはない。形式はどうであっても内容を重視しているからである。まあ、枚数が多いので形式を揃えないと見にくくなる、ということなのであろう。こんなことを考えるよりは、極力まとめて枚数を少なくすることを考えるべきではないかと思うのだが、このような発想を持つ経営幹部も管理職もいない。全く思考停止状態で、ものを考えていない。

話を戻そう。会議に出る人数が多い理由として考えられるのは、まずは、暇であることが挙げられる。暇でなければ、こんなに同じ部門から数多くの人間が同じ会議に顔を出すことは不可能である。次に、管理職が仕事の内容を把握していないことである。管理職としての在任期間が短いことに加えて、日常業務を行っていないため、会議に出て発言や討議に参加できないのだ。ということは管理職としての仕事をしていないことを意味する。

そして、外部の人間が入るような会議だと必ず想定問答集が作られる。民間では、このようなものが作られることはなかった。管理職であれば、自己の担当分野の質問には答えられるのが当たり前だからである。異動で仕事が替わったばかりで、管理職が答えられないのであれば、答えられる人間が出てくる。延々と想定問答集を作り、回答を準備する暇な時間は民間にはなかった。

ともかくすべてが紙

ＩＴ能力が低いので、ともかく何でも紙にしようとする。ウェブ上からダイレクトにインプットをする仕組みが作れないのだ。作るなら外注以外にはない。最近はトイレだって紙がいらない。自分たちが入るトイレは最新式で、紙不要のトイレを使っていながら、仕事では紙を多用している。資源保護の観点からも、率先して紙を減らしていかなければならない公共部門がである。民間の50年前の状況ではないだろうか。以前、慶応ビジネススクールのケースを買ったら、領収書は自分でウェブ上から打ち出すことになっており、印鑑が赤く押されて出てきたことがあった。

新聞は、紙を買っているのではないことは小学生でも知っている。紙は媒体であって、書いてある情報を買っている。会議で配られる資料も同様である。前にも述べたが、ここの会議には原則として出席しないことにしている。しかし、資料は配られる。この資料がハンパな量ではない。さらに、この会議の参加者もハンパな数ではない。ということは、大変な量の紙が配られ、その後に捨てられている。両面コピーなのでメモ紙としての利用ができないからである。両面コピーをすることによって、省資源を実践していますとでも言っているのであろうか。

まずは参加者を減らすことが先決である。一組織では原則１人、最大２人に限定する。参加者は、最も議題に関係の深い人間だけにする。前にも述べたが、配布資料は要点以外認めない。その他についてはパワーポイントを使って説明させる。必要であれば参加者が補足すべき内容を資料に書き加えればよい。すると仕事を知らない管理職は出てこない。起案も早く回ることになる。就業時間中に、ＩＴの勉強をしてもらってもかまわない。

事務局は議事録を常に発行する。それも翌月の次回の会議まではなく、３日以内には関係者に議事録が送られるようにする。当然、Ｅメールでの送付である。会議の参加者は、組織の中で会議内容を共有しておかなければならない人間に対して、Ｅメールの議事録の転送と会議資料を回覧で回しておけばよい。そして、疑問点があったら聞いてほしいと伝えておく。これが、世の中で行われている会議である。会議の参加者は少ないが、必要な情報は常に共有されている。その場にいなければ情報共有ができないわけではない。

平成22年４月、前の副理事長兼事務局長が退任して新しい事務局長が本庁から就任した。退任した前の事務局長が就任した時は、就任直後にキャリア支援についての説明をさせられたが、今回はないのかと思っていたところ、６月のはじめに突然説明をしてくれとの指示がＥメールで送られてきた。議会からの視察があり、あわてて各部門に説明の指示が入ったようであった。

Ｅメールには、資料は説明者の資料を除き６部用意してほしいと書き添えられていた。私はパワーポイントで説明を行うので、資料は用意しないと直ちに返信し、事務局からは了解したとのEメールが届いた。ところが翌日になって、説明部門全てに対して資料は6部ではなく、10部用意してほしいと言ってきた。新しく就任したたった1人の事務局長に対する説明会に、10人が参加するのである。一緒に聞いておかないと心配だという暇な人たちが、我も我もと参加することになったようだ。先ほどの**会議も異常**（102ページ）でも述べたように、いかに暇な人たちが多いか、また、資料を無駄にしているかがわかる例なので紹介した。

この事務局長説明会で、私がパワーポイントで説明を終え、質問をと事務局長に促したところ、事務局長は「世の中には、総合職と一般事務職があるが、ここの学生は一般事務職として就職するのか」と質問したのである。事務局長は、総合職と一般事務職の違いを知らなかったようなのだ。本庁の区長からの天下りと聞いており、どのようなバックグラウンドの人なのかは知らない。しかし、明らかに新聞を読んでいないと思えるのである。

就職氷河期と言われ、戦後最低の就職率であった平成12年度に続いて2番目に低い就職率を記録した平成21年度（平成22年3月卒業）は、多くの新聞・雑誌等で就職に関する特集を組んでいた。総合職、一般事務職ということばも頻繁に新聞に出てきていた。新聞さえ読んでいればわかるはずの違いであった。これからも、ここの人たちが新聞すら読んでいないという話を数多く紹介するが、企業にいた人間からすると本当によくわからない人たちである。

行われないベンチマーク

ここの人事課の人たちに、ベンチマークと言っても通じなかったという話をしたが、企業ではベンチマークが日常的に行われる。ベンチマークとは、英語で測量の際の水準点を意味し、基準になるものをいう。米国に駐在していた時代、ベンチマーク・ジョブということばをよく聞いた。これは、給与サーベイで使われる基準となる仕事のことを指しており、企業間である仕事についての給与を比較することによって、世間でこの仕事に近い仕事の給与の相場を知ることができる。会社規模が同程度で仕事が同じであれば、世間相場の中位値以上で処遇しなければ、転職されてしまう。各社のコンペンセーション・マネージャー（給与課長）は、このベンチマーク・ジョブの給与水準と自社の社員の給与を常に比較してコンペティティブな給与額を考えている。

ちょっと難しい話をしてしまった。民間では、何かを実行する際には同業他社、意識している企業、その分野で進んでいる企業でどのようなことが行われているかについての調査、すなわちベンチマークを行う。いろいろなルートを使って、企業を訪ねて聞きに行く。また、公表されている資料での情報収集、コンサルタントを使うことも多い。

私は、米国に研究所を設立する際、研究者の処遇を調査するために、米国のいくつかの研究機関を訪ねた経験がある。米国企業の研究所で研究者として働いた経験のある役員を含めて、いろいろなルートを使って調査に協力してくれる研究機関を探した。米国では、コンサルタントを使った調査は日常茶飯事に行われる。何かを行う場合、このような調査を行うのはグローバル・スタンダードなのである。

しかし、ここではこのようなベンチマークを行うことはなかった。他の官公庁はわからないので、ここだけなのかもしれない。このような調査も行わず、何か新しいことをやろうとするので、素人が素人の制度を作ることになる。全く他大学で行われていることを調べもせず、さらにはその分野の素人がゼロから議論を始めるので、時間がかかるだけではなく、できあがったものは理論的にもおかしいし、世の中の動きとも合っていない。

ともかく関係のない人を集めて議論を行い、結論を出すということは、何か問題が発生した際に「あなたもこの決定には参加していましたね」と言えるよう、担当部門が責任を転嫁するのが目的なのである。民間を考えてみるとよくわかるのだが、新しい人事制度の検討会議に営業部長や製造部長が常勤メンバーとして出てくることはない。「俺は人事のプロではないし、こんなことを検討する能力も、暇もない」と出席を拒否するであろう。「そんな問題は人事の仕事であり、人事部が考えることだろう」と怒り出すはずである。また、営業戦略会議、生産・品質・棚卸会議に人事部長が出席することもない。

民間ではプロ集団が、ベンチマークを行い、各社の良い点、悪い点を全て調べ上げ、自社の案を作り上げる。それを関係する役員、社長に説明して了解を得た上、役員会にはかるだけである。ベンチマークも行わず、素人がゼロから議論してもろくなものはできない。

しかし、どういうわけかここではベンチマークも行わず、素人が集まって議論を行っている。会議がおばちゃんの井戸端会議になるはずである。ピンボケで頓珍漢な議論がなされている。来た当初は、メンバーとなっている会議には出席していた。しかし、数回出て無意味で時間の無駄であることがわかったので、出席しないことに決めた。はじめの2年間は、私と派遣スタッフ2人の計3人でキャリア支援室の立ち上げを行っていたので、とても無駄な会議に付き合っている時間も暇もなかったからである。

人事の企画担当の係長が、人材開発について意見を聞かせてくれと言ってきた。企業の人材開発については長く関わってきた。しかし、大学の職員についての人材開発は詳しくないので、係長に、「君はベンチマークをやってみたのか」と聞いてみた。するとベンチマークが通じないのである。確かに英語であり、ほとんどの本庁から来ている職員は英語が得意でないことはわかる。しかし、ベンチマークはもう日本語としても十分に使われていることばである。その場には例のごとく3人の人事課の職員がいたが、ひとりとしてこのことばの意味を理解してはいなかった。新聞も読んでいないのである。新聞を読んでいれば必ず出てくることばである。学生に新聞を読みなさいと口を酸っぱくして言っているが、どうも係長レベルにまで言わなければいけないようなのだ。

本庁の人材開発制度を手直しして、ここに合うように変えていくという話であったので、そもそも競争のない本庁と競争のあるY大学では、人事管理設計思想を変えなければならないのではないか。あなたも給与をもらっている以上はプロなのだ。人事企画担当の係長というのであれば、ここでの人事管理設計思想を明らかにして、それに基づいて人事制度および人材開発制度を設計すべきであると話をした。しかし、私の言っている意味が理解できないようであった。人事管理のイロハも知らないのである。素人に聞きまわり、世にも不思議な人材開発制度を作るつもりなのであろう。

新聞を読んでいないということでは、面白いことを思い出した。人事課長が本庁の係長試験を受けさせる職員がいるので、ちょっと模擬面接をやってみてくれと言ってきた。本人が書いた申請用紙を見ながら模擬面接をやったが、ともかくレベルが低い。学生の模擬面接をよくやらされるが、これより数段落ちる。昔、子会社に出向していた時、女子高校生の採用面接をやったことがあるが、それよりもひどい。

申請用紙を見ていたら、能力開発目標として「毎日必ず新聞をしっかり読むこと」と書いてあるではないか。人事課長に「この申請用紙は出したのか」と確認すると、「既に提出済みです」と言う。「何でこんなのを出したんだ」と文句を言ったが、意味がわからないようであった。本庁の係長になろうという人間の能力開発目標が、「毎日必ず新聞をしっかり読むこと」だというのである。人事課長も、この目標は本庁の係長レベルの人間としてふさわしいと考えていたのであろう。そうでなければ、そのまま出すはずはない。いくら何でも「これでは合格しないぞ」と言ったが、案の定、この職員は合格しなかった。ここの人たちのレベルがよくわかる話ではないかと思う。

ついでにもう1つ似たような話をしてみよう。人事にはどういうわけか係長がたくさんいる。これは先ほどの係長とは違う人であったが、次年度の人事計画を聞かせてくれというので話をしていた時のことだ。何かの拍子に753現象が話題になった。この時も係長を含めて3人の人事課の職員がいたが、誰も753現象を知らないのである。この3人は、七五三の服装に何か新しい現象でも現れたのだろうと思ったようなのだ。

冗談だと思ったので「本当に知らないのか」と再度確認したくらいである。しかし、本当に知らなかったのである。先ほども述べたが、753現象とは、中卒者7割、高卒者5割、大卒者3割が卒業後3年以内に退職しているという現象を言うのだが、これも新聞で常に話題になっている。少なくとも大学職員は知っていなければならないことであろう。係長候補者の能力開発目標が、「毎日必ず新聞をしっかり読むこと」という事実に納得いただけるものと思う。

講師全員の生年月日を調べてくれ

ある日、人事課長から私のスタッフに、キャリア支援室でお願いしている外部講師全員の生年月日を調べてくれという依頼があった。スタッフから、そんなことをしている時間的余裕もないし、そもそもなぜ講師をお願いする際に、全員から提出をお願いしている「講師料振込み依頼書」に生年月日を書く欄を設けておかないのだろう、と質問を受けた。しごく当然であり、小学生でも疑問に思うことである。

ちょっと面白い話なのだが、世の中では一般的に「講師料振込み依頼書」と言うものを、ここでは「口座振込み払申出書」と言う。来た当初に、イメージはわかるが、このような文語体で、ちょんまげに刀を差したような帳票名ではなく、口語体にして世の中で使われているわかり易い名称にしたらどうかと言ってみたが、6年経っても変わらない。この名称がいつ頃つけられたのかは定かでないが、ともかく「絶対に変えない」とまなじりを決しているので、いかんともし難い。まあ、天下の大勢には影響がないことだし、こんなことで数カ月間頑張る時間的余裕もないので、放ってある。最近は、世界遺産に登録できるまで長く保存してほしいと願うようになっている。

私も生年月日がなぜ必要なのだろうかと疑問に思ったので、人事課長にEメールで問い合わせてみることにした。すると、ほどなくして回答が来た。「源泉徴収に必要である」と言うのである。「へー、源泉徴収っていうのは、年齢によって徴収税率を変えるのか。そんな話は聞いたことないな。通常10％が源泉徴収されていると思うんだが」。まあ、ともかく素人の人事課長が言うことだし、とインターネットで調べてみることにした。すると、源泉徴収票の中に生年月日は入っていないし、どこにも源泉徴収に年齢が関係するような記述は見当たらない。間違えてもいけないので、知り合いの社会保険労務士にも確認してみた。すると「源泉徴収に生年月日は無関係である」との回答を得た。

そこで、人事課長に知り合いの社会保険労務士に確認したところ、源泉徴収に際して生年月日は必要ないと言っているが、ここではなぜ必要なのかと再度Eメールで確認した。するとほどなくEメールが返ってきて、もし、講師の中に複数講義を持っている人がいる場合、収入を合算して源泉徴収票を発行する必要があるため、同一人物なのか同姓同名の他人なのかを判定するために、生年月日を調べてもらっているというのである。

人事課長が自分で判断せず、係長を通して担当者に確認していることは明らかであった。こんなことすら判断できないのである。小学生でもおかしいと思う内容であり、自分では何も考えずに、部下の言ったことを鸚鵡返しに言ってくる。いつものことであるが、付加価値が全くない。そしてEメールの最後には、「もうこの話についての返信はしないで下さい」と書き添えられていた。今までやってきたことなので、前例に従って「絶対に変えない」、「ぐずぐず言わないでやりなさい」ということのようであった。

私はここの人たちとは違い「人件費はタダ」ではなく、最も高いと考えている人間なので、再度Eメールを送った。この時、私が人事課長に実際に送ったEメールをここに紹介しよう。「口座振込み払申出書では、住所、氏名（漢字、ふりがな）、TEL、銀行名、口座番号を聞いていますが、これらが全て同じで、同姓同名の他人がいると言われるのですか？　部下が言っているつじつまあわせではなく、ご自分の頭でよく考えて話をしなければいけません。また、個人情報保護の問題もあり、個人情報は必要最低限にしなければいけません」。すると「口座振込み払申出書」は研究推進部門が持っていて、人事課にないのでわからないと答えてきた。

仕方がないので再度Ｅメールを送った。これも実際のＥメールである。「まだ、よくおわかりいただいていないようですが、そもそも同姓同名で単発複数回講義している人が数多くいるのですか？　たくさんいるのであれば、何らかの他のキーが必要でしょうが、数多くいるということは考えられません。従って、もし同姓同名で複数回支給されている場合にのみ、同姓同名で他人かどうかを確認すればいいのではありませんか？　そういう可能性があるからと事前に全員の生年月日を調べる必要はないのです。民間では常識ですが、工数をかけると人件費が発生するのです。従って工数を最小限にする方法を考えるのです。それも振込み依頼書はＤＢ（データベース）になって経理部門にあるはずですから、そのＤＢで住所とＴＥＬを確認すれば同姓同名の他人かどうかがすぐわかるではありませんか？　また、講師にとっては、大学は一本です。あっちの部門が情報を持っていて、私の部門にないから講師によこせというのは典型的な役所の発想です。講師だってお客さんなんだ、という発想が何でできないのですか？ここは役所ではないのです」。

長くなってしまったが、私が人事課長に送った原文を紹介した。おわかりいただけたかと思うが、本当に「人件費はタダ」と考えていなければこのようなことを言ってはこないはずである。そして、縦割りで隣に情報があろうが、自分のところにはないので平気でよこせと言う。この人事課長は、住民に対しても過去は同様に接してきたであろうし、今後も同じように接することは間違いない。

このやりとりがあった後、全部門に対して講師の生年月日を調べるのを中止するというＥメールが流れた。何年間にわたって、こんな馬鹿げたことをやって税金の無駄遣いをしてきたのであろうか。民間に比べて極端に人が多いことに加えて、このような仕事で税金を無駄遣いしていては本当にたまったものではない。人が多くいるから、このような仕事をしているとしか思えない。このような仕事は、ここだけの話なのだろうか。そうであることを願うが、すべからく、このような仕事が他でも行われているのではないだろうか、と心配になってくる。

非常勤講師料の企業への支払いはできない

ある大手の航空会社の方に「ツーリズム論」と「エアラインビジネス論」を非常勤講師として講じていただくことをお願いしたことは、前にも話をした。このような講義は、Y大学では初めてであり、履修する学生も多く、大変な人気であった。学生の就職希望先として航空業界は花形であり、Y大学でも、パイロット、客室乗務員、社員を希望する学生は多い。当然、大学としてもできる限り学生を支援したい、と考えてお願いすることにした。

すると航空会社の人事部門の責任者の方からEメールが入り、そちらの人事課が講師料を会社に振り込むことを認めてくれないので、何とかしてほしいと言ってきた。私も教育部門にいたことがあるので、よく知っているのだが、企業に勤めている人に講師をお願いする場合には、企業によって取り扱いが異なる。講師料を企業にも従業員にも支払うことを認めない企業、講師料は自社に振り込むことに決めている企業、一度本人に支払いを行い、全額あるいは一定の比率を企業に戻入させる企業、全額を従業員の収入として認める企業の4つのパターンに分かれる。

企業にも従業員にも支払いを認めない企業は、自社のプロモーションになる、あるいは公共性が高いといったごく限られた場合でしか従業員の講義、講演を認めない企業で、認めた場合は、従業員は企業活動の一環として講義、講演を行う。講師料を自社に振り込むことにしている企業は、従業員には給与を支払っており、その時間の収入は企業が受け取るべきであると考える。従業員に全額を戻入させる場合は、全額を企業に振り込ませる場合と同様の考え方であり、一定比率を戻入させる企業は、給与の支払いに加えて従業員の労務もある程度評価しようと考えている。

しかし、全額あるいは一定比率を戻入させる場合は、問題が発生する。一旦従業員の収入となるため、所得税が増えることが問題となる。給与収入以外の雑所得が、20万円を超えない場合には、確定申告の必要性はなく、通常は源泉徴収がなされているので所得税が増えることはない。しかし、20万円を超えると所得税が増える。さらに、非常勤講師の場合は給与所得になるので、給与を2カ所から受け取っていることになり、非常勤講師の給与と給与や退職以外の所得の合計が、20万円を超えると確定申告が必要となる。

このように、全額を戻入する場合は、会社の仕事の一貫として行い、従業員にとっては増えた所得税だけを負担することになってしまう。従って、全額を戻入させることは企業の労務政策上好ましくない。そうであるなら、全額を企業に振り込ませた方がよい。そこである一定比率を戻入するという考え方が出てくる。そんな面倒なことを考えるよりは、全額を従業員の収入にすることを認めている企業も多い。

ちょっと話が長くなってしまった。どう考えるかは企業の考え方次第であり、どう取り扱われようと対応は可能だ。しかし、Y大学の人事課はできないというのである。航空会社はY大学だけではなく、他大学にも講師を派遣している。そこでは、企業への振込みをお願いできているのに、なぜY大学ではできないのか、と私に確認を依頼してきたのである。人事課長にこのような話があるが、どうなっているのかとEメールを出しておいた。するとほどなくして人事課長と担当者が訪ねてきて、いろいろ能書きを言って帰っていった。要約すると、今までに講師料は個人に支払うこと以外はやった経験がないということであった。

そういえば、キャリア支援室が主催する講座でも、就職支援会社に頼んでいる講師謝礼が、就職支援会社に支払われず担当の講師個人に支払われていた。ここに来た時にどうしてそんなことになっているのかと大変不思議に思っていたのだが、前例がなかったのである。それではできるはずはない。ここの人たちは、いくら可能なことでも前例がないとできないからだ。できませんと言って個人の税金が増えようが、手続きがいくら面倒になろうが、そんなことは関係ないのである。

問題が学内だけに留まっている限りは、学内の人間が我慢すればよい。しかし、問題が一旦学外に出ていくと、大学の恥となる。学外から見ると非常識極まりないことが、白日のもとに晒されてしまう。問題は、自分たちが非常識であるとの認識がないことから、すぐに「あんたの方がおかしいんだ、非常識なんだ」ということを言い出すため、外部の人には傲慢で不遜だと捉えられてしまう。普通の常識ある大人であれば、「ちょっと待てよ」となるのであるが、ここの人事課長は「もうこの話についての返信はしないで下さい」と聞く耳を持たないのである。

規定以外の宿泊料は払わない

自分の意見が常に正しいと考えて人の意見を聞かない人のことを、米国ではロバを意味するドンキー(Donkey)と言う。ここでは、このドンキーと思われる人が多い。Stubbornとも言うが、ロバに仕事をさせる際、周りをキョロキョロさせないために目に覆いをつける。そのためロバは、周囲を全く気にしないでその仕事だけをする。民間では、多くのステイクホルダー(利害関係者)がおり、常にこれらの関係者との利害の調整を図りながら仕事をしていかなければならない。ドンキーでは仕事にならないのである。

しかし、法律、条例、規則、前例といった決まりきったことに従って仕事をやり続けているとドンキーになる。ここの人たちはこのドンキーのように全く融通が利かない。世の中がどのように変わろうと、前例は常に正しいと考えているようなのだ。そして、二言目には「貴重な税金」なので認められないと言う。「人件費はタダ」だと考えて巨大な無駄をしていながら、とんでもなく小さなことに対してだけは、本当に信じられないくらい、うるさい。木を見て、森を見ていない。ドンキーの実態を実例を挙げて説明しよう。

私のスタッフ（女性）が高崎で開催されたある学会に行き、伊香保の旅館に宿泊した。今回のグループには女性が少なかったため、学会の女性会長と同室の宿泊となった。但し、宿泊者が多かったため、学会からお願いして宿泊費は他のメンバーと同額にしてもらった。翌日、この旅館で学会主催の講演会が開催されることになっており、その意味でもここでの宿泊は便利であった。Y大学は、本庁の旅費規程をコピーして使っており、今回の宿泊はこの規程をオーバーすることになった。学会の参加者全員がこの旅館に泊まるわけであり、選択の余地はない。従って、当然宿泊費のオーバー分は大学が負担してくれるだろうと思い請求を行った。しかし、規程以上の宿泊費は一切認めないという。

ということは、このように皆と一緒に泊まるような場合でも、一人だけ別の旅館を予約して宿泊しなければならなくなる。そもそもこのような場合には、事前に起案すべきであったと言うのである。それでは事前に起案すれば認められたのかと聞くと、まず認められないだろうというのが回答であった。それでは、どんな場合でも別の旅館に泊まるか、差額を自己負担する以外には方法がない。泊まった旅館はといえば、学会が使うような場所であり、高級な旅館に泊まったわけではない。数千円オーバーしただけであった。

本庁では、このようなケースでは例外を一切認めていないという。これが事実かどうかは知らないが、これはあまりにも非常識な運用である。私は、本庁ではこういったケースでは認められることに変わっていて、ここの人たちは昔の考え方で規程を運用しているので、このようになったのではないかと思っている。もし、これが事実なら理不尽極まりない話である。周辺に古いことばが残るということの典型ではないだろうか。ここでは、ともかくダメなものはダメであり、ドンキーなのである。

一切例外を認めていないのであれば、本庁の職員は幹部と出張する際、同じホテルには泊まれないことになる。本庁では本当にこのように運用しているのであろうか。これが事実だとしても、内部はともかく、外部の人と同行する場合は認めるべきだと思う。そもそもどこかの知事とは違って、1泊何十万円のところに泊まったわけではない。他大学の教員・職員が認められる範囲の金額のところに泊まっただけなのだ。広く社会一般で認められていることでも、ここでは認められない。

それでは、ここで1つのアイデアを提案してみよう。これは、私の企業時代に行われていた制度である。企業時代には、全国に会社契約ホテルという制度があった。人事の出張担当部門が、地域のホテルと会社契約をして特別割引をもらっていた。会社側には割引が、ホテル側には宿泊者が確保されるという両者にＷＩＮ－ＷＩＮの関係ができる。これと同様の制度にしたらどうかと思う。それも全国の各市町村でネットワークを作り、各市町村にいくつかのホテルとの契約をお願いする。全国の市町村関係者が使うとなれば、大きな割引がもらえる可能性は大きい。

このようなネットワークを作り上げて、全国規模で「貴重な税金」の節約を図る。また、予約は専用サイトで行い、予約表もこのサイトからのダウンロードを可能にさせ、請求は直接出張者が所属する市町村に送れるようにするのである。このようにして、通常の場合の宿泊費の削減を図り、事情による例外を認めればよい。頭を使えば、税金の節約は可能であるし、このような馬鹿げたことで時間を浪費する必要もない。前例を変えるという習慣を、仕事の中に入れていかなければならない。

特急は１００㎞以上でないと乗ってはいけない

私は、学会の翌日は私的な用事があったため、初日だけ参加することになった。高崎なので当然、東京駅から新幹線で行くことにした。私のスタッフに対して旅館のオーバー分は認めないと言いに来た経理部門の担当者は、菊地さんの新幹線は認めますと言ったのである。高崎に行くのに新幹線は当たり前だと考えていた私は、「えっ、高崎は新幹線で行くのが当たり前じゃないの？」と聞いたところ、特急に乗れるのは１００㎞以上という規程になっているという。東京から高崎までは１０５㎞なので認めるというのである。「へー、あと５㎞短かったら、各駅停車だったの？　99・９㎞だったら新幹線料金は自己負担なのか」と、またまた本庁の規程の不思議さに感心してしまった。

私が企業に勤務していた時代、群馬県太田市にある工場に５年間単身赴任した経験がある。太田は浅草から出ている東武伊勢崎線の特急で行くこともできる。しかし、便が良くないので、ほとんどの出張者は東京から新幹線で熊谷に出て、そこからタクシーに乗るか、会社が予約すれば出してくれるシャトルバスで出張していた。浅草から太田までは94・７㎞ではあったが、特急を使うことができたし、東京から熊谷までは64・７㎞であったが、新幹線が認められていた。従って、高崎は当然認められるとの感覚であった。しかし、本庁の旅費規程をコピーして使っているY大学では、１００㎞未満であれば新幹線も含めて特急は認めないというのである。

人件費が最も高いと考えている企業では、早く行けるのであれば特急に乗って時間を節約してほしいと考える。当たり前のことだが、東京から上野に新幹線で行くことはどこの企業であっても認めることはない。そこでどこから特急を認めるのかという判断は、人件費と特急料金とを比較して、どちらが高くなるかというイーブンポイントから特急を認める距離を判断するのがリーズナブルなはずだ。また、世の中ではこのように決めていると考えられる。ちなみに私のいた企業に確認したところ、条件はあるが、20㎞以上であれば特急が認められるとのことであった。人件費が最も高いと考えているからである。

東京と高崎間を考えてみると、新幹線で行くと54分、普通列車で行くと上野経由で１１４分である。従って、新幹線を使うと1時間の時間のセーブが可能となる。新幹線料金が２９１０円であるから、１時間の人件費と２９１０円とどちらが高いのかということになろう。出張に行く職員は、一般事務職の女性職員ではなく、管理職あるいはベテラン職員が中心なので、低く見積もって年収５００万円と仮定しよう。本庁が負担する社会保険、雇用保険等を考えると約１・８倍、９００万円が平均的負担額である。これを12分の1すると月額負担が75万円、1時間では４６８７円となる。以上から、明らかに新幹線のほうが安い。

おわかりいただけたかと思うが、本庁では明らかにコスト計算は一切せず、このような規程が作られている。「人件費はタダ」と考えているからこのようなことが起きる。過去、ただの1人としてコスト計算をした人間はいないし、問題を指摘する職員はいなかったのであろう。上から言われたこと、あるいは法律、条例、規則、前例だけで物事をやり続けていくと、膨大な数の思考停止の人間が生まれる。

それをただ、コピーして事足れり、というのも能がなさ過ぎる話である。公立大学法人となった意味が問われることになるのではないだろうか。

地方出張ではタクシーは認めない

学会の開かれる大学へ行くのに、高崎駅から私のスタッフと２人でタクシーに乗った。そもそもよくわからない土地でもあり、バスはそれほど本数もなく、タクシーで来られるのが最も便利ですよ、とこの大学の友人の先生に聞いていたからである。駅からタクシーで10分程であった。先ほどの経理部門の担当者は、公共交通機関がある限りは、地方出張でタクシーは一切認められませんと言う。「ほら、よたきた」。全てが画一的で思考停止である。さらに、コスト計算ゼロである。公共交通機関があるのにタクシーを認めると、何だかんだとタクシーに乗り始め、全てがタクシーになってしまって、税金の無駄遣いになるというのだ。

新幹線を降りてからタクシー乗り場には数分でたどり着けた。駅を出たらタクシーが停まっており、直ちに乗ることができた。バスに乗ることを考えてみよう。高崎駅なのでバスは１本ではない。バスターミナルで行き先に停まるバスの停留所を探す。バスがそこに停まっていればよいが、まあ、平均すると15分くらいは待つことになるであろう。ターミナルを探す時間、バスの停留所から大学まで歩く時間を入れないで計算しても、２人でロス時間が30分、年収５００万円で計算した場合の人件費は２人で２３４３円、これに２人のバス代が加わる。タクシー代金は、１０００円弱であった。「人件費はタダ」、「コスト意識ゼロ」の実態がこれでも明らかであろう。

田舎へ行けば、1日に数本のバス、あるいは電車というところはごく一般的である。先日も母親の法事で福島に出かけ、友人のいる喜多方に寄った。駅に着いたら次の郡山行きの電車は約2時間後であった。喜多方から会津若松に出れば多くの電車があるようであったが、私的な旅でもあるし、駅周辺を歩いてみることにした。この大学の「人件費はタダ」、「コスト意識ゼロ」の考え方では、5人、10人の出張でも、みんなで2時間待っていろということになる。事実、本庁ではどう処理しているのか知らないが、少なくともここでは絶対に認めないと言われた。

当然、民間であっても公共交通機関優先である。しかし、常に状況は考慮する。特に地方では地理が不案内であること、公共交通機関の便が良くないこと等から、極端に高額な請求ではない限り、ほとんどのケースでタクシー利用が認められる。バスをちょっと待っていれば30分程度はすぐに過ぎてしまうし、そもそもこの程度の金額で争っている時間にかかるコストの方が高いという判断が働くからだ。Time is money. が浸透している。だが、ここでは違う。「人件費はタダ」なので何カ月、あるいは何年でも時間を費やすのである。

大変面白いことがある。不慣れな出張ではタクシー利用を認めていないのに、大学からどこかへ出かける場合は簡単にタクシー券を出す。このようなことを言うと必ず全て廃止となってしまうので困るのだが、タクシー利用は荷物がある場合となっているようである。キャリア支援室では他に3カ所あるキャンパスでも講座を開いており、その際使用する教材等を運ぶためにタクシーをお願いしている。しかし、荷物がなくても簡単にタクシー券を出しているようなのだ。事実、手ぶらで乗っている職員・教員は多い。この発想と思考も世の中とは正反対である。

平成22年3月31日付で会計・監査担当から、「個別振込納付書払の支払日に関する変更について」という不思議な通達が回ってきた。これによると、銀行へ行く際のタクシーの経費削減・業務効率化の観点から、今までは公共料金の支払いなど個別振込の納付書払については、支払い期限を支払予定日にしていたが、今後は毎週火曜日と金曜日の2回と月末を支払予定日とするというのである。どうもよくわからない文章だが、これまでは公共料金も含めて会計の担当が金を持ってタクシーに乗り、毎日のように銀行に支払いに行っていたようなのだ。それを毎日ではなく、週2回と月末にすることによって、タクシー代を削減するということらしい。

「人件費はタダ」なので、振込手数料を払うより現金を持ってタクシーで銀行に振込みに行った方が安いということなのであろう。それも今までは毎日行っていたようなのだ。料金の支払いは、なぜ引き落としにしないのだろうか。また、銀行だって商売である。個人が単発に振込みを行うのとはわけが違う。手数料のディスカウントだってあるに違いない。企業時代、何かの支払いに現金を持ち、タクシーに乗って毎日銀行に行っているという話は一度も聞いたことがなかった。

ニューヨークでも規定の範囲で宿泊しろ

宿泊費では、もう1つ面白い話があるので紹介しよう。私のスタッフがニューヨークに出張することになった。海外インターンシップで、ニューヨークに初めて2人の学生を約1カ月間派遣することになり、次年度も派遣の可能性があるため、受け入れ先との打ち合わせ、学生へのフォロー、宿泊先、環境等の調査のために出張させることにした。学生は1カ月以上なので、ホテルではなく、安全で格安な宿泊先を探し、予約することができた。しかし、私のスタッフは3日間の滞在であり、当然、このような安全で格安な宿泊先はない。ホテルに泊まる以外に選択の余地はなかった。

　海外のことをちょっとでも知っている人であれば、ニューヨークのホテル代の高さはご存知のことと思う。ニューヨークだけではなく、米国のホテル代は、１９９０年代半ばの持ち家率が急増したのと軌を一にして高騰していった。例のサブプライムで問題となっている低所得者が、とても買えないような住宅を購入し始めるようになってからは、その高騰にも拍車がかかった。私の駐在時代は、ニューヨークは別にしてまだまだホテル代は安かった。

　平成22年6月、企業での駐在時代に親しくしていた友人の娘さんが結婚するというので、８年ぶりにサンフランシスコを訪ねた。サンフランシスコのダウンタウンとその周辺はホテル代が高く、結婚式はダウンタウンから１００㎞ほど南のサンノゼのホテルで行われるため、サンノゼからさらに50㎞南のサンタクルーズに宿泊した。ホテルではなくモーテルであったが、１泊１９０ドルであった。私が駐在していた時代であれば40ドルか50ドルくらいだったところである。この娘さんは、ＵＣサンタクルーズを卒業しており、「あのモーテルの近辺は、それほど治安が良いところではないわよ」と言われた。確かに、周辺の治安は決して良いとは言えなかった。

　米国に駐在していて感じたことは、米国では安全は金で買うということであった。バス、鉄道といった公共交通の便の良いところは、車を持てない層が多く住む。そのため、治安はそれほど良くはない。２００５年のハリケーン・カトリーナでも、ニューオーリンズで逃げ遅れたのは、車を持たない黒人を中心とした低所得者層であった。富裕層は、みな車を持っているので、交通の便がそれほど良くないところでも困ることはない。従って、郊外に住む。富裕層が住む郊外は治安が良く、住宅費も高い。

　まあ、海外との関係が薄く、海外経験のある人がほとんどいない職員に、米国事情を期待するのは無理な気もするが、ニューヨークのホテル代は1万6100円が規程だという。円で決めているというのも、海外出張などほとんどない本庁の規程らしいが、通常、民間での海外出張規程は基軸通貨であるドルで決められている。1ドル90円として、ニューヨークで178ドル以下のホテルを探して泊まれと言うのである。私が駐在していた20年前でも、1泊160ドルくらいだったと思うが、それでもそれ程良いホテルではなかった。

また、一時ほどではないにしても、ニューヨークはそれほど治安が良いところではない。それも慣れた人間ならともかく、ニューヨークに行くのは初めてである。オフィスのあるマンハッタンもそれほど狭いわけではない。打ち合わせで夜遅くなることを考えると、できる限りオフィスと近いホテルに泊まりたいと考える。しかし、そのような考慮は一切しない。日本の基準で全てを考えている。田舎から一歩も出たことのない人が、「おらが村が唯一の世界だ」と思っているのと同様である。国際文化都市Yというのが、単なることばの遊びでしかないことがおわかりいただけるかと思う。

国際文化都市Yといえば、過去10年間で最も重要な日本論と評される『美しき日本の残像』で平成6年に新潮文芸賞を受賞したアレックス・カー氏が、その著『犬と鬼』の中で、「Yは、24時間活動する国際文化都市、21世紀の情報都市、水と緑と歴史に囲まれた人間環境都市としてのイメージを培うと自称する。だが残念ながら、深夜を過ぎると鉄道もバスも走らないのだから『24時間活動する』とは言えまい。古くからの外国人街がこの数十年であらかた消えてしまっているのだから『国際都市』とも言いにくい。特に文化的というわけでもなく、人間環境都市というほどの環境もなく、緑や史跡が特別に豊かでないことは請け負ってもいい。まあ、たしかに港に水はたくさんあるが」と述べている。

国際文化都市と言えば、その都市が国際文化都市になるわけではない。ところが、ここの人たちは何かスローガンを作るとそうなるもの、他者はそのように見てくれるものと誤解している。評価は自分がするのではなく、他者がするものであるという基本すら理解できていない。アレックス・カー氏のように日本人以上に日本を理解し、同時に海外についてもよく知る国際人から見ると現実とスローガンとの矛盾が目に付くのであろう。現実と大きく矛盾するスローガンは、単に滑稽でしかない。

話を戻そう。前にも述べたが、ホテル代は実費にすべきである。ここの人たちは常に「性悪説」なので、地方出張のタクシー代と同様に、実費にするととんでもなく高いホテルに泊まることになるから認めないというのだ。だからといって、治安が悪く身包みはがされかねないところに泊まる金額しか出さないというのも問題ではなかろうか。外国で日本ほど治安が良いところは少ない。井の中の蛙なので、全てを日本と同様だと考えている。安全のためであれば、外国人はある程度のレベル以上のところに泊まらざるを得ない。海外出張の機会がほとんどない人たちは、海外出張というと「どうせ遊びに行くんだろう。少しは自腹も切れよ」ということなのであろう。

1つアイデアを出そう。本庁は知らないが、ここでの出張手続きはともかく全てを個人に行わせている。大学全体で海外出張、国内出張がどのくらいあるのかは知らないが、どこかトラベル・エージェンシーを指定して、そこに全てを委託すべきである。できれば本庁および関連外郭団体も含めてボリュームでディスカウントを取るようにする。当然、トラベル・エージェンシーは海外も含めて豊富な専門知識を持っており、ガイドラインさえしっかり決めておけば、レベルによってガイドラインに従った宿泊先を予約することができる。個別で予約した金額以下で同一のホテルの宿泊が可能となって、「貴重な税金」がセーブできるはずだ。また、同一の金額でワンランク上のホテルの宿泊が可能となるかもしれない。どうしてこんなことすら考えないのだろうといつも不思議に思っている。

海外のプロフェッショナルとして委託したトラベル・エージェンシーが治安、金額、利便性を考え、ガイドラインに従って予約した宿泊先は無条件に認めることにすればよい。すると経理部門でチェックする人間が不要になる。これによってセーブ可能な税金は半端な金額ではない。

日当には交通費も含む

ニューヨーク出張では、もう1つ面白い話がある。経理部門の担当者が私のスタッフの出張を前にして、突然変なことを言い始めた。それは、海外出張に際して、空港から滞在する都市までは、交通費を支給するが、その都市の中での移動については、日当で賄うことになるかもしれないと言うのである。

詳しく説明すると、ニューヨークに行く場合は、ＪＦＫ空港からニューヨーク市、すなわちマンハッタンの宿泊先までのタクシー代は交通費として支給する。しかし、マンハッタンの中でインターンシップの学生の受け入れ企業のオフィス、学生の滞在先、およびその他関係先への移動に係る交通費については、日当に含まれることになるかもしれないというのだ。この考え方は、国家公務員の規程と同様であり、現在、人事課の中で議論されているとのことであった。

前年に、スタッフが海外出張に行った際には、このような問題はなく、全てが交通費として認められた記憶がある。今回、これが問題となっている理由は定かではないが、どうも、海外出張に行った教員と人事課の間でもめているようなのである。想像するに、本庁の旅費規程の運用に詳しい職員が異動で移ってきて、国家公務員と同様の取り扱いをしている本庁の規程を適用するようにしたのではないだろうか。外務公務員も含めて国家公務員の海外出張が、本当にこのような規程によって運用されているかどうかについてはよくわからない。

私のいた企業では、日当というのは食事代と雑費であり、ここに交通費を含めるという考えはなかった。朝昼晩の食事代と洗濯代、チップ等に充当すると考えられていた。タクシー代、あるいは訪問先が多い場合はリムジンをチャーターした方が便利で安いこともあり、これら全ての費用は交通費として認められていた。米国でも日当（per-diem）という考え方はあり、ここでも交通費を含むという考えはない。ことばの定義1つをとっても、役人の世界は米国以上に隔たりが大きい。

先ほども述べたが、マンハッタンは島だとは言ってもそれほど狭いわけではない。確かに、地下鉄は走っている。ここの規程によれば、公共交通機関がある場合には、タクシーを認めないのは海外であっても同様なのであろう。それ以上に、マンハッタンの中での移動に係る費用は日当から払えと言うのである。パック旅行で、足代が全て含まれている旅行を前提としているように思えるのだ。

民間企業での海外出張、特に米国出張では、初めての都市であっても空港で予約しておいたレンタカーをピックアップして、フリーウェイを乗り継ぎ、数か所のアポイントをこなすというのがごく一般的であった。本庁ではこのような形の海外出張はないのであろう。米国での駐在時代、ある都市の役人をテイクケアしたことがあった。本社の営業を経由して、お抱えの運転手兼通訳の仕事をさせられたのである。「サンキュー」以外は全く英語を話せず、観光旅行に近い出張で目的が何なのかほとんど不明であった。このような出張であれば交通費は不要であり、日当さえあれば十分であろう。市内の交通費は日当から賄えというのは、このような出張を考えているように思えてならない。当然、レンタカーの使用も認めていない。

海外に駐在した経験者でも、初めて訪問する都市での公共交通機関を使った移動は大変難しい。国によってシステムは大きく違うし、町の中で数カ所を訪問しなければならない場合、そう簡単に公共交通機関を使って縦横に移動できる人は少ない。また、慣れないために当然移動に時間がかかってしまう。日本であっても地方から初めて東京に出てきて、地下鉄を自由に乗りこなして目的地に行くことができる人がどのくらいいるだろうか。米国でのバスでの移動は本当に難しい。英語であっても、バスの運転手の停留所のアナウンスを聞きわけることができる出張者がいるとは思えない。

ましてやことばが通じない異国である。パック旅行で行くのとはわけが違う。特に米国人は自信を持って間違ったことを言ってくれる。昔の話であるが、出張である町に行きレンタカーで道を間違えてしまったことがある。シェラトンホテルへ行きたかったのだが、米国人に尋ねながら車を走らせたところ、どういうわけかシェラトンロードというところに出たことがある。また、夜間違えてフリーウェイを下りてしまい、聞く人はいないし、どこで再度フリーウェイに乗れるのかわからず、苦労した経験もある。

ちょっと話がそれてしまった。歩いていける範囲であればよいのであろうが、海外、特に初めての町での移動は、タクシーということにならざるを得ないのではないだろうか。私のスタッフのニューヨークの日当は5300円である。この日当では、物価の高いニューヨークで3食を食べ、雑費を含めると赤字になってしまう。ここからさらに移動に係る交通費を賄えというのが、リーズナブルな考え方であるとは思えない。ともかく、このような小さな金には異常に細かい。私のいた企業に確認してみると、ニューヨークの日当は80ドル、交通費は別で、宿泊費は実費となっている。やはり、民間の考え方はリーズナブルだ。

ニューヨークでの市内移動に係る交通費を日当に含めるという考え方は、結局その通りになった。私のスタッフが、市内移動で使用したタクシー代は全て拒否されたのである。後に日本での例を述べるが、これでは交通費、通勤費全額支給ではない。また、先ほどの例でも明らかな通り、旅費、宿泊費も一部支給である。旅費規程の中に、「業務出張に際しては、旅費、交通費、宿泊費に一部自己負担あり」としっかりと明示しておくべきである。

日本でも地方から東京に出てきた人が、公共交通機関を利用して縦横に移動するのは難しいと先ほど述べたが、平成22年3月14日のＮＨＫニュースで地方の学生の就職活動をレポートしていた。新潟大学の東京への無料深夜バスの運行、松山大学での東京オフィスのカウンセリング支援と無料ビジネスホテルの提供、そして釧路公立大学の学生の山谷の簡易宿泊施設利用による就職活動の紹介があった。この中で、釧路公立大学の学生が、東京の企業にたどり着くのが大変だとつくづく述べていた。日本で、しかも携帯ナビを使っても簡単ではないのが実態なのだ。

2人の海外出張は認めない

第3章でも述べるが、平成22年の夏休みにインドのムンバイとバンガロールに、1カ月間の予定で各都市に1人ずつ、計2人の学生をインターンシップとして派遣することになった。インドへの派遣は初めてであり、私のスタッフに現地の職場環境、生活環境の調査、学生のフォロー、次年度派遣に関しての受け入れ企業との打ち合わせ、さらには派遣企業の拡大のために行ってもらうことにした。海外インターンシップおよび国際ボランティアについては、英語でのコンタクトを頻繁に行わなくてはならないため、これまで担当していたスタッフが、米国留学経験のある昨年入ったスタッフに、ＯＪＴで仕事を教えながら引き継いでいた。

これまで担当していたスタッフは、過去３年間にわたって海外インターンシップ先を訪問してきており、環境調査、学生のフォロー、受け入れ先企業との調整、新規受け入れ先の開拓についての経験が豊富なため、２人を派遣してこれまで担当してきたスタッフに現地でのＯＪＴを通じて指導させることにした。米国人の前学長からは、初めて海外出張をした際には起案決裁に３カ月を要したと聞いていたので、２人の派遣には必ず妨害が入るだろうと考え、最終決裁者である副事務局長に事前に事情を説明しておいた。副事務局長の質問は、２人を派遣して予算は大丈夫なのかということであった。数万円オーバーすることになるが、他の予算でやりくりすることで了解を得た。

インドでの学生の受け入れ企業との調整の結果、８月23日の夜から27日までの日程で２都市を回る計画を立て、７月13日に起案を回した。すると、思った通り23日に経理部門の担当者が、なぜ２人を派遣しなければならないのかと質問にやってきた。起案を見ると、学務部門での決裁は終了し、出張の責任部門である人事部門は担当者が２人、係長、課長と４つのハンコが押されてあった。出張の責任部門である人事部門は既に承認している。残っているのは経理部門と最終決裁者だけであった。現在担当しているスタッフは、全く経験がないため、現地での経験が豊富なスタッフに指導を受けながら引き継ぎをさせるために、２人を派遣するのだとこの経理部門の担当者に説明を行った。

すると、そのような引き継ぎはなぜ日本でできないのかと言うのである。海外に出た経験が全くないか、出たことがあってもパッケージ旅行でしか行ったことがないのであろう。「畳の上の水練では泳げるようにならないでしょう」と言っても、理解できないようであった。私は企業時代、米国での駐在も含めて国際人事部門に約10年間在籍した。国際人事部門に異動したばかりの頃は、上司の海外出張に何度か同行して上司から実地の教育を受けた。また、米国での駐在を終えて帰国し、国際人事課長時代の海外出張に際しては、極力部下を連れて行き実地での教育を心がけた。上司からも、ぜひ若手を連れて行って教育してほしいと出張の都度頼まれた。これが民間での人材育成である。ここでは、人材の育成を全く考えていないので、いかんともしがたい。何を言ってもダメなのである。

28日、このような理由では2人の出張は認められないので、理由を書き換えてくれと言ってきた。仕方がないので、少し文章を補足して書き換えを行うことにしたが、ともかく副事務局長には説明して了解を得ているので、副事務局長に確認してほしいと伝えた。すると、「そのように先に上司に了解を取られたら、私の仕事がなくなってしまう」と言ったのである。これが、この担当者がここまで妨害する理由なのであろう。「そうなのだ、そもそもあなたはいらないのだ」と口まで出かかったが、フーテンの寅さんではないが、「それを言っちゃあ、お仕舞いよ」となるので、口をつぐんだ。

世の中の一般常識では、部門の人材育成はその部門の責任者が負っている。他部門、それも経理部門から費用の問題でクレームがつけられるのであれば理解できるが、部門内の人材育成に関してクレームを言われる筋合いはない。企業では当然、このようなことで人事部門も経理部門も口をはさむことはない。起案が回ることもない。ラインに任されているのだ。そもそも、それでなくては、ラインの責任者がいる意味がない。前にも述べたが、ここではこのように不必要な仕事をしている人がたくさんいる。この担当者は「私の仕事がなくなってしまう」と言ったが、それでは「部門の責任者としての私の仕事はどうなるのか」と聞きたい。ドンキーなので、全体が全く見えていないのである。

29日、やはりこのような理由では経理部門の責任者の承認は得られないので、説明に来いと電話が入った。その時、私は学生相談をしていたので、説明には行けなかった。翌週の8月2日に、再度呼び出しがかかり、担当者を指導している先輩の担当者と係長から、「世の中では、このような理由で2人の出張を認めることはない」、「本庁および住民に対しての説明責任があるので、ＯＪＴではなく、1人ずつ別の理由で出張するように書き換えてくれ」との指示を受けた。この人たちの世の中は、世間一般ではなく本庁だろうよと思ったが、ともかくインドはビザも必要だし、副事務局長は翌週夏休みと聞いていたので、指示に従った書き換えを行った。

これで起案は承認されるのだろうと思っていたら、5日になって日程表を書き換えてくれと言ってきた。私に言ってくる以外にも、何度か訂正、修正、補足資料の追加等の指示があったようである。ともかく、1つずつ、1つずつつまらないことを言ってくる。6日になってやっと経理部門の責任者がハンコを押したと連絡が入った。起案を上げてからほぼ4週間が経過していた。これでも早い方なのである。この間の人件費はいくらになるのだろうか。副事務局長に事前に話を通しておかなければ、明らかにこの出張が認められることはなかったであろう。ともかく、ここでは人材育成ができない。

ムンバイ、バンガロールともに訪問先が多く、事前にＥメールで確認したところ車で30分、1時間かかるとの連絡が入った。日本とは違って、インドは広いのである。いかにインドは物価が安いといっても、長時間タクシーに乗れば日当では賄えない。経理部門に確認すれば、バスがあるだろうと言い出すに違いない。仕方ないので、この大学は市内の移動には交通費が出ませんと事情を話したところ、両社から「会社の車を出しましょう」との提案を受けた。若いスタッフの海外出張に自腹を要求するのが、ここの出張規程なのである。「貴重な税金」のセーブのためなのであろう。

これについては後日談がある。翌年度は契約更新をしない旨を人事課長に伝えたところ、副事務局長に正式書類を提出してくれと言われた。副事務局長との話の中で、このインド出張も話題になった。すると副事務局長は、現場で何が起きていたのかを全て知っていたのである。担当者が逐次報告を上げ、一連の担当者の行動を是認していたようなのだ。民間であれば、直ちに起案を上げさせ決裁する。時間はコストだと考えているからである。明らかに副事務局長も「人件費はタダ」と考えているようだ。

さらに、若いスタッフのキャリア・カウンセラーの外部研修受講を拒否した話も、状況を全て承知していた。非正規職員なので、外部研修は受講させないというコンセンサスができているのであろう。経営幹部も含め、人材をどのように考えているかがよくわかるのではないかと思う。

通勤費も時間、利便性より安いルートで

通勤費についても、不思議な話があるので紹介しよう。通勤する人の利便性ではなく、定期券代が高いか安いかで通勤のルートを決めているようなのだ。企業では速さと利便性で決めていた。5円安いから、10円安いからということで決めてはいなかった。コスト削減などということは全く考えずに、膨大な無駄をしておきながら、他の例でもおわかりいただけたかとは思うが、このような小さなことに対してだけはやたらと細かい。英語では、Bean counterと言う。全体を見ようとはせず、豆ばかりを数えている人のことを言うのである。

Y大学に法人職員として採用された人から聞いた話である。一人は、府中から通勤しており、この人は当然、大学がある駅から横浜駅まで行き、横浜駅からＪＲ川崎駅に出て、南武線に乗り換えるか、横浜駅から東横線に乗り換えて武蔵小杉駅まで行き、南武線に乗り換えるというのが通常のルートではないかと思う。ところが、ここではこの両方のルートを認めないと言われたという。大学がある駅から京

いうのだ。
急川崎駅まで行き、京急川崎駅からＪＲ川崎駅まで10分ほど歩き、そこから南武線に乗って通勤しろと

冬の寒い日、あるいは夏の暑い日に、10分とはいえ、歩くのは本当に大変だという。それはまだ我慢できるとしても、特に雨の日、それも強い雨の日、風を伴った雨の日は、びしょ濡れになってしまうようだ。これらのルートの6カ月の定期券代を見てみると、横浜駅からＪＲ川崎駅に出るルートは14万３８６０円であり、横浜駅から東横線に乗り換えるルートは15万１９７０円、京急川崎駅からＪＲ川崎駅に出るここの人事課が推薦するルートは13万６６３０円である。確かに、コスト削減を理由として推薦するだけあって、最も安い。6カ月の差額が７２３０円、1カ月20日として1日60・２５円、確かに、片道は約30円安い。

また、もう一人は町田から通勤しているケースである。町田であれば、大学のある駅から上大岡駅に出て、そこから地下鉄で湘南台駅に行き、湘南台駅から小田急線で町田に出るというルートが浮かぶ。しかし、このルートも、先ほどの府中から通っている職員同様認められないのだという。ここの人事課が認めるのは、大学がある駅から横浜駅に出て、ＪＲ横浜線で町田駅に行くルートである。

この地下鉄の運賃が高いのは有名である。その理由は、投資コストの回収のためであり、その他の運営コストは他の私鉄並みに、あるいはそれ以上に徹底的にコスト削減が図られていると信じたい。この2つのルートの定期券代を比較すると、地下鉄経由が6カ月で15万４５７０円、ＪＲ横浜線経由が10万９０９０円である。差額は、6カ月で4万５４８０円、1日３７９円、片道１８９・５円である。

横浜線は、横浜駅から直接八王子行きが来る場合もあるが、京浜東北線で東神奈川駅に行き、そこで乗り換えなければならないことも多いので不便であるとのことであった。

後で詳しく述べるが、私が赴任する以前に1000万円ものソフトを飴玉でも買うように購入し、ドブに捨てておきながら、このような馬鹿げたところでコスト削減をしていますというポーズをとっている。これは明らかに偽善であり、働く人のことを真剣に考えている組織のやることではない。こんなことを本当に本庁が求めているのであろうか。通勤するのに最も時間がかかり、遠いルートで通いたい、と考えている人はいない。多少通勤費が高い場合でも、職員にとって利便性のあるルートであれば認めるべきであり、これを認めたとしても、住民が反対するとは思えない。

通勤費では、もう1つ面白い話があるので紹介しよう。ともかく、ここでは若手法人職員の優秀層の流出が激しい。他大学から転職してきて「ああ、この人は優秀だな」と思った職員が、1～2年足らずで転職してしまう。それも明らかにこの大学より格が上の大学への転職である。このような優秀な職員をリテインして、幹部として育成できなければ将来はない。3年契約の非正規職員なので、将来がないとすぐに見切ってしまうようなのだ。さらに、何事も妨害する本庁から来ている職員に辟易することも転職の理由だという。

ある若手の優秀な法人職員が転職することになった。理由は、「Y大学は、経営と教育の連携が疑問だ」ということであった。転職先は国際化が最も進んでおり、学生の満足度調査でも常にトップにランクされる大学である。退職まで1カ月を切ったところで、転職先の大学近くに転居することになった。転居先から大学までの通勤費を請求したところ、人事課に拒否されたという。まだ退職したわけではなく、現職の職員の通勤費を払わないというのである。交通費と同様「通勤費は、一部個人負担あり」と規程にしっかりと明示すべきである。

学生から500円徴収せよ

前にキャリアサポーターと学生との集いで、大学側から指示があり、学生から５００円を徴収するように言われた話をしたが、この経緯について述べてみよう。飲み物、食べ物は例のペットボトルと同様、食糧費である。「招待するキャリアサポーターからお金を徴収しなさいとは言わない。しかし、参加する学生からは会費を取りなさい」と事務局長が言っているという話が伝わってきた。近所のパン屋、ピザ屋、宅配すし屋から軽食を、酒屋から飲み物をオーダーして出すだけなので、１人あたり１５００円程度である。事務局長が本当にこんなことを言っているのか、事実かどうかを直に確認に行くことにした。すると、やはり食糧費を使うのであれば、学生を無料で参加させることは認めないという。

その時、事務局長はパン屋、ピザ屋、宅配すし屋、酒屋の支払いについて、「食糧費にしなくたって、別の名目でも支払いができるでしょう」と言ったのである。何を言っているのかよくわからなかったが、どうも食糧費以外の費目で支払えばよい、食糧費にすると問題だ、と言っているらしいのである。それもパン屋、ピザ屋、宅配すし屋、酒屋の伝票を、来ていただくキャリアサポーターに講師料を支払うことにして、それで支払えばよいと言っているようなのだ。「いろいろ方法はあるでしょう」と言うのである。「そんなことできるわけはないでしょう」と答えたが、この人はごく初歩的な経理の仕組みすらわかっていないようなのだ。

「パン屋、ピザ屋、宅配すし屋、酒屋の伝票を経理部門が講師料として認めるわけはないではありませんか」と言ったら、講師に講師料を払い、これを返してもらってそれで払えばよいではないかと言う。

「それって裏金ではありませんか。そんなことできるわけはないではありませんか」と言ってもよくわからないようであった。経理のことがわからなくて、このように言ったのだと信じたい。しかし、事実はわからない。もしもそうであっても、事務局長がこれほど経理に無知であるのも困ったものである。

公務員の世界で、よく裏金問題が出る。その理由は正当な理由があっても食糧費、接待費等の支払いを認めないからである。大学でこれから就職活動を始める3年生に対し、常日頃お世話になっているキャリアサポーターと実社会の話を聞く機会を作り、そこで近所のパン屋、ピザ屋、宅配すし屋、酒屋から出前を頼み、1人1500円程度の食糧費を使うことに誰が反対するというのであろうか。こんなことを認めず、必要な金を捻出しようとするから、裏金問題が出る。どうして正々堂々と使うことができないのであろうか。

後で述べるが、私が学生向けの企業セミナーを始めて100万円強の利益を出すことができるようになった。この利益を大学に戻入して、こういった学生支援に使いたいと考えたのである。しかし、戻入したら大学の金になり、大学のやり方でしか処理できないという。仕方がないので、後援会に話をしてみた。すると後援会からは、そのような学生支援はぜひやってほしいと言われた。さらに、その程度の費用であれば、補助ができるという。翌年からは企業セミナーの後援を後援会にもお願いすることにして、利益は全て後援会に戻入することに変更した。

派遣は安い人に代えろ

信じられないような無駄遣いをしておきながら、これも信じられないことで、コスト削減を言われたことがあった。来た当初は、私一人と派遣スタッフ2人の計3人でキャリア支援室の立ち上げを行っていた。まあ、他部門、特にスタッフで大量の人間が本質とは程遠い仕事に時間を使っているのを目にしながら、やらなければならない喫緊の学生支援と組織化、効率化を同時並行して進めていた。事務作業をコンピュータ化して効率化することによって時間を少しでも空ける努力を続け、新しい仕事、学生サービスの向上に力を注いでいた。

そのためには、2人の派遣スタッフに能力を上げてもらう必要があった。派遣スタッフの戦力化を図る以外には方法がなかったからである。特に必要であったのは、IT能力の向上であった。2人にはアクセスをマスターしてもらうことにして、外部の講習会にも行ってもらうことにした。たった3人のキャリア支援室で、2人を講習に派遣することがいかに大変であるかを身をもって体験することになる。しかし、耐える以外にはなかった。やってくる学生を1人でさばくことは、ほとんど不可能であった。トイレに行く時間すら取れないのである。このようにして派遣スタッフ2人のアクセスの能力向上を行い、単純な業務をコンピュータ化して、効率化を実施してきた。これらの内容については、第3章で詳しく述べることにしたい。

このような努力が実って、1年が経つ頃には派遣スタッフのIT能力も上がり、業務のコンピュータ化も少しずつではあるが進んできた。するとどうだろう、3月になって派遣スタッフの見直しをしたいと言ってきた。より安い人に代えてほしいというのだ。1年間仕事を経験して、単に業務が手馴れてきたというレベルではなく、職員以上に戦力化し、能力向上を図ってきた派遣スタッフを時間単価が5円、10円安い新しい派遣スタッフに代えてくれというのである。そもそも派遣スタッフは、単純作業しかしていないからできるだけ安いほうがよい、という考えなのだ。自部門の派遣スタッフにやってもらっている仕事を基準にしているようであった。

ともかく、ここでは職員であっても多くは単純作業しかしていない。だからくるくるとババ抜きのような人事異動が可能なのだ。派遣スタッフも、本庁の職員と同様で当然代替可能なはずだと考えている。他部門ならいざしらず、ここでは派遣スタッフがコンピュータ化の貴重な戦力になっている。とても「ご破算で願いましては」ということはできない。仕方がないので、ここの法人職員の試験を受験させることにした。受けたのは1人だけで、他の派遣スタッフは受験せず、1年で去ることになった。

1年の経験と5円、10円との比較であり、通常であれば1年の経験は5円、10円ではない。前に紹介した通り、ここの人たちのほとんどはＩＴ能力が信じられないくらい低い。従って、ＩＴの重要性は全く理解できない。世の中であれば、新しい派遣スタッフに代えるかどうかの判断は、派遣スタッフを使っている管理職に任せるはずである。より時間のかかるようにかかるように、サービスがより悪化するように悪化するように、仕事をやろうとしているとしか思えない。

担当者が代わるとなくなる情報

医学部のキャリア支援、就職支援については、他学部とは違い特殊性が大きいため、年に数件学生からコンタクトがある以外は医学部に任せていた。確かに、高校時代に偏差値が高かったため、両親をはじめ担任の先生から医学部進学を勧められ、入学をしてみたが医者になることに迷う学生が相談に来ることはあった。医学部の大学院には、医者の養成を目的としていない修士課程と博士課程があり、これらの学生については、通常の支援体制で支援を実施してきた。オリエンテーションにはじまり、希望者が多い製薬会社の講座、エントリーシートの書き方、面接等も含め、キャリア支援室とはキャンパスが別ではあったが、できる限りの支援を心がけてきた。特にEメールでのコンタクトは数多くあった。キャリア支援室としては、支援だけを行い、結果がわからないのではさらなる改善につなげることはできない。また、問題点の把握も難しい。Plan－Do－See－Check－Actionのサイクルを回すことができない。医学部の事務部門に過去の進路状況を送るようお願いしたところ、担当者が代わってしまい、前の担当者の情報は引き継ぎがなされていないことがわかった。過去の情報がどうなったのかはわからず、自己が関わった最近の2年間分しか情報はないという。ともかく引き継ぎがなされないという話をしたが、このような学生の卒業後の進路の情報ですらなくなってしまう。マネジメントが全く行われていない。

学校基本調査規則では、第6条で大学の長の「申告の義務及び方法等」を規定しており、第5条6項では、卒業後の状況調査として卒業後の進学、就職等の状況が含まれることを明確に規定している。すなわち学校基本調査規則では、学生の卒業後の進学、就職状況を文部科学省に報告するのは学長の義務だと言っているわけだ。引き継ぎをしなかった担当者が、果たして報告をしていたのかどうかは定かではない。報告は正しく行っていて、資料は紛失したのだと考えたい。それにしても、学生の進路情報は永久に引き継がれるべき情報のはずである。このような、大学としてやらなければならない基本的なことすらできていない。

キャリア支援室では、私が入った以降についての進路情報はデータ化して管理しており、当然、このデータは永久保存である。これからも担当者が代わるたびにデータがなくなってはいけないので、次年度からは全てこちらが管理することで了承を得た。最近2年間の情報についても、企業名等の大きな間違いも目立った。医学部修士の学生が菓子メーカーに就職したことになっている。ホームページの仕所を見ると全く違う。××製菓でなく、××製薬を見ると住所が一致したといった具合である。確かにヒューマンエラーはあるであろう。しかし、多すぎるのである。引き継ぎの問題だけではなく、情報に対する感度も鈍い。思わず社会保険庁の仕事を思い出してしまった。

進路調査未回収200件

大学にとって、卒業生全員の進路を把握することはそれほど簡単ではない。最終的には、学生が大学に報告をしてくれなければどうにもならないからである。先ほども述べた通り、大学は進路情報を文部科学省に報告する義務がある。文部科学省への報告は、学生個々人の就職先や進学した大学院の具体的な名前は必要とされない。しかし、大学としては学生の就職先や進学先の個別の名称を把握しておきたいのは当然のことである。

大学にとってそれが目的ではないとはいえ、超大手企業や人気企業への就職、海外も含めて一流大学院等への進学、弁護士、公認会計士、税理士といった超難関資格への合格は、1つの重要な成果であることは間違いない。これらの情報は、どこの大学案内にも掲載されている。また、大学側としても発表したい、と考えているはずである。

この事実から考えて、どこの大学でも卒業生の進路情報はどうしても把握しておきたいと考えている。在学生も先輩の進路には大きな関心を持っているし、これから受験を考えている高校生、あるいは保護者にとっても進路への関心は高い。受験を考えるにあたっては、大学を卒業した先輩たちの進路情報は重要な進学先の決定要因になっている。Y大学に進学を考えている保護者から電話が入り、過去の就職実績について聞かれることも多い。

私が来た年の平成17年３月の卒業生については、学生の進路情報約２００人が把握されていなかった。就職支援担当者が、まじめに進路情報の把握をしていなかったからである。卒業生は７００人強であるから、約３割の卒業生の進路を放っておいたことになる。担当していたのは本庁から来ていた職員であったが、この２００人を除いた就職率を文部科学省に報告していた。

全国のデータから見れば、この程度の数は誤差の範囲とでも考えていたのであろう。それにしても、全国の大学がこのようないい加減な報告を上げれば、統計の信頼性が揺らぐ。できる限りの調査を行い、報告を行うのが、仕事をしている人間としての責務である。当然、担当係長をはじめ担当課長、担当部長も事実を把握していたはずである。もし、知らなかったのであれば、このような重要なことですらマネジメントがなされていなかったことになる。しかし、誰も何のアクションもとってはいなかった。本当に信じられないことではあるが、ともかく、職務怠慢なのである。社会人として仕事をするとはどういうことなのか、という基本的なことすら理解できていないようなのだ。

５月に入って、広報を経由して就職情報の調査があった。週刊誌で全国の大学の就職特集を組むとのことであった。調べてみたところ、この驚きの事実が判明した。これではとても外部へは公表できない。ともかく調べてみようということになり、卒業生の実家に電話をして進路調査を実施することにした。分担して電話をかけることになったが、そう簡単につかまるわけではない。スタッフの努力で、何とか１５０人の進路は把握することができた。雑誌社には、これでどうにか回答することができたのである。来た早々であったから、「あらあら、これは大変なところに来てしまったな」と感じたのでよく覚えている。

それ以降、キャリア支援室としては、最大限の努力を払って進路の把握を行ってきている。しかし、後で述べるが、大変大きな壁が立ちはだかることになる。そのような壁を突き破り、平成22年3月の卒業生については、学部生、大学院修士課程、博士課程、医学部医学科、看護学科の卒業生全員の進路を把握することができた。卒業生の進路を100％把握できるまでに、丸5年の歳月を要したことになる。本当に長い道のりであった。

OB・OGのデータがない大学

卒業時点での進路情報よりも、もっと恐ろしい話がある。Y大学では、OB・OGの名前すらコンピュータ上にはないのだ。1985年に卒業したOB・OGについては、17人のデータがコンピュータ上にある。1986年、1987年はちょっと試しに入れてみたという程度の情報が入っている。確実に情報を持っているのは、1988年からである。昔のことなので、どうしてこのようなことになっているのかについてはわからない。ただ、1988年から本格的にコンピュータが稼動することになったのではないだろうか。

世の中では、コンピュータ化を行い本格稼動する際には、紙ベースあるいはマイクロフィルム等で持っている情報全てを入力するのが一般的である。入力を行わないと、時間とともに情報が散逸してしまい、紛失してしまうからである。例の社会保険庁であっても、正しく入力が行われていたかどうかは別にして、ともかく過去に遡って入力は実施していた。ところが、ここでは入力すら行わなかったのである。両者とも実態の程度があまりに低いため、「目くそ鼻くそを笑う」の例えの通りで、比較する意味はあまりない。しかし、ここでのデータすら存在しないという事実から、本庁から来ていた経営幹部、管理職、および職員の意識の低さがわかる話なので紹介しておきたい。

Ｙ大学は、明治15（１８８２）年に開校された歴史のある大学である。事実を確認したわけではないが、データがなくても紙の卒業生リストは残っているはずである。これすらない、となると卒業したＯＢ・ＯＧの名前、人数すらわからないことになる。これをもとにしてＯＢ・ＯＧのデータベースの整備を行う必要がある。公表されている企業人の名簿、同窓会が把握している情報、さらには消息がわかっている人を通して調べていけば、かなりの情報収集が可能なはずである。他大学の状況はわからないが、企業にいた人間の感覚からはＯＢ・ＯＧの卒業年度と学部、名前すらデータで保存できていないというのは、あまりにもお粗末である。

それでは、今後情報をどのように入手し、管理していくべきなのかについて簡単に述べておこう。この大学は、紙が好きなので全てを紙に書かせ、それを人間の手を使っての入力処理が行なわれている。何度か述べてきていることだが、この方法では工数が二重に発生しており、その上にミスも起きる。

まず、受験の段階からウェブによるダイレクト入力、あるいはＯＭＲ帳票による出願を考えるべきだ。受験段階は、受験番号による管理を行い、受験生個人にはバーコードをアサインする。このバーコードは、受験年と受験番号の組合せとすればよい。受験票をはじめ、受験に際して必要な書類にはバーコードを打ち出しておき、受領のやりとりはこのバーコードを読み込むことによって行う。当然、受験料の受領は銀行からのデータ転送である。

入学試験実施後に試験データを加える。これもＯＭＲとしたい。次に最終合否サインを付加する。これは、受験生全員のバーコードを打ち出しておき、合否情報に従い合格者だけをバーコードリーダーで読み込めばよい。これから合格者掲示板に貼る受験番号を打ち出す。期日までに振り込まれた入学金、授業料情報を銀行からデータ転送で受け、入学者を確定する。この入学者情報から、規則に従って学籍番号を自動生成し、学生データベースを作成すればよい。

この時、学籍番号と受験番号との関連付けは欠かせない。受験区分と成績、受験成績と学業成績、これらと就職先といった分析は大学にとって欠かせない情報だからである。受験時に入手し、入学後に必要な情報は全て学生データベースに移管する。入学者に対しては、これら情報を個人ホームページ上で提供し、修正あるいは入学後に必要な情報の付加を指示すればよい。これらに、在学中の学業成績、ゼミ情報、クラブ活動、さらには学生のフォローに必要な機能を加え、最後に卒業後の進路情報を付加する。これがOB・OGのデータベースとなっていけばよいのである。

この程度のシステムは、コンピュータのシステム開発を数年やった経験者であれば簡単に設計できるはずだ。外部に発注したら相当な開発費を要求され、内部での人材開発は進まない。外部講習の費用をケチらず、若手を鍛えて能力アップを図っていくことが重要である。力のある若手は、他大学あるいは民間からも引き抜きがかかる。Y大学に魅力がなければ転職されてしまう。これからは、このように大学と職員との間に緊張関係がなければならない。

利用されなかった求人情報システム

先ほど簡単に話をしたが、ここに来てすぐに、典型的な無駄遣い事件に遭遇することになった。私が来る直前の平成17年3月末で定年退職した、本庁から来ていた学務部門の課長はEメールすら送ることができなかった。Ｅメールが送れないので、机の上にＰＣすら置かれていなかったのである。このようなＩＴ能力の低い人間がシステムのパッケージを評価できるはずはない。

しかし、求人情報システムという高額なパッケージを購入し、求人票の情報をインプットさせていた。求人情報システムというのは、大学に来た求人票をシステムにインプットし、ウェブ上で学生がいつでも見られるようにするツールである。

このシステムを学生が使っていたのか、と言われるとはなはだ疑問である。全く使っていなかったとは言わない。しかし、利用率が非常に低かったことは確かである。そもそも、名だたる超一流企業が、全国全ての大学宛に求人票を送っているわけではない。企業は常にコストを意識しているので、採用したいと考えている大学だけに、求人票を送っているからである。Ｙ大学でも、超一流企業から全く求人票が来ないわけではない。しかし、ここからもあそこからも来ていないと、多くの超一流企業の名前を簡単に挙げることができる。

大学に対して求人票を送付してくれない超一流企業に学生がアクセスするためには、大学の求人情報システムではなく、民間の就職情報サイトを利用する。就職情報サイトは、企業から利用料を徴収して運営しているので、学生をどう呼び込むかについて激しい競争をしている。従って、各社とも工夫を凝らし、学生集めに奔走している。そのため、学生は複数の就職情報サイトに登録することによって、ほとんどの企業へのアクセスが可能となる。

ということは、求人情報システムは学生にほとんど使われていなかったことになる。しかし、ここへ来ている求人票約４０００件全てのインプットだけはなされていた。本当に少数の学生が利用するために、大変なコストと時間をかけていたのだ。インプットは手段のはずであるが、それが目的化していた。

この求人情報システムは、私が大学に移る1年半ほど前に購入したものである。購入金額は1000万円弱であった。ところが、このシステムには致命的な欠陥があった。それは、前年インプットした企業情報全てを、翌年は全く使うことができないという、信じられないような致命的な欠陥である。

企業情報のうち、毎年変わるのは採用人員くらいのものであろう。確かに、事務所を移転したことで住所が変わる、社長が交代したことで社長名が変わることはあるかもしれない。しかし、そのような変更はそれほど頻繁ではない。昨年苦労してインプットした情報をご破算にして、会社名から始まって全ての情報をインプットし直せというのである。システムを全く知らないズブの素人であっても、昨年と違った情報だけを直せばよいと考えるはずである。

ところが、そうはなってはいなかったのである。ここのスタッフのように、人員が有り余っているところであれば、そんな悠長な仕事もできるであろう。しかし、人が足りないキャリア支援室では、このような仕事を行っている暇はない。「これを変更したらいくらかかるのか」と販売元に確認すると、100万円弱だという。学生が頻繁に使うシステムであれば、金をかけて直す意味もある。しかし、そもそも使用頻度が大変低いシステムに金をかけても意味がない。販売元に「ごまかして売ったのか」と質問したが、下を向いて答えることができなかった。

購入価格は1000万円弱であったが、1年半で捨てることにした。Eメールも使えない管理職が飴玉を買うように買ったのである。税金をドブに捨てたことになる。買った管理職は、定年退職をして既にいない。これだけの金額であれば当然、事務局長、理事長まで起案が回っているはずである。しかし、誰も責任を取ることはなかった。5円、10円には大変うるさいのに、1000万円にはうるさくないのだ。当時、「どうも、ここの組織はおかしいな」と思ったので、鮮明に記憶に残っている。

500万円の情報発信モニター

これと似たようなことが起こったので、紹介しておこう。キャリア支援室では、キャリア支援関連の情報をモニターで発信しようということで、平成20年の暮れから準備を始めていた。キャリア支援講座、就職講座、公務員講座、資格取得講座、各就職情報サイトが主催する就活イベント、キャリア支援室で購入し、貸し出しを行っているキャリア・就職関連の本、DSソフト、キャリア・就職相談スケジュールといった情報を、適宜モニターを使って学生に配信しようというものである。

この話をIT部門の担当係長にしたところ、IT部門でも同様の仕組みを準備しているという。食堂と校舎の入口にモニターを設置して、休講情報、学生に知らせたい各種の情報を流すことを考えているようであった。一緒に考えませんかと言われたが、キャリア支援室としてはホームページ同様、何か情報を流すたびに起案をさせられてはかなわないので、丁重にお断りし、当初の予定通り、独自で開発を進めることにした。

モニターについても、2台の設置を考えた。1台は、キャリア支援室の情報を、もう1台は各就職情報サイトの就活イベント情報を流すことにした。モニターはキャリア支援室の廊下の壁に取り付け、大きさは24インチとした。安いモニターを探したところ、2万円強でこのサイズのモニターが見つかった。壁に取り付けることから、工事はプロにお願いし、取り付けの費用も含め2台で合計9万円で取り付けることができた。コンテンツは適宜私のスタッフが開発し、各就職情報サイトに対しては学生に伝えたいイベント等の情報コンテンツを送ってくれるようにお願いすることを考えた。

入学式に間に合わせようということで、入学式当日は新入生に対してのお祝いのメッセージを流すことができた。翌日からは、キャリア支援室本来の情報を流し、キャリア支援室の情報発信モニターは順調にスタートした。するとほどなくして、食堂に巨大なモニターが3台設置され、キャリア支援室の入口にも1台、食堂ほどは大きくはないがモニターが取り付けられた。キャリア支援室の入口には、平成17年の赴任当時は情報版が設置されていて、7~8年前に800万円で購入したそうだが、保守部品がなく野ざらしになっていた。それを取り外し、学内案内が貼られていたが、そこにモニターを取り付けたのである。

ある日、採用のことでシャープの人事部の方の訪問を受けた。時間があったので食堂で昼食を食べたとのことで、食堂に設置されている巨大なモニターが話題となった。1台40万円くらいですかねと言われた。すると3台で120万円、小さいモニターが10万円として計130万円、随分お金をかけたものだと感心していた。流されているコンテンツがあまりにもプアーで、これほどの投資をする意味が理解できなかったからである。

その後、IT部門の担当係長が来たので、モニターに費やした費用を聞いてみた。すると500万円だという。休講情報とプアーなコンテンツを流すために、500万円の「貴重な税金」を使ったというのだ。それにしてもどうして500万円になるのか不明であるが、この係長によれば「工事費もかかっていますからね」とのことであった。しかし、とても理解できる金額ではなかった。このシステムも、全て業者に丸投げして作らせたものであった。

その後、事務局長に会う機会があったので、食堂の500万円のモニター設置の決裁はあなたがしたのではないかと問いただした。すると自分ではなく、部下の副事務局長だという。IT音痴の管理職がわけもわからず決裁したようであった。この設置を推進した企画部門の係長は、既に4月の異動で本庁に戻ってしまっている。どうも、他大学でもモニターを使った情報発信設備があるので、目的、コンテンツも考えずに、ただ取り付けてみたかったというのが事実のようである。管理職はコンテンツの有無もチェックせず、飴玉を買うように決裁したようなのだ。今日も、設置当初から見慣れているあまり意味があるとも思えない数枚のコンテンツと休講情報が繰り返し流れている。

ところが、本当に信じられないことが起きていたのである。500万円もの費用を投じて、巨大なモニターを食堂も含めて合計4台も設置し、休講情報を流しておきながら、これらのモニターを設置する前と全く同様に大学の掲示板には休講情報が貼られている。モニターで流されているのは、休講情報を除けばあまり意味があるとも思えない数枚のコンテンツだけである。それも設置から2年も経っているのにほとんど変更が行われていない。これだけの投資をしたのであれば、掲示をやめて工数を削減しなければ意味がない。やっていることが本当に理解できないのである。

私であればどう考えたかを述べてみよう。第3章の**求人票配信システム**（208ページ）で詳しく述べるが、求人情報システムを捨て、その代わりに開発した求人票配信システムと全く同様の仕組みを考えたであろう。大学は、授業を履修している学生を全ておさえている。ある授業が休講になった場合、この授業を履修している学生に対して、休講する旨のEメールを携帯に自動送信するのである。このようにすれば、費用は全くかからない。さらに、担当教員が電事故で10分遅れるといった緊急の情報も流せる。既に、教室に座っている学生に対しても情報を流すことができる。どう考えても500万円のモニターより優れている。他大学にあるからといって、IT音痴の管理職がわけもわからず購入を承認したのである。

冷房、暖房はともかく期日から

授業を担当していて困ったことがある。プロジェクターが暗いという話はしたが、ここの人たちの考えていることは、ともかくすべからく画一的なのだ。思考のバンドが本当に狭いのである。融通ということは一切ない。ここの人たちの辞書に「融通する」ということばはないように思える。「石部金吉」ということばがあったが、全くこれである。これも減点主義評価の欠陥であろう。前例通りにやってさえいれば、お咎めがないからである。

授業をやっていると、6月になれば大変暑い日がある。特に私の授業では、カーテンというカーテンを全て閉めきり、教壇の蛍光灯を消さないとパワーポイントが見えない。このような状況の中で、多くの学生が参加している授業では、本当に蒸し風呂状態になる。下敷きで扇いでいる学生、ノートをパタパタさせている学生、中には玉の汗をかいている学生もいる。こんな状況でも絶対に冷房を入れない。これを見て熱中症の危険を感じ、次回からはペットボトルを持参するよう指示したくらいである。

その理由は、冷房は7月からと決まっているからである。あたかも冷房・暖房なんて昔はなかったんだ、とでも言うかのようである。7月に入っても涼しい日はあるし、6月でも暑い日はある。その日の温度、湿度によって、冷房を入れてあげようというサービス精神は一切ない。「絶対に変えない」、「ここではこうやっています」、「もうこの話についての返信はしないで下さい」と聞く耳を持たないのである。暖房も同様である。ともかくある日からと決まっているので、それは絶対変えませんということのようなのだ。

平成22年4月16日に、私が担当するインターンシップ実習のオリエンテーションを行った。３００人近い学生が参加したが、翌日は東京でも41年ぶりに雪が降り、高速道路が閉鎖されて大混乱に陥るという大寒波が到来した日であった。当日も真冬並みの寒さと報じられていた。当然、教室は冷蔵庫のような寒さであったが、暖房が入れられることはなかった。4月からは、暖房は入れませんと決まっているからである。「学生中心」ではなく、「前例中心」なのである。

「貴重な税金」で運営している大学なので、費用を出来る限りセーブしているという単なるポーズだけが必要のようなのだ。ゴミみたいなこと、金額にすると5円、10円程度のことについては、それがあたかも生きがいでもあるかのように細かくチェックが行われる。しかし、重要なポイント、高額な物については、これまでに多くの事例で紹介した通り、民間の感覚ではほとんど垂れ流し状態にある。個々人の能力と、さらにはやらなくてよい仕事にアサインされた人の数まで論じたら、大変な無駄になっている。

米国時代に経験した話をしてみよう。日本企業の現地法人であったため、良いローカルの人材が採用できなかった。人種差別の影響もあるが、日本の企業は何しろ決定が遅く、職務も曖昧で権限の授権も不十分だというのが現地人の評価だったからだ。このような評価の中では当然、米国人の一流の人材は入社しない。しかし、現地人人事部長はコンペティティブな報酬制度を導入しないと、良い人材が採用できないと主張していた。何のことはない、コンペティティブな報酬制度を導入すれば、現在いる従業員の給与が全て上がってしまう。「おいおい、ところでお前の能力はコンペティティブなんだろうな」と本当に口に出したくなった。ここの役人の給与は決して安くはないし、能力を加味したら大変なオーバーペイである。

平成22年3月27日付の『読売新聞』に大変興味深い記事が載った。それは「役職に付いていない本庁の職員と、国の課長補佐級の職員それぞれの最高水準の給与月額がほぼ同じであることが、３月26日に発表された総務省の調査でわかった」というのだ。この調査によると、給与月額の最高水準は、本庁の職員で42万１４００円、国の課長補佐級で、42万５９００円である。総務省の担当者は、「役職のない職員と国の課長補佐級の給与月額の最高水準がほぼ同じでは、住民の理解は得られない」と指摘したが、本庁では、「同じ役職でも部下の人数が多いなど、国とは職務が違う」と説明しているという。本庁の職員は、役職に付いていないということなので部下がいないはずだと思うのだが、この回答もピントがずれている。本庁では今後、人事委員会と協議しながら、必要な見直しを行っていく方針だという。ぜひ成果を期待したいものだ。しかし、結果をしっかりと見守る必要がある。

私は、企業時代に本庁の人事給与制度検討委員会の委員に任命され、平成16年11月10日に最終報告書を当時の市長に答申した。この検討過程でバスの運転手の最高年収が１０００万円を超える、また、ごみの収集員も８００万円を超えるということを聞いて本当にビックリしたことを覚えている。この委員会には、ある私鉄の役員が委員として参加していたが、私鉄のバスの運転手は最高でも市営バスの運転手の６割程度のようであった。昔の話なので現在の実態がどうなのかはわからない。住民は「貴重な税金」をよく見張る必要がある。

私は、年功序列賃金の全てを否定する気はない。しかし、バスの運転手が経験によって大きく運転技術が高まるということはありえない。確かに、免許取りたての運転手と5年、10年バスを運転している経験者とは運転技術、客への対応、バス路線の知識等違いがあることはわかる。しかし、10年の経験者と20年、30年の経験者のこれらの知識が大きく違ってくるとは考えられない。逆に定年近くになってくれば、視力、運動能力が落ちてくる。従って、バスの運転手のような職種では定年まで年功序列賃金にする必要はなく、あるところで賃金が頭打ちにならなくてはならない。従って、バスの運転手が年収1000万円を超えるような給与システムは明らかに間違っている。これは、ごみの収集員でも同様である。

言うのは常にできない理由

ここへ来たばかりの頃は、日につくこと目につくことについて民間の感覚で提案をしてみた。ところが全く進まない。最近では言っても意味がないのでやめてしまっている。ここの人たちは単に聞き置くだけなのだ。「馬の耳に念仏」ということばの意味を実感として理解できた。相手は馬であり、人間ではない。地球に来るようなエイリアンであれば、知能も高いだろうが、馬であれば言ってみてもしょうがない。人間の形をした馬なのだ。悲しいことではあるが、本当に無意味なのである。ちょっと、私がした提案のいくつかを紹介してみよう。

法政大学では、図書館の貸し出し管理をある大型書店にアウトソーシングしたところ、開館時間が延長できただけではなく、コストの削減、休日の開館、サービスの向上が図られたと聞いたので、Y大学としても検討してみたらどうかと言ってみた。ところが、検討もしなければ、動きもない。組合問題になるということのようである。まあ、触らぬ神に祟りなしということで、何も進めようとはしない。

平成20年10月20日付の『朝日新聞』によると、大学が図書館や自習室を24時間開放する動きが広がっていると報じている。例としていくつかの大学を紹介しており、国際教養大学では4月に図書館がオープンしたが、365日24時間学生に開放しているという。同大学では全ての授業が英語で行われており、学生も相当な準備をしないと授業についていけない。そのため、図書館でも毎日、午前零時で20〜30人、明け方でも数人の学生が勉強しているようだ。

　また、京都大学では、平成21年1月から図書館内の自習室を開放することを計画しており、飲食できるコーナーも併設する予定である。会津大学でもコンピュータ演習室とハードウェア実験室を24時間自由に使えるのが売りだという。何もしないことは、世の中から遅れていくことを意味すると言ってきたが、このような動きを見ていただければ、その意味するところがよく理解できるものと思う。

　Y大学の図書館の開館時間は、通常は8時45分から22時、土曜日、日曜日は9時から19時、春休み、夏休み、冬休みの期間は土曜日、日曜日は休館、平日は9時から17時までである。なるほど、開館時間も役所の感覚なんだなと思うのは私だけではないだろう。国際教養大学のように、4年間で入学者の5割程度しか卒業できないという厳しい大学ではないので、365日24時間開館しても勉強する学生がどのくらいいるのかは定かでない。授業の1時限の開始が8時50分なので、少なくともその前に予習や下調べができるような時間から開館するのが「学生中心」の大学の姿勢ではないだろうかと思うのだが、学生の都合より、ともかく自分たちの都合を優先させる。

　企業では、「できない理由を言うな、どうしたらできるかを考えろ」と口酸っぱく言われた。ここで考えることは、常にできない理由である。できない理由さえ見つかればやらなくて済むので、何とかしてできない理由を探そうとする。経営幹部も「はい、そうですか。それではできないよね」と納得している。本音は、もっともらしいできない理由を探してほしいと願っているようなのだ。下手に手を出せば、面倒な仕事が増えるからである。これでは、未来永劫できるはずはない。ともかく、前例主義、現状維持で改善は一切行わない。

また、以前、国土交通省で大きな問題となっていたが、大学の車を廃止して、必要であればタクシーにしたらどうだと言っても進んでいない。どうやらこれも組合問題が発生する、というのができない理由らしいのである。競争がないというのは、ここまで人間を堕落させてしまうようなのだ。

小さなことでは、大学内の飲料自動販売機がある。町の中に置いてある飲料自動販売機でも１００円のところが目につく。私の近所の洗濯屋の飲料自動販売機は、おやじが自分で補充して価格を安く設定し、競争力を持たせている。販売量を増やすことで、利益を確保しているのだ。街の洗濯屋でさえも、生き残りをかけて努力をしている。競争があるからである。

ここの飲料自動販売機は１１０円である。他大学では、ほとんどが90円である。ここの多くの飲料自動販売機は生協が設置しているが、いくつかは大学が独自に設置をしている飲料自動販売機がある。大学独自の飲料自動販売機は儲ける必要はないので、赤字にならない金額まで下げたらどうだ、と言ってみてもこれもできない。ここでも、生協が管理していない他のキャンパスで、90円と設定しているところが現実に存在している。１００円にして、10円はアフリカの子供たちに送るといったことだってできるであろう。学生もこれなら10円高くても納得してくれるはずである。

生協は、学内では独占企業体なので、生協が儲ければ儲けるほど学生の負担が増え、結局は学生へのサービスが低下するという関係にある。本来であれば競争関係を作り出し、適正な価格まで下げさせる必要がある。そこで大学の持っている飲料自動販売機の価格を下げれば、生協の飲料自動販売機の売り上げが下がり、生協は飲料自動販売機の価格を下げてくるか、飲料自動販売機の事業から撤退することを選択するはずである。撤退すれば、大学が引き継いで、全部の価格を引き下げればよい。このように提案してみたが、こんなことすらやろうとはしない。相手は、馬なのでいかんともしがたい。

平成22年の暮れになって、大学が独自に設置している飲料自動販売機が１００円となった。提案してから丸５年が経過していた。

顔が見えない経営幹部

稲盛和夫氏は、その著書『人を生かす』の中で、「会社はトップの器、器量の分しか大きくなりません。トップが小さいのに、会社だけが勝手に大きくなることは絶対にありません」と述べている。楽天、野村前監督にも「組織はリーダーの力量以上には伸びない」という名言がある。全く分野は違うが、卓越したリーダーとして自己の世界を確立し、成功をおさめてきた人間が、たどり着いた場所が同じであるということに興味を覚える。両者とも、リーダーとしては自己の器量、力量をいかに伸ばしていくかを考えて、努力を続けていかなければならない、と言っているのだ。

Y大学へ来て、トップも含め経営幹部の発信力のなさ、リーダーとしての力量の低さには驚嘆している。ともかく何をしているのか、全く見えないのである。民間経験者から見ると、いないのと同様である。リーダーシップ研究で著名なジョン・P・コッターは、その著書『リーダーシップ論』の中で、「リーダーとしての仕事は、ビジョンと戦略をつくり上げ、複雑ではあるが同じベクトルを持つ人脈を背景に実行力を築き、社員のやる気を引き出すことでビジョンと戦略を遂行することである」と述べている。

まず、彼らにビジョンがあるのかは本当に疑問である。俺にはビジョンがあるんだと言ってみても、そのビジョンを提示しなければ、ないのと同じである。どうも行動を見ていると、ビジョンもなければ、戦略もない。さらには、戦術すらも持っていないように思える。リーダーとしての付加価値がないのだ。付加価値がないということは、いる意味がないということになる。多分、このような自覚すら持っていないのではないか。これまでも、これで済んできたのであろう。当然、これからもこれで済み、給与が得られると考えているように思う。

ジョン・P・コッターは、さらに「私たちの周囲にいるのは、今まではどこにも存在しないような、変化の少ない環境で教育され育ってきた人々ばかりなのだ。組織には、既存のシステムの経営幹部と、現状のわずかな軌道修正のみを叩き込まれてきた人材があふれかえっている。彼らはどうすれば大きな変革に必要なリーダーシップを発揮できるかなど、教えられたためしもない」と述べる。経営幹部、管理職も含めて、このジョン・P・コッターの指摘が、これほど当てはまる組織はここをおいて他にない。また、「現状のわずかな軌道修正」すら行おうとはしていない。

法人化への移行、少子化の進展による大学の生き残りをかけた戦略構築を求められる中では、特に卓越したリーダーの存在が不可欠である。既存組織からの脱却、未来に向けての発展を図る大学にとっては、器量、力量の低い経営幹部は意味をなさない。任命権者の責任とともに、6年間の不作為の責任は学生、保護者、納税者から厳しく問われなければならない。

第2章　大学の現実

第1章では、本庁の職員の仕事ぶりについて述べてきた。第2章では、私のいるキャンパスを中心とした学部でのできごとについて、実際に経験したことを話してみることにしたい。大学の教員も大学だけで純粋培養された人たちが多く、ほとんどの教員は社会に出た経験がない。従って、世の中についてわかっている人は多くはない。「社会に出られないので、大学にい続けた」と言い放った教員もいた。

自分の専門分野については、詳しいのであろうと信じているが、大学以外の組織で仕事をした経験者は少なく、企業から来た人間にとってみると、「ああ、ちょっと、違うんだけど」と感じることが多かった。はじめの3年間はキャリア支援室のキャリア支援体制の確立が仕事であり、3年目から学生を指導する仕事も加わった。ここでも、「アイヤ、イヤイヤ」が出てくることが多くなった。

進路調査は学部として一切協力できないと言い放った学部長

私が赴任する以前は、進路調査がしっかりと実施されておらず、200人もの進路情報が未確認の状態になっていて、その調査に対しては「大変大きな壁が立ちはだかることになる」という話をした。この詳細について述べてみよう。卒業する学生たちの進路調査すらできないようでは、大学としての責任を果たしていることにはならない。そこで、学部に協力をお願いすることにした。

ほとんどの学生はゼミに所属しており、ゼミの教員を通して、キャリア支援室に進路調査票を提出するようお願いできないかと考えたのである。できる限り多くのルートを使い、学生への呼びかけを実施しないと、全員の進路調査票を集めることは難しい。進路調査票の提出は、学生にとってメリットがあるわけではない。従って、大学側が積極的に働きかけをしなければ、提出はしてこない。特に、進路が決まっていない学生、希望通りの進路に進めなかった学生の提出率は低い。

そこで、学長も含めた会議の席で、文部科学省への提出が義務付けられている学生の進路情報が、担当職員の職務怠慢により２００人も収集できていなかった事実を説明して、学部長に協力をお願いした。その席で学部長は、「進路情報は、学生の個人情報であり、個人情報の収集には学部は一切協力できない」と皆の前で平然と言い放ったのである。文部科学省が大学に義務付けている情報を収集するのは、学長以下大学管理職の責任のはずである。

しかし、この学部長は大学の管理職としての自己の責任を全く理解していなかった。また、驚くことに、そこに居合わせた本庁から来ている管理職はこの学部長に同調したのである。２００人もの進路調査を放っておいた責任者である。文部科学省が、学校基本調査の資料として各大学に要求している調査への協力を拒否したのである。あの、「絶対に変えない」と言い放ち、異動に際して自分の出したEメールだけを消し去って本庁に戻った管理職である。これでは、卒業生の進路調査票が集まるわけはない。仕事をすべき人々全員が、やらなければいけないとの自覚を持っていなかったのだ。大学として、当然やらなければならないことすら行われていない大学であった。

最終的には、学生が個人情報だとして提出を拒否した場合は、入手できないこともあるかもしれない。

しかし、前にも述べた通り、学生の進路情報は大学にとっての成果の1つでもあり、在校生にとっても、その保護者にとっても関心の高い重要な情報である。さらには、Y大学を目指そうとしている受験生とその保護者も、進学先を決定するための重要な1つの要素と考えているはずである。このように、大学にとって重要な情報の入手の協力を拒否する管理職がいたことが、大変な驚きであった。だが学長は、ともかく可能な限り情報収集に努めていかなければならない、と言ってくれた。学長は米国人であったが、日本人学部長より文部科学省の指示を正確に理解していた。

組織として学部からの協力を得られないため、教員個人に協力を依頼して情報収集を行うことにした。物事を正しく判断できない人間に、物の道理を説いても意味がない。時間と労力の無駄である。このような学部長の無理解の中で、理系の教員たちは協力的であった。卒業式に全員に対して進路調査票を書かせるようにするから、と言ってくれた。理系については、ほぼ100%に近い学生から進路調査票を集めてくれたのである。

最終的には100人程度の未提出者が出た。卒業前に電話で問い合わせる。つかまらない場合は実家に問い合わせるということで、平成19年度（平成20年3月卒業）については、不明者を23人にまで減少させることができた。毎日、分担して電話をかけ、メッセージを残す、伝言を依頼する、といったことをやり続けて、ここまで減らしたのである。確かに拒否する学生、保護者もいた。しかし、そのような保護者はごく少数であった。多くは留学生で、既に母国に帰国していた。日本人であっても下宿を引き払っており、実家も転居してしまっていたということで連絡が取れないケースであった。

するとどうだろう。個人情報だからと協力を拒否した学部長が、卒業後の進路情報を欲しいと言ってきたのだ。大学の現状をいくつかの可能な指標を用いて評価したいという。この学部長の要求は、年金の掛け金を払わないで、年金を要求するようなものである。「よくもまあ、恥ずかしげもなく、いけしゃーしゃーと言えるもんだな」とは思ったが、ここで拒否すれば、この学部長と同レベルの人間に成り下がる。ここにある情報は全て差し上げることにした。

するとほどなくして、平成20年度（平成21年３月卒業）からは、学部としても全面的に協力する旨を伝えてきた。明らかに大学としても必要な情報なのである。この学部長が、物事を正しく理解できるまでに３年間を要したことになる。世の中では、大学の先生というのは頭が良い、と考えているようだが、そうでない人もいることがおわかりいただけるものと思う。平成20年度（平成21年３月卒業）は不明者６人、平成21年度（平成22年３月卒業）は全員の進路を把握することができた。ここに来るまでに５年間の歳月を要したことになる。当たり前のことをするだけでも大変な大学であった。

ＴＯＥＦＬ５００点が目標？

公立大学法人として再出発した平成17年４月に学部再編が行われ、商学部、理学部、国際文化学部の３学部を統合させて国際総合科学部が発足した。その際、３年生への進級条件として、ＴＯＥＦＬ５００点あるいはＴＯＥＩＣ６００点以上の取得が義務付けられることになった。この目標が高いか低いかは別として、大学として目標を設定するのであれば、学生にその目標達成のための手段を提供しなければならない。しかし、初年度については、学生に対しての教育が十分であったとは言い難かった。ハードルは設けたが、そのハードルを飛び越える方法をしっかり教えていなかったのである。そのため、約20％の学生がハードルをクリアできなかった。平成18年度からはPractical English Centerが発足したことから、態勢は整った。

私個人としては、英語においてこのようなハードルを設けることは決して反対ではない。グローバル化した現代社会において、英語が社会人として必須のスキルであることは間違いない。米国駐在時代、先輩に「買う英語」と「売る英語」についての話を聞いたことがある。この先輩は、ごく初期の駐在員として、ほぼゼロの状態から全米に販路を築き上げた人である。「買う英語」は難しくはない。買ってもらうためには、売り手は何とかして買い手の話を聞いて理解しなければ、と努力してくれるからである。しかし、「売る英語」はこれとは正反対だという。買い手は何としても買ってあげようとは考えていない。売り手のよくわからない英語を聞いてはくれないというわけである。

旅行で使っているのは、この「買う英語」である。旅行へ行って通じたと思っても、ビジネスの世界では使いものにならない。ビジネスマンに要求されるのは「買う英語」ではなく、「売る英語」であり、学生にはこの「売る英語」が使えるレベルに向けての努力をさせる必要がある。英語は、一夜漬けでマスターできるものではない。長期間コツコツと勉強を続けなければ身につかない。学生に高い目標を掲げさせ、英語力向上に向けてモチベーションを高めさせていくことが、大学としての役割となる。大学の4年間でできることは限られている。卒業後も勉強を続ける姿勢を植えつけさせる必要がある。これは、当然英語だけに限った話ではない。

学生に対して、モチベーションを高める工夫をせずにハードルだけを設けると、ハードルを越えることが目的になってしまう危険性がある。ハードルを越えてしまえば目標を達成したと勘違いしてしまうのだ。TOEFL500点、TOEIC600点では、「買う英語」ですら満足ではない。このハードルをクリアしたら、さらに高いレベルへと目標を高めさせ、一歩一歩「売る英語」へと高めさせなければならない。

学生と話をしていて気づくのは、この目標を達成すると英語の勉強を止めてしまう学生が多いことである。このレベルだと、止めればすぐに力が落ちる。すると卒業時点では、このレベルですら維持できていないことになる。１つのハードルを越えた後で、より高いハードルを自ら設定し、そのハードルを越えるために勉強を続けさせていくためのモチベーションの維持・向上こそが、大学としての教育に求められている。

Practical English Centerも、ＴＯＥＦＬ５００点、ＴＯＥＩＣ６００点を超えることが目的であるなら、十分に機能しているとは言い難い。英語教育を実施しなければ、もっと低いはずだという声がすぐに出る。事実は確かにその通りであろう。語学をあるレベルにまで向上させたら、それを現実に使う場を専門教育も含めた教育の中に埋め込む必要がある。

しかし、Ｙ大学で、自己の専門分野を英語で講義できる教員はほとんどいない。米国人の前学長に「専門分野を英語で講義できるのはあなただけではないか」と聞いた時、「確かにそうかもしれない」と答えていた。息子の通っていた大学では、１年次で英語力を徹底的に鍛え上げ、２年次からは専門科目を英語で受けるレベルに、３年次には海外留学を課していた。クラスの中で、ＴＯＥＩＣ９００点以下の学生はいなかったという。明らかに、Practical English Centerも含めてＹ大学の英語教育にはシステム的な欠陥がある。

平成22年８月23日に、ある件で人事課長と話をしていて、学生の英語力がそれほど伸びていないという話になった。学生と会ってきて、ＴＯＥＩＣが６００点そこそこの学生があまりにも多いからである。その他提携校の問題も含めて、Ｙ大学についてあまりにも無知なので「もう少し勉強したらどうだ」と何度か苦言を呈したが、「忙しくて勉強時間がとれません」と言う。勉強時間がないのではなく、やる気がないのである。民間の経験でも、忙しい人ほど勉強していた。時間を活用してコツコツと勉強を続けていたのである。仕事をしない人間ほど勉強もしていなかった。

そして、「外国人教師の給与は世間並みなんでしょうね」と尋ねた時、「うちは安く雇っています」と平然と答えたのである。さらに「高くしないと良い人が取れないんでしょうか」と逆に質問をされたのだ。「日本人だって最近は給与で動く、いわんや外国人は給与の高さが能力に比例する。国際基督教大学、立命館アジア太平洋大学、早稲田大学国際教養学部、国際教養大学を調べてみたのか」と聞いたが、何も行ってはいなかった。そういうことをやらなくてはならない、という認識すら持っていないのである。

その際、国際教養大学の職員の英語のレベルの話になり、ここでも職員にＴＯＥＩＣ６００点以上を課すことを考えたいと言うので、「あなたも当然受験してクリアするんでしょうね」と確認したら、「いや、私はとてもそんな」と言うのである。「理事長以下全員に受験させて、クリアできない人間には帰ってもらったらどうか」と言ったが、この人事課長は経営幹部と管理職は別だと考えているようなのだ。「私があなたの部下なら、当然あなたはクリアしているんでしょうね、と聞きますよ」と言った。やるなら例外を認めるべきではない。それでなくては、一般職員に強制はできない。こんな単純なことすら理解できないのである。

ハーバード大学の単位を認めない大学

語学力の向上だけではなく、学生を海外に送ることは大きな意味がある。私の米国での５年半の駐在経験を考えてみても、米国のことがわかった以上に、日本のことを考える大きな契機となった。言語、民族、習慣、宗教、文化、風土、思考の異なった人たちと仕事をしてみて、私自身について、日本人と米国人、さらに日本企業と米国企業との違いについての理解ができた。また、people is people として何が同じなのかについてもわかったように思う。そこで考えたことは、日本の弱みの克服を図り、強みのさらなる強化を図って、どう日本を変えていけばよいのかということであった。

米国では、本当に貴重な経験ができた。人事制度が大きく違っている現地法人３社を合併させたことから、これら３社の人事制度および報酬制度を統合する作業を行った。さらに、これが最大のミッションであったのだが、ＩＰＯ（株式の上場）されていない現地法人にストック・オプションに代わる経営幹部報酬制度を設計し、導入を図ったことである。上司である米国人人事部長をはじめ、米国人経営幹部、現地従業員との対立の中で、彼らの本音を知る機会ともなった。最後には、現地人トップ３人が本社を訴えるという事件にも遭遇した。これらの経験は、その後日本で人事を考えていく上で、非常に大きな影響を与えることになった。

このように、海外経験は若い人たちにとって語学だけではなく、その後の人生あるいはキャリアを考えていく上で、貴重な経験になるはずである、という思いが強い。そのため、ここへ来た当初から、学生の海外派遣を考えることにした。キャリア支援室は、海外留学の担当ではない。しかし、インターンシップの担当部門ではある。そのため、赴任した年の平成17年度から海外のインターンシップを企画し、学生の派遣を行うことを試みた。初年度はシンガポールに1人派遣できただけであったが、翌年の平成18年度には同じくシンガポールに2人、3年目の平成19年度には7カ国に8人、平成20年度は6カ国に9人、平成21年度は4カ国に12人、平成22年度は新しく開拓したインドへの2人も含めて5カ国に14人と着々と拡大してきている。この話については、また、後に触れることにしたい。

平成18年の秋に、ディズニー・インターナショナル・インターンシップ・プログラムへ日本人学生を派遣するという企画の紹介を受けた。このプログラムは、オーランドにあるディズニー・ワールドが全世界の学生に門戸を開いているインターンシップ・プログラムで、25年以上前から年間約8000人にのぼる学生を受け入れている。当時の米国人学長に確認すると、大変良いプログラムであり、米国でも有名なインターンシップ・プログラムの1つとして高い評価を受けているので、ぜひ、進めてほしいとの依頼を受けた。

このプログラムは、ノースカロライナ大学へ6カ月間留学し、その後ディズニー・ワールドで6カ月のインターンシップを行うコース、ノースカロライナ大学の語学学校で英語を勉強した後、インターンシップを行うコース、直接ディズニー・ワールドに行き、インターンシップを行うコースの全部で3コースがある。どのコースもディズニー・ワールドでは、施設内にあるディズニー・ユニバーシティに通う。ディズニー・ユニバーシティには、ノースカロライナ大学から教授が常駐しており、ノースカロライナ大学での最大12単位、ディズニー・ユニバーシティでの最大12単位については、ノースカロライナ大学が単位認定を行う。

このプログラムへ学生を派遣し、ここで得た単位を大学の単位として認定できるよう関係部門に話をすることにした。理事長、副理事長、学長の了解を取り、さらに理事長、学長連絡会議でもぜひ推進してほしいとの指示を受け、教育研究会議でも大変良いプログラムなので進めるようにとのコメントを得た。これで進むのかと思っていたら、１年半経っても何も進んでいない。理由は、学部で継続審議のまま留め置かれていることだとわかった。どうも先ほどの学部長が、この件を継続審議ということにして、進めていないようなのだ。

理事長、副理事長、学長という大学の経営幹部全てが承認し、理事長、学長連絡会議、教育研究会議でも了解された内容が、全く進まない。私が、ここでの会議を井戸端会議と揶揄している意味もよくおわかりいただけるものと思う。このような無意味な会議に出ている暇があったら、学生の支援に時間をかけたいと私が考えたのは、こういった会議での度重なる裏切りが原因であった。

この過程でわかったことは、Ｙ大学ではハーバード大学の単位もごく限られたケースを除き、制度的には認定できないことである。もし、学生がハーバード大学に留学して単位認定を希望する場合は、ハーバード大学で履修する予定の科目を申請し、Ｙ大学で開講している科目のどの科目に相当するのかをレビューして、相当する科目があれば、学部で単位認定が可能となるが、相当する科目がない場合は、単位認定ができないというのである。

ハーバード大学は、常に大学ランキングで世界一の大学である。開講されている科目のレベルも、Ｙ大学とは比べものにならないくらい高いであろうし、当然、科目数も多い。そうなると、ハーバード大学で取得した単位の多くはＹ大学では単位認定できないことになる。この話を学部長にしたら、Ｙ大学からハーバード大学に留学できる学生はいないと言い放ったのである。留学できる学生がいるかいないかの問題ではなく、システムとして認定できるのかどうかが重要なのだ。

平成20年度は、このディズニー・インターナショナル・インターンシップ・プログラムを利用して、学生1人が行くことに決まった。何とか単位認定を可能にして、4年間で卒業できるようにと1年半努力してきたが、学生が出発する時点では継続審議のままであった。このインターンシップでは、単位認定とともに奨学金の付与を考えた。しかし、単位認定ができないので、奨学金のみを起案して承認を得た。奨学金の承認には学部長が不要だったからである。グローバル・スタンダードは望むべくもないが、少なくともローカル・スタンダードにしていかなければ、これからの競争に勝っていくことはできない。

翌年の平成21年度のディズニー・インターナショナル・インターンシップ・プログラムに、学部長のゼミの学生が参加することに決まった。すると突然、学部長が留学として取り扱うよう張り切り出した。派遣まで時間がなかったが、各部門からの反対を押し切り、学部として留学で取り扱うことが決定できたのである。平成21年度は、この学生を加え合計2人の学生が留学としての扱いを受けて参加することになった。

今まで、やればできるのにやらなかっただけなのだ。するとさらに、昨年派遣した学生に対しても、今更留学へのステイタス変更は不可能だが、留学に準じて単位認定が可能なように考えたいとも言ってきた。自分の不作為でできることをせず、自分のゼミの学生だけを留学として扱うことに後ろめたさを感じたからのようであった。この学生は、帰国後、私が知る限りでは帰国子女を除き、TOEICで2番目の得点である960点を獲得している。行く前からは150点アップしたとのことであった。本人の努力もあるが、このプログラムの有効性は明らかであった。

平成21年の暮れに、このディズニー・インターナショナル・インターンシップ・プログラムの窓口であるNPO法人日本産学連携教育日本フォーラムから、米国国務省のビザに関する方針で、次年度の派遣は難しいという情報がもたらされた。ディズニー・ワールドでのインターンシップに際しては、仕事によって異なるが時給７・２１ドルから８・４８ドルが支払われる。失業率が10％にも達している米国の現状では、インターンシップとはいえ、安い時給で働く外国人を締め出したいと考えるのは致し方のないことであった。これで、米国への長期派遣プログラムがまた皆無になってしまった。

留学提携校がほとんどない大学

３学部を国際総合科学部に再編して６年目に入った。ところが国際と名前がついているのに、大学としての留学提携校がほとんどないのだ。現在提携していて長期に学生を派遣できるのは、オーストリアのウィーン大学、韓国の仁川大学、中国の上海師範大学の３校だけである。上海師範大学は、平成22年度から提携校に加わったので、それまではたったの２校であった。上海師範大学は長期とはいっても、最大６カ月である。米国の大学との提携がないというのも大きな問題である。歴史のある国際基督教大学とはとても比べるレベルではないが、ほぼ同時期にスタートした秋田の国際教養大学、早稲田大学国際教養学部と比べてみても大変な見劣りがする。最近では、ダブルディグリー・プログラムもスタートしていると聞く。これは日本の学位だけではなく、留学先での学位も認めるという制度である。

先ほど、学生のＴＯＥＦＬ５００点、ＴＯＥＩＣ６００点が目標になってしまっていると述べたが、その理由の１つにこの提携校が極端に少ないこともあるのではないかと思われる。米国の大学への留学に際しては、最低レベルでもＴＯＥＦＬ５５０点が要求される。さらにアイビーリーグといった一流大学となると、アンダーグラデュエイト（学部）への留学に際しても、ＴＯＥＦＬ５８０点以上を要求する大学は多い。このような大学への留学の機会が多くあれば、多くの学生が語学についてより高いレベルを目指して勉強するはずである。さらに、アイビーリーグ、あるいは名門大学は留学できる人数も少なく、これら名門大学を目指して優秀な学生の競争となる。正のスパイラルに向けての回転が始まることになる。

先日、北関東にある短期大学を訪ねる機会があった。この短期大学でも、米国を含めていくつかの大学との提携関係を結んでいた。ここでも学生の活発な交流がなされていた。4年制の大学であり、国際総合科学部としてリベラルアーツを標榜する大学としては、Y大学は明らかに貧弱である。同時期に出発した他大学の充実振りを見ると、大学として職務怠慢であると言われても反論できないであろう。

米国に強いルートを持つ他大学のある教員にこの話をした時、自分であれば半年もあれば20校程度との提携はできると話していた。ここでは、教員も含めて多くの人たちは海外にルートを持たない。特に本庁から来ている職員たちは、海外とのルートを言う前に、コミュニケーションのツールさえ持っていない。英語で海外と満足に話ができないのである。

伝聞なので事実を確認したわけではないが、国際教養大学の職員はＴＯＥＦＬ５３０点以上が要求されているという。ホームページを見ると1年契約の嘱託職員でも英語検定2級以上が求められているので事実なのであろう。Ｙ大学も進級にＴＯＥＦＬ５００点以上を要求するのであれば、職員全てに同様の基準を課すべきであろう。当然、この基準をクリアできない職員は本庁に戻ってもらう。私の推測では、1人もクリアできないのではないかと思う。それほど英語力も低い。

提携校として学校間で契約を締結すると、所属する大学の授業料を払っていれば留学先の授業料が免除される。この関係が相互に有効となるのが提携校の意味である。ここで重要なのは、世界の共通語である英語で授業が行われていない限り、海外からの留学生は来ることができない。

海外の日本語学科の学生だけを留学生として限定するのであるなら、日本語だけで授業が行われていればよい。しかし、それ以外の学生で、１年あるいはそれより短い期間滞在する留学生に、日本人並みの日本語能力を期待することは不可能である。先ほども述べたが、Ｙ大学で日本語と同様に英語で自分の専門分野を講義できる教員は、ほとんどいない。これでは、米国を含め英語圏の大学が提携関係を結ぶはずはない。お互いにＷＩＮ－ＷＩＮの関係とはならないからである。

このような状況では、大学間競争に負けていくばかりではなく、教育の質、４年間いた学生の能力の向上、意欲にも多大な影響を与える。大学としての存在意義が問われてくる。ある日、キャリア支援室を訪ねてきた学生が、学生間でこの大学に入ったことが本当に良かったのか、ということが話題になっていると話をしていた。同学年の友人が平成20年の春に京都大学に編入で去り、友人から京都大学についての情報が入っているようであった。

先ほども話をしたように、Ｙ大学では海外の大学で履修した単位の認定は難しい。また、海外の提携校も少ない。となると、海外留学を希望する学生は自費留学以外に方法はない。自費で留学をする場合、当然のことであるが留学先の授業料を払わなければ受け入れてはもらえない。留学先に加え、Ｙ大学の授業料を払うことはできないので、休学を選択する。するとどういうことになるのか。そう、４年間では卒業できないのだ。国際を標榜する大学が、これでよいのだろうか。６年間経っても、何も進んでいない。学部長・学長をはじめ関係者は進めようとはしていない。結果的に、関係者の不作為な行動は、学生のキャリア形成を妨害していることになる。

これではさすがに問題だと考えたのであろうか。平成21年の秋から、業者を使って平成22年度に米国に留学させるプログラムの導入を始めた。ディズニー・インターナショナル・インターンシップ・プログラムの派遣ができなくなったこともあり、派遣を希望していた学生にはこちらのプログラムを紹介した。しかし、全学で唯の一人も応募者はいなかった。業者なら別に大学が紹介する必要はない。「人件費はタダ」ではないので、業者が入れば留学費用が高くなるのは当然のことであった。

削減された教員、各種免許資格

商学部、国際文化学部、理学部の学部統合前の旧学部においては、数多くの免許が付与可能であった。商学部では、中学校教諭I種（社会）、高等学校教諭I種（地理歴史・公民・商業）が、国際文化学部では学科によって違いがあるが、中学校I種（国語・社会・英語・独語・仏語・中国語）、高等学校I種（国語・地理歴史・公民・英語・独語・仏語・中国語）が、理学部も学科による違いはあるものの、中学校I種（数学・理科）、高等学校I種（数学・理科）の教員免許の取得ができた。さらに商学部、国際文化学部では、司書・司書教諭が、理学部でも司書教諭が取得できた。

しかし、平成17年度の学部再編で国際総合科学部へと統合された際に、これらの教員免許取得の可能性が大幅に削減され、中学校I種および高等学校I種（いずれも英語・数学・理科）のみとした。この大幅な削減が、なぜ行われたのかについては定かではない。しかし、明らかに学生の側に立った制度変更になっていないことだけは確かだ。事実、この教員免許取得の可能性の削減は、科目数の削減を意味し、コスト削減につながる。第1章でも見てきたように、コストを無視した大学運営を実施していながら、大学の根幹に関わるところではコスト削減を行っている。本末転倒もはなはだしいのである。最もコストを削減してはいけないところで削減を行い、削減しなければならないところは、全く行おうとはしない。

こういった、学生にとっての可能性の大幅な削減、縮小は、学生の将来のキャリアにも大きく影響する。学生の将来の可能性を摘んでしまうかもしれないのだ。教育機関として、最もやってはいけないことなのではないだろうか。他大学では、教員資格も含めて資格取得の拡大を図っている。子供の数が減っている中では、可能性の削減は競争力の低下につながる。誰がどうしてこのようなことを決めたのかは知らない。私であれば巨大な無駄を切ることによって、学生の教育機会、可能性を拡大する方向で考えたであろう。

Ｙ大学は、教員養成を目的とした大学ではないとはいえ、教員を志望する学生が少なからずおり、これらの学生の希望に応えることは、大学としての使命のはずである。さらに、優秀な教員を地域に輩出することは、地域貢献の意味も大きい。高等教育機関としての役割の放棄と言わずして、何と言うのであろうか。大学院では、専修免許状取得の申請も実施していない。そのために、大学院への進学後に退学する学生が毎年出ている。

ある日、キャリア支援室に公務員志望の学生が訪ねて来た。本庁を社会福祉職で受けたいという。そのため、社会福祉主事の任用資格取得の可能性について聞かれたのである。

任用資格とは、その資格呼称を名乗る条件を満たした上で、地方公共団体に任用されて初めて名乗れる資格のことを言う。

本庁の試験区分「社会福祉」の受験資格は、厚生労働大臣が指定する社会福祉に関する科目を、３科目以上履修して卒業することが条件となっている。ところが、授業内容が厚生労働大臣の指定する社会福祉に関する科目に沿ったものであっても、大学によっては科目の名称が多少異なっていることが多いため、厚生労働省社会・援護局長通知で科目名の読み替えの範囲を公表している。

また、この読み替えの範囲に含まれない名称の科目であっても、授業内容が指定科目に合致するものであれば、原則として授業を開始しようとする日の6カ月前までに、社会・援護局福祉基盤課長宛に個別に紹介し、審査を受ければ認定が可能となっている。この学生の履修状況を見ると、ほぼ個別認定を受けることによって、社会福祉主事の任用資格が取得可能であると思えた。しかし、大学としてこの手続きを怠っていたため、この学生の受験は不可能であることがわかった。本庁の税金が投入されている大学が、学生の本庁受験の可能性を摘んでいるのだ。

思わず、“Unbelievable!”と叫んでしまった。プロフェッショナルがいないため、このような基本的な事務手続きすら行われていない。この事実を他大学での経験の長い学務部門の長に話したが、全く理解していなかった。学務部門の長には、こういった手続きに詳しい人材をアサインすべきなのだ。明らかに人の採用が間違っている。専門を聞いたら他大学では営繕を中心にやってきたという。経験者の採用は、新卒の採用とは違い、即戦力を重視しなければならない。ここの人事課は、全くの素人集団なので、このような基本的なことですらわかっていない。

ちょっと、社会福祉職についても説明をしておこう。社会福祉職は、児童相談所、障害者施設が主な活躍場所である。本庁では、ケースワーカー（CW）に政令指定都市では唯一、社会福祉職という専門職員が勤めており、生活保護受給世帯が急増している現状では、本庁での生活保護担当のCWの増員は急務となっている。このような中で、本庁の社会福祉職を志望し、住民の力となって活躍したい、と考えている若者の将来の芽を摘むことを本庁の「貴重な税金」を使っている大学が行っている。ともかく、理解できないことが多い大学だが、こればかりは本当に理解することができない。住民としては、住民税を払いたくなくなってくる。

大学の役割

平成21年度の大学への進学率は50・2％であり、4年制大学への進学率が初めて50％を超えた。短期大学を含めると56・2％と7年連続の上昇であった。高等学校を卒業した子供たちの半数以上が大学・短期大学に進学している。50％を超えたのは平成17年度であり、大学への進学者がごく少数であった時代の大学の役割と、現在の大学の役割は、当然、大きく変わっていかなければならない。一橋大学前学長で現在放送大学学長の石弘光先生は、平成17年5月13日付の『日本経済新聞』の「青春の墓標」の中で、「私の時代は、大学進学率がまだ6～7％であったろう」と述べていたが、この時代の大学は明らかにエリート養成を目的としたものであった。

米国の社会学者で、教育学者でもあるマーティン・トローは、高等教育の大衆化に関しての著名な研究者である。彼は、高等教育の発展段階を「エリート」、「マス」、「ユニバーサル」の3段階に分けている。大学への進学率が15％以下の時代はエリート教育であり、50％まではマス教育、50％を超えるとユニバーサル教育になると分析している。日本の現状を見ると、明らかに大学教育はユニバーサル化の時代に入っている。ここで必要とされる大学の最大の使命は、研究ではなく教育である。大学への進学者がごく少数であった時代は、大学の役割は研究であった。研究の成果を、教育に反映することが求められていた。

日本では、さらに少子化が追い討ちをかける。少子化が進んでいるにもかかわらず、大学の数は増え続けている。大学全入時代を迎える中で、定員を充足できない大学も増えてきている。私立では４割の大学が定員未達状況だという。大学においても、二極化が進展している。少子化と進学率の向上は、大学における学生の能力の低下につながっている。

これは当然、超難関校でも同様である。超難関の国立大学の入学定員はほとんど横ばいであり、少子化の進展にあわせて定員を削減しているわけではない。この事実から、学生の能力低下の実態を見てみよう。団塊の世代は、同学年が２００万人以上いた。しかし、現在は１００万人近くまで減ってきている。超難関の国立大学の定員を２万人と仮定すると、団塊の世代では１％しか入学できなかった。ところが、現在では２％が入学可能ということになる。現在の高校生が、団塊の世代より学力が高まっていればよい。しかし、ゆとり教育、履修科目の削減等から、そうとは言えないようである。逆に能力は低くなっているとさえ考えられる。となると、団塊の世代の学生と現在の学生の能力が同じであると仮定しても、超難関と言われる国立大学にも、団塊の世代の時代には入学ができなかったレベルの学生が入学している。

さらに、大学数の増加と進学率の上昇は、当時は能力的に大学に進学できなかった学生が、進学していることを意味する。Ｆ（フリー）ランクあるいはＢＦ（ボーダーフリー）ランクと呼ばれる大学がある。これは、入試があまりにも簡単で合否のボーダーを表示できない大学のことをいう。ここに属すると言われる大学の学長と話をしたことがある。この大学には、過去全く勉強したことがない学生もいるというのだ。このような学生でも何とか指導して卒業させるが、40％の卒業生がフリーターになっていくようだ。売り手市場の時代で40％だったので、企業が大幅に採用数を絞った平成21年度以降は、よりフリーターの比率が増えているはずである。

大学人は、この現状をしっかりと理解していなければならない。しかし、Ｙ大学の多くの教職員は、この事実を理解していないように思える。能力が低下してきていると感じてはいても、まだ、それなりの学生が入ってくるからである。私立大学より学費が安いという価格競争力があるため、学生の質の維持が可能だからだ。先ほどのＦランクあるいはＢＦランクと言われる大学では、お尻に火がついている。卒業に際して学生に付加価値をつけて卒業させられなければ入学者が減り、倒産するという危機意識がある。

こういった中で、大学は自己の立ち位置をしっかりと把握しておく必要がある。Ｙ大学でも、学部レベルでは明らかに研究ではなく、教育を第一義に考えていかなければならない。教員として求められるのは、研究者としての資質というよりはむしろ教育者としての資質である。

しかし、このような意識をしっかり持った教員は少ない。「自分は研究者だ」という意識の強い教員が多いのだ。最も困るのは、自称研究者である。しっかりした論文・著作を発表していない教員である。研究もダメ、教育もダメという教員が最も困る。確かに、世の中には良い研究者で教育者としても優秀な人材もいる。教員の採用についても、自己の立ち位置、現状を理解した教員採用が必要となる。果たして、こういった事態をしっかり認識した上で採用が行われているのであろうか。どうも心もとないように思えるのだ。

出だしを間違えた大学

このようなことがなぜ起こったのかについて考えてみたい。私の来る前の話であり、私が来た後、実際にある経緯に詳しい人物から直接聞いた事実だけを書くことにしたい。初代のY大学の理事長は、有名私大のあるキャンパスの立ち上げに関わり、成功に導いた経験者が当てられる予定であった。この方は、設立前の準備段階から仕事に携わっていたが、誠に残念なことに、設立前に病気で急逝されてしまう。この方のルートで法人設立後、国際総合科学部としての学部再編を指導できる人材として、米国の大学でも学長補佐の経験がある米国人の前学長が選ばれることになった。

この2人によって、公立大学法人として再出発する大学の立ち上げ、改革を進めることで全てが進行していた。その意味では、この理事長予定者の急逝は、大学にとって、教職員にとって、あるいは学生にとって大変不幸なことであったと思われる。そして、この理事長予定者の急逝によって、大学の運命も大きく変化していく。

公立大学法人として、新しい出発を目指していた大学の理事長には、経営手腕とともに強いリーダーシップが要求される。さらには、将来へのビジョンを持ち、そのビジョン実現のための戦略構築ができなければならない。少子化時代を迎え、大学の役割も大きく変化していくことが求められる。公立大学とはいえ、安閑としていられる時代ではないのだ。この意味では、大学経営経験者と二人三脚で、大学の国際化への舵取りを行うために、学長として米国人を起用することは、最善の策だったのではないかと思われる。

次に理事長候補となったのが、有名私大で数々の改革を成し遂げた方であった。学問的にも、大学の経営者としても大きな実績のある方である。しかし、現役であったため固辞され、この方が推薦され、実務家から大学に移られたある方も、移られた大学で改革を実行中であるという理由で固辞されてしまう。そして、ある私大での改革経験のある人物が前副理事長に就任する。この前副理事長が執行責任を負うが、市役所、市議会対策等学外業務を担える人を理事長に起用してほしいという前副理事長の意向があって、前理事長に決定したのである。前理事長は経営者ではあったが、このような巨大組織の運営経験はなく、大学に関しても未経験であった。そのため、傍で見ていても大変な苦労をされていた。学長には、当初から予定されていた米国人が就任する。

このように、理事長予定者の急逝という事態から、ある意味では次善の体制で新しい大学への移行と改革を行うことになった。指揮、命令の関係で全てが実行できる企業とは異なり、大学という特殊な社会に加えて、指導部の経験の未熟さは明らかなことであった。環境の変化の中で、大学間競争も激しさを増している。そのような状況の中でも、改革は全くと言っていいほど進んでいない。環境の激しい変化の中では、法人化以前より悪化しているとさえ思われる。留まることは遅れることであるという認識の欠如は、いつかはツケを払わされることになるであろう。このツケを、学生に払わせることだけは避けなければならない。

学部統合は必要であったのか

前にも話をしたが、平成17年４月の大学の法人化移行に際して、学部の再編が行われ、商学部、国際文化学部、理学部が国際総合科学部となり、一本化されることになった。このような学部再編に対する総論は理解できる。米国の大学のような、リベラルアーツ教育を志向したのではないかと思われる。米国の大学では、専門教育は大学院で、学部レベルでは、より幅の広い教育が行われている。短大も含めて半数以上が大学に進学している日本の大学にとっては、学部レベルでは学生に高度な専門性を身につけさせるというよりは、むしろ幅広い教養を身につけさせ、将来に対し自律して生きていく力をつけさせることに主眼を置くべきであろう。

既存の大学が大きく再編を実行する場合、その趣旨に沿って全てが実行できるのかというと、話はそう簡単ではない。今いる教員の中で、新体制に必要でない教員に辞めてもらい、必要な教員を雇うことが可能であれば問題は簡単である。これは、企業でも同様である。環境の変化によって、あるいはビジネス戦略上、ある事業を止めなければならないといったことは、往々にして起こりうる。このような時に、必要なくなった従業員を解雇できるのかというと、日本の労働法制上、そう簡単ではない。労働契約法第16条で、解雇には厳しい条件が課せられているからだ。

企業であれば他の部署に異動させ、新しい仕事をさせることができる。当然、今まで得ていた給与分の仕事ができるのかといえば、それはできないかもしれない。年齢が高ければ高いほど、新しい仕事で給与分の成果をあげることは難しくなる。しかし、給与の全額を稼ぐことはできなくても、一部分だけでも稼いでくれればよいということで、面倒を見るケースは多い。米国は簡単である。必要でない人間をレイオフして、必要な人間を雇ってくればよいからである

しかし、大学ではどうであろう。解雇は企業同様困難であるし、教員に全く異なった他の分野を担当させることは不可能である。授業を持たせないで、給与だけ払うこともできない。となると、教員が自主的に辞めないのであれば、多少は新体制に合わせた授業への衣替えを行い、基本的には今までやっていた専門に基づいた授業を続けてもらう以外にはない。大学も企業と同様だが、どこの大学でも欲しがる教員ほど他大学への転職は容易である。そうでない教員ほど大学に残る。できの悪い教員ほど残る結果となる。

このように、大学での学部の再編はそれほど簡単ではない。新しい学部を作る、あるいは大学を新設する方が、比較をすればより容易である。学部の再編に際しては、今までの実態を引きずらざるを得ないからだ。私は、旧学部編成であっても、大学として改革を実行することは可能であったと考えている。過去を引きずらざるを得ず、看板だけ掛け替えて中身が変わっていないのであれば、大きな混乱をもたらした分だけ、マイナスとなる。また、この混乱の中で、多くの優秀で転職可能な教員が大学を去ることになった。これでは果たして、この学部再編劇は何だったのだろうかと考えてしまう。

企業にいた人間からすると、学部レベルでの専門教育については、それほど大きな期待を持っているわけではない。学部レベルでは、それほど高度な専門性が身につくわけではないからである。それ以上に大学に期待したいことは、学生に対して勉強の仕方、勉強をすることの重要性、卒業してからも勉強を続けていくための動機付けを行い、意欲を高めさせることの方が、より重要であると考えている。この学部の再編によって、教職員の意識改革につなげることができたのであれば、意味はあった。しかし、Y大学ではこの学部再編劇が教職員の意識改革につながっているとは思えない。

学部を増やすべきであった

それではどうすべきであったのだろうか。私であれば、旧学部である商学部、国際文化学部、理学部はそのままにして、名前をどうするかは別にしても、リベラルアーツを志向する学部の新設を行ったであろう。それでは金がかかりすぎるという意見が出るかと思う。

しかし、今までも見てきたように信じられないくらいの無駄がある。力のある理事長を民間から起用し、この無駄をバッサ、バッサと切り捨てれば十分におつりが出る。少なくとも過去を引きずりながら、旧学部時代より悪化した状況にはならなかったはずである。最も迷惑をしているのは、学生と保護者、それと税金を負担している住民である。

この学部再編を指導したのは、ある大学の教員であったという。誰がこの教員を指名したのかは知らない。だいたい、最終責任を取らない人間にこのような重要なことを任せてはいけない。この教員にしてみれば、考え方は正しかったと言うに違いない。うまくいかないのは、運営が悪かったからだと主張するはずである。企業でも、年功序列から成果主義へと人事制度の変革を行うに際して、多くの人事コンサルタントを使った。しかし、日本での成果主義は成功しているとは言いがたい。この変革に関わった人事コンサルタントは、「私は大変良い制度を提案して、導入まで指導した。うまくいかなかったのは、あなた方が運営方法を間違ったのである」と平然と言ってのけている。

大学の教員であれば、私が先に述べたような教員の問題が発生することはわかっていたはずだ。事実がどうであったのかは知らないが、最終責任を取るわけでもないのに、このような統合案を提案したのは、本当に不謹慎である。また、責任を取らない人間に任せた人間にも大きな責任がある。

旧学部を残したままで、リベラルアーツと国際性を志向する学部の新設を行うのが最も良かったのではないか。国籍にかかわらず、英語で授業をできる教員を新規に雇用すれば良かったのだ。確かに、学問のエッセンスは英語で学ばなくても、日本語で学べばよいというのも事実である。しかし、これからの時代は、専門領域を英語で学ぶことにも意味がある。さらに、海外からの多くの留学生と一緒に学べる環境も貴重なはずである。国際性豊かな大学の誕生によって、この街も少しでも国際文化都市に近づくことができたのではないだろうか。

このような、根本的な方針の間違いを復旧させることは大変難しい。元にも戻れず、前に進むのも大変だからである。前に進むことが大変難しいことではあっても、現状では前に進む以外に選択肢はない。そのためには、経営幹部、管理職、教職員が一丸となって、あるべき姿に向かって改革を進めていく必要がある。ここで必要とされるのは、強力なリーダーと専門性の高いプロフェッショナルである。しかし、その面も現状では期待できない。今まで何度も述べてきている通り、リーダーもプロフェッショナルも不在だからである。

残った問題の教員

私のスタッフに、学生からある教員についての相談が寄せられた。その教員が担当している授業についての相談であった。この授業は、毎回外部から専門家を招いて講義を行い、この教員が講義についてコメントをするというものであった。学生が言うには、外部講師の講義の内容については話がよく理解できるが、教員が話すコメントの内容はほとんど意味不明で理解不可能だという。大講堂での授業のため、マイクを使用している。従って、声は聞こえるのだが、教員の説明する内容については何を言っているのか、ほとんどわからないというのである。コメントの内容が支離滅裂のようなのだ。

そのため、授業中に雑談をしている学生も多く、ざわついているという。出欠を取る授業なので、出席を取る時間帯になると入室してくる学生も多くいる。このような授業は問題ではないかと思い、相談に来たという。

スタッフから相談を受けたので、ともかく授業に出てみることにした。翌週の授業時間に大教室でスタッフとこの教員を待っていた。すると時間になっても現れない。開始時間を10分ほど過ぎた頃に後ろのドアから突然現れ、最前列の机にカバンを置いた。次に階段教室の演壇に登り、演壇を行ったりきたりし始めた。何度か演壇を往復した後、突然大教室の前のドアから外へ出ていってしまった。その間、説明は全くなく何が起きたのかわからなかった。それから15分程経って、教室に戻ってきた。そしてマイクを手に取り、講義をお願いしている外部講師の先生の到着が遅れているので、待ってほしいとアナウンスがあった。90分授業のうち、既に30分近くが経過していた。

当然であるが、教室は初めからざわざわと私語が続いていた。私の前に座っていた学生は、教員のアナウンスを聞き、「いいから、最後はちゃんと終わってくれよな」と大声でどなったのである。ほどなくして外部講師が到着し、講義は始まった。私は、用事があり最後まで授業を聞く時間はなかったが、教室から外に出た際、知り合いの教員と出会った。事情を話したところ、この教員はそもそもメンタルな問題があり、そのため常に問題を起こしていて有名とのことであった。前年も学生が静かに聞かなかったために、外部講師が途中で怒り出してしまい、大学上層部に強い抗議があったようだ。こういう教員が、他にも2、3人いるという話であった。

本当に、この教員のように日本語も満足にできない教員が他にも2、3人いるのだろうか。とても信じられる話ではなかった。ところが、同じような話が学生からもたらされた。私のスタッフは1、2年生に対してのキャリアカウンセリングを担当している。ゼミに所属したばかりの2年生から、ある教員に関しての相談であった。

この学生は公認会計士受験を考えており、そのために会計学のゼミに所属することにした。ところがこの教員は、ゼミのはじめに10分ほど学生に発表をさせた後、残りの時間は毎回雑談をして終わるという。公認会計士の受験にとって意味があると思って会計学のゼミを選んだが、これでは全く勉強にならない。他の先生の会計学のゼミに移るか、成績はくれそうなので、割り切ってこのまま所属し、外部の会計専門学校の勉強に集中するか、どう考えたらよいかという相談であった。

夏休みに行われたこの教員のゼミ合宿も、全く勉強は行われず、テニスと飲み会に終始したという。たまたまこの学生には、公認会計士という明確な目標があり、その合格を目指して既に外部の会計専門学校にも通って勉強を始めていた。そのため、ほとんど遊んでいるとしか思えない教員が主催している会計学のゼミのテイタラクに、我慢ができなかったのであろう。遊んでいて必修のゼミの単位がもらえ、それでよしという学生であれば文句は出なかったはずである。

このようなことがあって、学生相談の際にゼミについてできる限り聞くよう心がけている。すると、複数の教員が、何をやってもよいというゼミを主催していることがわかった。この中には、教員管理職の立場にある教員も含まれている。この教員たちが全ての問題について学生を指導できるならよい。しかし、そのようなことは現実には不可能なはずである。ゼミというのは、自分が指導できる範囲の問題について学生に勉強させなければ、学生の専門性は深まらない。常識的には、あるフィールドについてのゼミなので、この問題について勉強したい学生だけに参加を認めるというのが一般的であろう。

また、私のところに相談に来たあるゼミの学生全てが、そのゼミのテーマでノーベル経済学賞を受賞した世界的な権威者の名前を知らなかった。まさかと思ったので、このゼミの学生が来るたびに確認をすることにした。企業の人事部長クラスであれば、誰もが知っている名前なので、面接でゼミのテーマの話になれば必ず聞かれる。面接の前に、よく調べておくようにと指示をした。このように、大学にとって最重要な教育での劣化も激しい状況にある。

パワハラ教員

ここでの教員としての経験も長く、学問的にも成果の高かった方が定年退職された。この方が指導されていた博士課程後期の学生を、ある教員が引き継ぐことになった。その学生は、ある大学の教員の職を得て赴任し、月に数回この教員に博士論文の指導を受けるために大学に通うことで了解が取れていた。その学生は大学の教員として初年度であり、赴任した大学での仕事も重なったため、その都度この教員の了解を取ったが、大学に通うことができない日があった。

するとある日、「俺の名前で本を書け」と要求してきた。その後、回答を留保していると「お前の面倒は一切見ない。このままでは博士号も出せない」と怒りのEメールを一本送りつけてきたという。その後、Eメールで何度かアポイントを取ろうとしたが、Eメールには一切回答せず、無視され続けた。赴任した大学での仕事とこの教員からの無視の心労が重なり、ある日心臓に強烈な痛みが走った。病院に担ぎ込まれ、診断は虚血性心疾患、すなわち心筋梗塞であった。ただちにバイパス手術が行われ、一命は取り留めたが、この教員からの無視による激しいストレスが原因であった。

またある日、私のスタッフにこの教員のゼミに参加している1年生が相談にやってきた。この教員は、学生に対してレポートを書いて出せと要求するが、レポートの書き方の指導を一切してくれないという。他の教員のゼミでは、オリエンテーションの中で、レポート・論文の書き方についての指導が行われている。高校から大学に入ってレポートを書くのは初めてであり、他のゼミと同様にレポートと論文の書き方について、しっかりしたオリエンテーションをやってほしいと言ってきたのだ。

さらにゼミの最後に小テストが行われるが、この小テストでは3、4年生のゼミでゼミ生が出版した本の内容が問われ、小テストに際しては、その本を持ちこむことが許されるのだという。監修はこの教員とはいえ、学生が出版した本が売れるはずはない。買わせることが目的のようなのだ。さらに、ゼミ開始1分前には出席票の回収が行われ、出席票を出せない学生は全員が欠席となってしまうというのだ。前の授業が少しでも長引くと欠席となってしまうので、どうしたらよいかというのが相談の内容であった。

いろいろ問題が多い教員なので、学部長に話をしておくよう私のスタッフには指示をした。スタッフが学部長室から戻ってきたので学部長の意見を聞いてみると、「ともかくいろいろ問題を起こしている教員で、他にも話はたくさん聞いている」とのことであった。企業とは違って、管理職とはいっても大学では教員への指揮・命令権限はない。学部長とはいえ、会議でレポート・論文の提出を要求する前には、学生にレポート・論文の書き方をしっかり指導しましょうと一般論を述べるのが精いっぱいであろう。その他の問題については、何のアクションもとられない可能性が大きい。「国民が徐々に聞く耳を持たなくなった」と言って辞めた総理大臣と同様に決断力がないというのが、この学部長に対するある教員の評価であった。

医学部問題

Y大学では、医学部があるために問題を難しくしていると言われる。今回、医学部では2つの問題が発生した。これらの問題は、新聞、週刊誌等でも大きく報道されたので、多くの方がご存知であろうと思う。1つ目は、前医学部長が博士号取得者から金品を贈られ、受け取っていたという事件である。この前医学部長は、この事件以外にもいくつかの問題で疑惑が指摘されており、この金品授与問題に絡んで、この問題を告発した医者に対してセクハラ行為を行ったとして、学長から厳重注意の処分が下されている。

セクハラ以外にもパワハラの疑惑もあり、医学博士号にからんだ金銭の授受もあった。これだけ数々の問題を起こした人間に対する処分を、大学は大変遅らせてしまった。やはりここでも問題は、経営幹部のリーダーシップ不足ではないだろうか。就業規則を粛々と適用すればよいわけであり、何も決められない役人体質がここでも出てしまったようである。

2つ目は、医学部出身の前副学長が、自分の娘の博士論文審査に副査として参加したという事件である。これも非常識きわまりない事件である。どんな場合でも利害関係者は参加させないというのが、社会のルールである。また、常識ある人間であれば、頼まれたとしても拒否するであろう。社会人としての、ごく当たり前の常識すら持ち合わせていないのである。

私も文部科学省のある審査に携わっていたが、所属する大学はもちろんのこと、非常勤講師として関係している大学、過去関係があった大学まで審査は行えなかった。文部科学省から事前に関係のある大学は連絡してほしいとの依頼があり、関係のある大学の審査は遠慮していただく旨の一筆が添えられていた。この前副学長は、自分の娘の審査に平然と参加していたのである。また、一緒に審査に参加していた教員が、指摘できなかったという文化も健全ではない。平目教員と指弾されても、返すことばはないであろう。

平成20年7月29日、これら前副学長、前学部長も含めて金銭の要求・授受や管理監督の立場にあった教員たち20人に対しての処分が発表された。医学博士号取得者に「金銭を要求された」と指摘されていながら、これを否定し続け、さらには娘の学位審査にも加わっていた前副学長は、停職４カ月、３００万円を受領した前医学部長は、停職２カ月の懲戒処分であった。この２人は直ちに退職願を提出したという。

学内で、この噂が流れたのは平成19年の暮れである。まあ、仕事が遅いとはいえ、ともかく全てが後手であった。経営幹部のリーダーシップ不足とともに、自浄能力の低さ、民間と比べてあまりにも処分が軽すぎるのが目に付いた一件であった。当然、両名には退職金が支払われている。これも当然、ここの職員がよく言う「貴重な税金」である。

さらに、この事件で金銭の授受を指摘された教員が、脳血管医療センター長に就任することになった。余人をもって代えがたいというのが理由のようだが、好ましくない人事である。世の中では、余人をもって代えがたくてもこのような人事が行われることはない。この教員は、処分前の３月に退職しているため、処分も受けていないという。身内に甘い体質がよく出ている人事ではなかろうか。

平成22年11月27日、この前副学長と前医学部長に、Ｙ大学は名誉教授の称号を授与したことがわかったと報じられた。学長自らが『基準に合致する」として２人を推薦し、人事委員会が満場一致で賛成して８月１日に授与されたというのだ。学長は「処分から２年がたち、悪しき習慣もなくなった。２人以上に功績のあった教授はいなかった」と語ったという。世の中の常識とは大きく違った基準で、組織が動いているということが理解いただけるものと思う。

就職支援をするなという副学長

この前副学長には、もう1つ面白い話がある。こちらも非常識きわまりないが、大学の教員、それも副学長にまで上り詰めていても本当にレベルが低い人間がいることがわかる話なので、紹介することにしたい。前にも話をしたが、医学部には医師養成とは別に、医学部出身者以外が進学する医学研究科修士課程とこれに続く博士課程がある。ここには、薬学系、生物系、農学系、理学系の人が進学してくる。修士課程を終えて博士課程に進学する学生もいるが、多くは修士課程が終わると就職する。医師になる学生に対しては、キャリア支援室は組織的な支援を行ってはいないが、ここの修士課程の学生には、他の修士課程の学生と同様に支援をしている。

平成18年の3月だったと思うが、この前副学長が突然キャリア支援室に電話をかけてきた。修士課程の学生に就職支援をするのは、けしからんというのだ。理由を聞くと、修士課程の学生は、勉強をさせて博士課程に進ませ、研究者にするのが目的なので、企業に就職させるつもりはないというのである。ことばの端々から、企業で仕事をしている人間はレベルが低く、大学の研究者は高級なのだといったニュアンスが伝わってきた。娘の博士論文審査に平然と参加していても、自分は大変な人物なのだと思っているのである。「誤解しないで下さい。キャリア支援室が勝手に支援しているわけではありません。学生がキャリア支援室を頼ってきているから相談に乗っているだけの話です」といった趣旨の説明をした。

すると次には、キャリア支援室の就職支援が早すぎる、とクレームをつけてきた。確かに、当時は製薬メーカーをはじめとして、食品メーカー等、医学研究科修士課程の学生が進む企業の就職活動の開始時期は早かった。夏休み明けの9月には会社説明会が始まり、早い企業だと10月には内内定を出すところもあった。修士課程の学生だと入学して半年しか経っていない。日本経団連は「修士課程修了者の採用選考においても学習環境の確保に十分留意する」と倫理憲章に謳っていたが、当時は外資系メーカーが早いので、これに引きずられて日本のメーカーも追随することになっていた。

修士課程の学生は研究が忙しいため、どこかに内内定が決まれば、就職活動を止めてしまうことが多い。となると、早く内内定を出したところが有利となる。後から採用活動を始めても落ちた学生しか受けに来ない。優秀な学生が、第一志望でなくても就職活動を終了して、大学での研究活動に専念してしまうかもしれないのだ。特に大学院での研究は、学生にとっての負担は大きい。このようにして採用活動は早まっていく。これは学部の採用活動でも同様である。

「ちょっと待って下さい。修士課程の学生に対する採用活動が早いのは、何もキャリア支援室の責任ではありません。企業が早く採用活動を始めるから、学生の希望に沿って、各種講座を企画しているだけです。キャリア支援室の就職支援が早すぎるのを、キャリア支援室に文句を言って来るのは、お門違いもはなはだしいのではありませんか。文句を言うなら日本経団連会長に言うべきではありませんか」と話をした。

ともかく、このような話を1時間くらい電話でやられたのである。まあ、まさか日本経団連の会長に文句も言えないし、たまった文句のはけ口をキャリア支援室にぶつけてきたのだろうと思って、我慢することにした。しゃべれば、気が済むだろうと考えたのである。ただ、この人は大人になりきれていない人なんだな、と感じたことを記憶している。大人であれば、キャリア支援室に文句を言う事柄ではないことがわかるからである。驚いたことには、翌年の平成19年の3月にも全く同様の電話が入った。この時も壊れた蓄音機のように、1時間以上にわたって1年前と同様の話をしていた。

この人が娘の博士論文の審査に参加していた、と聞いた時に「なるほど、やはりこの男は物の道理がわかっていなかったんだな」と思った。大学の副学長、学部長という人の中には、このような信じられない人間がいることを知っていただければと思う。私は他大学を知らないので、ここの大学だけの特殊なケースなのかもしれない。企業であれば、とてもこのようなレベルの低い人間がトップに上り詰めることはない。競争があるからである。しかし、大学というのは本当に特殊な社会であることを実感として理解することになった一件であった。

国会議員の鈴木宗男氏（現在は失職）が、『ムネオの闘い』という本の中で元外務省主任分析官の佐藤優氏と対談している。その中で佐藤氏は、「私は外交官になって、人間に対する常識が間違えていることに気づきました。外交官になるまでは、成績の良い人と人格の高潔さというものは、少しは関係があると思っていた。きちんと教育を受ければ、人間という動物は上品になるのだと思っていた。実際はそうでないどころか逆で、受けた教育を自分の悪事を隠蔽するのに悪用するので、教育を受けていない人よりも遥かに悪い奴らが多いのです」と述べている。大学に来て、どうもこの考え方が正しいと思えることを何度も体験することになった。

そして任期前にトップ3人全員が退任した

平成19年の暮れだったと思う。米国人の前学長が退任する、という話が外部の友人からもたらされた。米国にある大学の日本校の学長になるとの情報が、その大学のホームページに掲載されていると伝えてくれたのだ。前副理事長に確認に行くと事実だという。日頃接していて、大変なストレスがたまっていることはわかっていた。しかし、任期を残して退任するとは思ってもいなかった。このような情報が外部のホームページに載っても学内では一切発表しない。「おいおい、学内の全員にとは言わないが、キーメンバーにはホームページに出る前には知らせておくのが一般社会の常識だろうよ」とは思ったが、一般社会の常識が通用するはずはない。「常識が違うんだ」とあきらめる以外にはない。

前学長は、ある日の土曜日に出勤している私を訪ねて来た。部屋に入る前に「誰もいないよね」と声をかけてドアを閉めた。退職に至るまでの心境について話をしてくれたが、まあ、第1章で私が書いている状況に耐え切れなくなったのが原因であった。それ以上に、苦しい立場に追い込まれていることは明らかであった。ことばの問題に加えて、足を引っ張ることしかしない人たちの中で、まともな人はとても仕事ができる状況ではなかった。

２月に入って、今度は前副理事長が退任するという話が伝わってきた。確認に行くと事実だという。例の医学部問題に絡んで、この前副理事長は問題を公表して膿を出し切るべきであると主張していた。しかし、本庁から来ている経営幹部は、臭いものに蓋をしようと考えていたようなのだ。結局、新聞報道で全てが明らかになる。世の中で公表されなければ動けないのである。

少し前に起きたいろいろな偽装事件を見ても明らかなように、臭いものに蓋をしても隠しおおせるものではない。早めに事実を公表して、今後このような問題が起きないよう対応策を考えるべきなのである。臭いものに蓋をすれば、対応が遅れるとともに、事実が表面化した時のダメージも大きくなる。ネガティブな情報ほど早く公表すべきなのだ。ニュースや新聞を読んでいればわかることだが、見つからないのであればほおかぶりをしようと考えていたとしたら、本当に愚かなことである。もしかすると、係長、課長だけではなく、経営幹部も新聞を読んでいないのかもしれない。

さらに、3月に入って前理事長も退任することになってしまった。理事長、副理事長、学長のトップ3人が、ともに任期を残して同時期に退任してしまったのである。これはとても正常なことではない。前理事長の後任としては元副市長が、副理事長には本庁から天下った事務局長が副理事長代理（後に副理事長）としてつくことになった。この人事は明らかに、今までの民間出身の理事長、副理事長に対する反発人事であるように思える。「お前らにはできなかっただろ。本庁の人間が管理するぜ」ということである。あれだけ足を引っ張られれば、とても仕事ができる状態ではなかった。

信じられないほど低い危機管理意識

平成21年の夏休みのことである。北京には、3人の学生がインターンシップで1カ月間派遣されていた。中国でのインターンシップはことばの問題もあり、午前中は大学で中国語の授業を受けさせ、午後は企業にインターンシップをお願いしていた。そのため、宿泊は大学の学生寮を使っていた。3人の学生のうち、1人は母親が中国人であり、中国に住んでいた経験もあるため、大学には通わず終日インターンシップを行い、宿泊先も寮ではなくホテルに滞在していた。他の2人の学生とともに、大学の寮に宿泊していた日本人が新型インフルエンザに罹り、隔離されるという事件が発生した。同じ大学で中国語研修に参加していた日本人が、日本で罹患し、体調不良のまま中国に渡り発症したようであった。

当然、他の日本人学生も、中国政府の指示で指定したホテルに強制的に隔離されるという処置がとられることになった。強制隔離期間は1週間であるが、その間にも授業あるいは学生寮で接触のあった学生への感染が進んでいった。受入企業の社長自らが、日本での休暇を返上して陣頭指揮にあたってくれた。その他、在中国日本大使館、語学短期留学を主催している旅行代理店等関係者全てが、異国での隔離という異常事態の中で、強制隔離と新型インフルエンザ罹患のストレスでまいっている学生に対して、携帯電話で元気づけてくれていた。

キャリア支援室では、スタッフを急遽北京に派遣し、対応をとらせることにした。しかし、学生は大学に連絡を入れるよりも携帯電話で保護者と密にコンタクトをしているため、保護者が最も学生の状況、強制隔離生活を把握するという結果になっていた。強制隔離は、中国政府の自国民保護を目的として実施されている処置であり、学生に言い分はあっても個別事情への配慮は一切不可能なことであった。学生の要求が、保護者から大学に対してクレームという形でたびたび入ることになった。強制隔離という異常事態は、保護者をもパニックにさせていた。

２人の学生が、強制隔離から解除されるという見通しがたった段階で、受入企業の社長から在中国日本大使館でこの問題に尽力されていた係官の方へ、大学としてお礼のEメールを入れていただけないかとの依頼があり、Eメールアドレスの連絡があった。正式な手紙でなくてもよいのかと確認したが、早い方がよいので正式な手紙の必要はないとの返事であった。早速学長に状況報告に行ったところ、休暇とのことであった。次に副学長と思ったが、副学長も休暇、学部長も確認に行ったところ休暇であった。お盆の休みとはいえ、トップ3人全員が休暇をとっているのだ。

まあ、常識のない人たちなので、お盆は休みと3人とも決めているのであろう。キャリア支援室の派遣スタッフの女性でも、仕事が滞らないように休みは交替でとる。前年の年末の休みに学生が来ることはないので、キャリア支援室を閉めたいと話をしたら、「議会からクレームが来るといけないので、絶対に閉めるな」と学長に言われた。人には厳しいが、自分には甘いのである。仕方ないので、私の名前で大使館の係官にはEメールを入れておくことにした。

学長が休暇から戻って来たと秘書から連絡がきたので、Eメールを出してほしいと依頼したら、出し遅れの証文になるとでも思ったのであろう。手紙で出したいと言い出した。それも起案をしてくれという。まあ、何でも起案なので驚かないが、自分の名前で出す手紙を起案しろというのだ。起案が回ってきたので、手紙を見ると受入企業の社長宛と在中国日本大使館の係官宛の2通があり、在中国日本大使館宛の手紙の宛先が受入企業の社長名になっている。

書いたのは学務部門の長だが、ご丁寧なことに学長が既に手紙をチェックしているので文章は直さないでくれとのコメントがついている。ここだけは間違えてはいけないというところだけが間違えているのだ。学長宛にEメールを入れ、本当に直さないのかと確認しておいた。大学として恥になるので、手紙は訂正して出したが、賞味期限が切れてひからびたような手紙が届いたはずである。

大学院問題

大学院についても6年間で何度か見直しが行われてきたが、医者となる医学部の学生、大学院生以外は、博士前期課程、博士後期課程の大学院生のキャリア・就職に関わる支援については学部の学生と同様に実施してきた。6年間で、数多くの大学院生の自己PRや志望動機を、面談の場で、あるいはEメールでの添削依頼に応えて見てきたが、学部の学生と同様に大学院生についても、質の低下を感じることが多くあった。学部で就職ができなかったので大学院に進学するという学生もおり、大学側としても定員確保のために、これらの学生の入学を認めてきた。

平成22年3月卒業の大学生の就職率の全国平均は91・8％であり、就職氷河期と言われ戦後最低の就職率を記録した平成12年3月卒業の大学生の就職率91・1％に次ぐ戦後2番目に悪い記録であった。Y大学についても、学部の学生の就職率より大学院生の就職率の方が低い。特に他大学出身者がほとんどを占めるある研究科については、全国平均に遠く及ばないほどの惨憺たる結果で終わっている。

この研究科の大学院生については、日頃から書いてくる文章があまりに拙いと感じていた。学部生のトップクラスには遠く及ばないが、平均的な学部生が書いてくる文章と比較してもレベルが落ちる。ある日、某製薬メーカーの人事担当者が大学院生の採用の報告に来て、お宅の大学院生が何人か受験したが、あまりに試験の成績が悪い大学院生が1人いたので驚いている、という話がもたらされた。当社を受験するような大学院生であれば70点以上は取れる試験で、このような成績の低い大学院生は珍しいと社内で話題になったという。結果は43点、この研究科の大学院生であった。

また、ある企業の人事部門から私が実際に受け取ったEメールの原文を紹介しよう。「今回は海外営業部門で御推薦していただいておりました大学院生の×××君の結果が出ておりますので御報告させていただきます。×××君の結果ですが、残念ながら御縁がなかったという結果です。致命的なのは基礎学力がやはり全体的に低いということです。もともと貴学の学生でしたら基礎学力が低いということはまず考えられないのですが、彼の場合は私立大学から貴学の修士に入っているからではないかと思われます。中でも文章読解力の部分が極端に低く、入社後はかなり苦労すると判断しました。人物は悪くないだけに惜しいです」。私の述べていることが、私見や独断でないことがおわかりいただけるものと思う。

大学院の量的拡大については、平成2年の大学審議会答申「大学院の量的整備について」で、専門分野を問わず、平成12年度までに大学院生を当時の2倍、20万人に拡大するとの方針が示されて急激に拡大することになった。平成21年度では、全国の大学院生数は約26万4000人であり、この中には社会人大学院生が約5万4000人含まれる。確かに、現代の複雑化し高度化した社会においては、大学院レベルの高度な教育が必要であることは論を俟たない。しかし、ユニバーサル化した大学での学生の質の低下と同様に、大学院においても質の低下があるとしたら、量的拡大とはいったい何だったのであろうかと考え込んでしまう。

平成20年12月14日付の『朝日新聞』に、ジャーナリストの莫邦富さんがニューヨークに留学した娘さんの話を書いている。米国時間の深夜11時半、奥さんが娘さんに電話を入れる。奥さんはきっと部屋に帰っているだろうと思っていたのである。しかし、娘さんはまだ大学の図書館にいた。奥さんは心配して「米国の夜は治安が悪い。早くアパートに帰って」と伝える。だが娘さんは、「今の時間、8階建ての図書館では席を見つけるのも難しい。未明の2時まで勉強する人もいる」という。

また、世界27カ国を対象とした大学中退率を紹介しているが、トップの米国は53％、最も中退率が低いのは日本の10％である。さらに、大学の授業以外の1週間の勉強時間は日本が5・3時間、米国は13～14時間だという。日本の大学は楽すぎて、中退を考える必要はないのだと結論付けている。確かに一般論ではあるが、このような日本の大学の現状とそれに続く大学院が、定員割れによる研究科の廃止と、それに伴って職を失うことを恐れ、大学院生として基礎能力すら満たしていない学生を受け入れているとしたら、本当に問題ではないだろうか。この研究科の大学院生の外部からの低い評価は、大学院だけではなく、大学の評価の低下につながっていく。

大きく水を開けられた国際教養大学との差

平成16年4月1日に開校し、Y大学より1年前に発足した大学に秋田県の公立大学法人国際教養大学がある。ここの図書館は、学生が24時間利用できるという話は前にも述べたが、日経ビジネスの平成22年3月8日号の「再生なるか大学経営」でいくつかの大学をレポートしている。「生き残りで『個性磨く』大学の中で、国際標準で勝負している大学として国際教養大学を紹介しているので、このレポートに沿って、話をしてみたい。

国際教養大学の大手予備校における大学合格者難易度ランキングは、日本の最高峰であるはずの東京大学を超えたという。定員が少ないことに加えて、圧倒的な人気がランキングの順位を押し上げたのだ。また、東京にある有名大学ではなく、秋田県の郊外にある開校してわずか6年という新設大学が大変な評価を受けている。平成21年度の一般入試でも、定員95人に対して1000人を超える志願者が殺到したという。

国際教養大学の学長は、東京外国語大学の学長も務められた中嶋嶺雄先生である。中嶋先生は、理事長も兼ねている。Y大学よりたかだか1年前にスタートした大学ではあるが、リーダーがしっかりしていると、このような高レベルにまで大学を持ち上げることができる。中嶋学長をトップに、教職員が一丸となって努力を続けてきた成果だと思う。Y大学のように足を引っ張るのではなく、目標に向かって皆が力を結集してきた結果に違いない。

原則的に授業は全て英語で行われる。入学した学生は、最初は英語だけを受講する。そして、一定のレベルに達しないと通常の授業に進めない。1クラスは15人という少人数で、1年間の海外留学も義務付けている。また、学生をキャンパス内に住まわせるのも特徴となっている。学生寮が充実しているのである。「学生中心」に考えられていて、勉強に集中できる環境が整備されている。24時間開館の図書館が写真で紹介されているが、Y大学の貧弱な図書館と比較してあまりの違いに愕然としてしまう。学生への勉学支援に最大の力点が置かれていることは、図書館を見ただけでもわかる。当然、蔵書の数も違うはずである。このようなことは、すぐにでもベンチマークができる。

国際教養大学のホームページを見ると、海外の提携大学は平成22年8月現在で合計111校、米国だけでも38校にも及ぶ。内訳は、北米はカナダを含め44校、アジア25校、ヨーロッパ34校、オセアニア6校、アフリカ2校である。また、当然のことであるが「留学先で修得した単位を本学の卒業単位として認定できる、互換性のあるプログラムを持つ大学と提携し、学生や保護者の皆さまが安心して留学できるシステムを構築しています」とある。当然、提携校で取得した単位は全て包括認定が可能で、国際教養大学の単位として認定されるのであろう。

Y大学の提携校は、以前紹介したがオーストリアのウィーン大学、韓国の仁川大学、中国の上海師範大学の3校だけである。企業も同様だが、トップによって大学がどのくらい違ってくるかが、この提携校の数だけを見ても明らかだ。また、私の知る限りでは、Y大学からこれら提携校へ留学した学生でも、4年間で卒業した学生はいなかった。ウィーン大学はドイツ語、仁川大学は韓国語で授業が行われるため、必要な単位全てを取得できないからである。上海師範大学は、まだ卒業生が出ていない。

国際教養大学では、大変興味深い話があったことを思い出す。平成18年だったと記憶しているが、ある秋田県出身の女子学生がキャリア支援室を訪ねて来た。高校3年生の時にY大学と国際教養大学の両方に合格したが、高校の先生に相談した結果、Y大学の国際総合科学部の方が、国際教養大学の国際教養学部より国際性が身に付くのではないかとのサジェスチョンを受け、国際教養大学は実家から通える距離にあったのだが、あえて先生の薦めに従ってＹ大学に進学した。しかし、入学してみると留学制度、教育内容、教員、設備等全てがあまりにも貧弱なので、来年国際教養大学を再受験したいと言ってきた。

再受験も可能だが、1年遅れてしまうことを考えると、国際教養大学への２年次あるいは３年次での編入を考えた方がよいのではないかと話をした。しかし、編入は募集定員が極端に少ないことに加えて、高度なレベルの英語力が要求される。従って、自分で相当努力をしたとしても、Ｙ大学の英語の授業ではとてもこのレベルに到達できる自信がない。1年遅れることになってしまうが、再受験を選びたいとのことであった。私も国際教養大学の評判は聞いていたので、ぜひ頑張ってほしいと話をした。

ここまで国際教養大学の評判が上がってくると、日本全国どこの高校の先生でも、Ｙ大学と国際教養大学の両校合格者にＹ大学を推薦することはないはずである。残念なことは、この学生が1年間を明らかに無駄にしたことである。「人間万事塞翁が馬」という中国のことわざがある。このことわざ通りに、Ｙ大学にいたことが長い人生にとって決して無駄ではなかったことを願うばかりだ。この学生が、国際教養大学の再受験に合格したかどうかは確認していない。しかし、この学生は1年後に退学して去っている。

国際教養大学については、中嶋学長が『なぜ、国際教養大学で人材は育つのか』を出版されている。この本をお読みいただければＹ大学との違いが良くわかるはずである。

グローバル４大学交流協定

平成22年５月10日付の『日本経済新聞』で、国際基督教大学（ＩＣＵ）、立命館アジア太平洋大学

（ＡＰＵ）、早稲田大学国際教養学部（ＳＩＬＳ）、国際教養大学（ＡＩＵ）の４大学が締結した４大学間の連携促進に関する「グローバル４大学交流協定（Ｇ４交流）」について、国際教養大学の中嶋学長が連携の意義について寄稿している。これに基づき、Ｙ大学の国際総合科学部との比較をしてみることにしたい。

中嶋学長の問題意識は、国境を越えて進みつつある「知」の流動化と再編成の大競争時代に当面しているという今日の時代認識の中で「果たして日本の大学は国際的通用性を持ちえているだろうか。高等教育にとって最も重要な学士課程教育、その中でも特に重視すべき教養教育は、国際水準を凌駕する中身と質の保証システムを有しているだろうか。グローバル化時代に対応すべき国際語としての英語の教育は、国際社会で受発信するに足るコミュニケーション能力を身につけるまでに至っているだろうか」にあるという。そして総じて回答は否と結論付ける。

ここでの危機意識が、これらの課題に積極的に取り組んでいるＧ４交流締結につながっている。おわかりいただけるかと思うが、目指しているポジションはあくまでも国際水準である。今まで見てきた通り、Ｙ大学は間違いなく国際水準をうんぬんするというレベルではない。ローカルでも相当な下位レベルにあるというのが実態である。深くＹ大学に関わった方から、「ここは最低の大学だ」と言われた。「七百何番という意味でしょうか」との質問に、「そうだ七百何番だ」と言われた。日本で一番ビケだというのである。私もこれは事実であると思う。

また、次に述べるが、学長の欲求水準もとてもではないが国際水準にあるとは言い難い。さらに、国際総合科学部と称しながら、この交流協定にお呼びがかからないという寂しい現実にもしっかりと向き合う必要がある。Ｙ大学が進んでいれば、明らかに５大学交流協定になったはずである。

今回のＧ４交流においては、当面の事業として、共同教育、学生交流、教職員研修、キャリア支援を行う予定だという。また、Ｇ４交流の締結は、学長や教授陣が先導して計画したものではなく、各大学の職員が留学生問題などを話し合う過程で煮詰まってきたところに大きな特徴と意義があるという。世界各国に多くの海外提携校を持ち、日常的に交流が行われていて、キャンパスにも多くの留学生が集い、授業も英語で行われるのが常態となっている大学では、多くの共通の問題が発生していたのであろう。このような状況にはなく、足を引っ張られながら、目の前のハエを追い払うだけで手いっぱいの状況にあるというのが、Ｙ大学の現状である。実に悲しいことだが、これら４大学との問題意識、目指すポジションの違いに愕然とするばかりだ。

私の経験を話そう。米国での5年半の駐在を終えて日本に戻り考えたことは、内なる国際化の必要性であった。１つの手段として多くの外国人社員の採用を行った。しかし、当時は外国人社員を採用している企業は多くはなかったことから、いろいろな問題が持ち上がることになった。社員としてのステイタスをどう考えるかにはじまり、仕事、報酬、評価、組合への加入といったことである。するとどこからともなく同じ苦労をしている企業が集まってきたのだ。私のいた企業とソニー、パナソニック、リコー、ホンダである。これらの企業が集まって外国人社員を雇用する5社会が自然とできあがり、会合を持つことになった。Ｇ４交流も同様な形でできあがったものなのであろう。

Ｙ大学が最も改革が進んでいると言い張る学長

米国駐在時代、worse than disasterということばをよく聞いた。直訳すると「大惨事よりもっと悪い状況」ということだが、「これほどひどい状況はない」といった意味である。先ほど述べたが、8年ぶりに米国に行った際、テレビはメキシコ湾の原油流出事故一色で、連日報道がなされていた。ここで出てきたのがoil disasterであった。Y大学を英語一言で表現すると、worse than disasterである。

これまで見てきたように、私がいた6年間でもY大学は時間とともに悪化の一途にある。学長とは何度か大学の問題について話をしたが、Y大学が最も改革が進んでいるんだと言ってきかない。最後には、「君とは意見が合わない」と言われてしまう。最近では言っても無駄なので、何も言わないことにしている。確かに大学も人間社会であり、どこの大学でも全てがうまくいっているということはないであろう。

しかし、どのように贔屓目に見ても現状が良いとはとても言えない。また、学長がこのような認識であれば、とても改革は不可能となる。子供であれば別だが、欲求水準の低い大人に欲求水準を高めさせることは、そう簡単ではない。欲求水準が高ければ、常に問題点、改善点が気になり、さらなる向上に向けての行動が行われるからである。現状に満足していては、それ以上の向上はとても望めない。

先にも述べた通り、国際基督教大学、立命館アジア太平洋大学、早稲田大学国際教養学部、国際教養大学の4大学の目指すところは国際水準である。この4大学のうち、国際基督教大学と早稲田大学国際教養学部については、私の息子たちが現実に通っていた。従って、両大学の実態については把握しているつもりだ。確かに、月謝はY大学の3倍に近い。しかし、それだけの価値は十分にある。2人に対して、4年間で授業料に見合うだけの付加価値を付けてくれたのである。たとえ月謝が3分の1であったとしても、私は息子たちにY大学を薦める気はない。

Y大学の改革が進んでいるかどうかについては、これを読んだ読者に判断を委ねたい。

第３章　キャリア支援としてやってきたこと

民間の感覚から、本庁から来ている職員たちがいかに仕事をしないか、やるべきことを先送りにして平然としているか、「前例主義」、「形式主義」、「性悪説」、「人件費はタダ」、「コスト意識ゼロ」で仕事をしているかについて、具体例を挙げて述べてきた。また、大学の教員も世間で思われているほど、高級な人ばかりではないことも話した。皆さんは、「それじゃあお前は何をやったんだ。お前はどんな付加価値を付けたんだ」と言うはずである。

この章では、この６年間に学生の面倒をみながら片手間にやってきた業務と、その効率化について簡単に述べてみたい。ともかく、短期間でアットランダムな人事ローテーションを行う。そのためにプロが育成されず、アマチュアが椅子に座ってハンコを押しているか、意味のない会議に出ているのが、この人たちの仕事である。民間から来た人間として短期間にやったことを紹介し、民間との違いをご覧いただきたい。これだけの内容を私と派遣スタッフ２人で立ち上げたことをお考えいただければ、本庁から来ている職員がいかに仕事をしていないかが理解いただけるものと思う。

求人票配信システム

1000万円もの税金を投入して購入し、1年半でドブに捨てた求人情報システムは、それほど学生に使われていなかったとはいえ、使用者がゼロではなかった。そこで求人情報システムを捨て、学生へのサービスが悪化してはいけないと考えて、この代わりになるものとして開発したのが求人票配信システムである。今までの求人情報システムは、学生側から見るとプル型システムであったが、われわれが考えた求人票配信システムはプッシュ型システムである。学生自らが求人情報を見に行くのではなく、キャリア支援室が学生に求人情報を配信するシステムである。

このシステムを簡単に説明すると、企業から送られてくる求人票をスキャナーで読み込み、PDFファイルに落とした上で、学生にEメールで一斉配信をかけるというごく単純なものである。学生に対しては、必要な求人票だけを送るようにするため、あらかじめ志望する業界、就きたいと考えている仕事の情報を登録させる。そして、志望する業界、就きたいと考えている仕事を募集している企業の求人票だけが、学生に配信されるように工夫することにした。もちろん、大学に送られてくる求人票全てが見たいという学生にも対応は可能である。

キャリア支援室では、6月の初旬に3年生に対して『キャリアハンドブック』を作成し、配布している。『キャリアハンドブック』の配布に際しては、学生に求人票の配信を希望するかどうかを確認し、求人票の配信を希望する学生に対しては、希望する業界と仕事の両方を登録させる。これは、先ほど述べたように、学生が配信を希望する業界と就きたいと考えている仕事についての求人票だけが、学生に配信されるようにするためである。キャリア支援室には、学生が使えるPCが7台用意されており、登学生向けのインプット・マニュアルを用意し、キャリア支援室の工数を完全にゼロにした。今は録もＰＣ上でダイレクトに行う。以前は、インプット方法について職員が学生に説明していたが、今は学生向けのインプット・マニュアルを用意し、キャリア支援室の工数を完全にゼロにした。

この求人票配信システムは、学生が配信を止めてほしいと言ってくるまでは、送付が続けられる。従って、就職が決定し、求人票の配信が不要になった時点で、学生がキャリア支援室に求人票の配信を断わりにやってくる。配信される求人票が量的に多いため、就職が決定した時点で早く配信を止めてほしいと考えるからである。学生の進路を１００％把握することは大変難しいと話をしたが、この機会をとらえて、学生に進路調査票を書かせることができるというメリットも大きい。

こんな単純なシステムでも、１０００万円の求人情報システムより明らかに効果が大きい。当然、無意味な求人票のインプット工数も発生しない。さらには、コストもスキャナー購入にかかった費用10万円弱であった。どうして役人にはこんなことも考えられないのか、と思われるかと思うが、全くものを考えていないからである。ちょっと頭を使えば、何と10万円もかからないで、１０００万円のシステム以上の機能を持たせることができる。サービスが向上し、貴重な税金が９９０万円以上も節約でき、求人票をインプットする工数は未来永劫発生しない。

ところがここの人たちは他大学が使っているからと１０００万円もするシステムを評価もせずに購入してしまう。まあ、評価せずにではなく、評価できないと言った方が正しいのかもしれない。極端に低いＩＴ能力が、このようなところにも問題として現れてくる。また、システムの購入起案が上がっても、経営幹部は何の付加価値も付けることができない。ラバー・スタンプなのである。

さらに、最近入ったコピー機には、プリンターの機能とともにスキャナーの機能も付加されている。これを使えば、連続して求人票をＰＤＦ化することも可能となった。もし、このコピー機が以前からあったら、スキャナーを購入することなく求人票配信システムの開発が可能であった。プリンター機能付きのコピー機は、必要不可欠な機器であるため、10万円弱とはいえ不要な投資をしなくて済んだはずであった。

図書・DVD貸出管理システム

キャリア支援室では、キャリア関連、就職関連の本、公務員講座を含めた各種DVD、ニンテンドーDSの教育関連ソフト等、約2000アイテムを学生に貸し出しできる体制を整えている。私が来た当初は、古い就職のハウツウ本が少々ある程度であった。また、この少々の本の貸し出しは、貸し出しノートを使って行われていた。学生が本を借りに来る。その時に借りる日、学籍番号、氏名、学部、学年、借りる本のタイトルを貸し出しノートに記入させる。そして、本を返す際には返却日を記入させることで返却が完了するのである。確かに、このプロセスにはキャリア支援室の職員は一切関わらない。従って、キャリア支援室としての工数はゼロである。

しかし、いつまでも返却しない学生に対するフォローに時間と工数がかかる。このフォローのためには、時間がある日にノートをチェックし、返却予定日を過ぎても返却していない学生を洗い出し、返却要求を出すのである。当時は、掲示板による呼び出しで返却要求をしていた。掲示板による呼び出しの効率はよくはない。時間がたてばたつほど、新しい未返却者が増えていく。これにかかる工数は決して少なくはない。さらに、時間と工数がかかるため、どうしても後回しになってしまう。チェックしてみたら、卒業していたということすら発生していた。そして、そのうちに手が着けられなくなり、本がなくなっていくのである。

この効率化を図るために独自開発したのが、図書・ＤＶＤ貸出管理システムである。このシステムは、どこの図書館でも使われている本の貸出システムとほぼ同様のシステムである。ということは、何億円もする図書館システムでも、ちょっとシステム力があれば自主開発が可能となる。データ量は巨大であるが、システム的には決して複雑なものではない。蔵書情報のデータベース化を図り、どの本を誰にいつ貸し出したのかを登録できればよい。

ちょっと技術的になるが、仕組みを話しておこう。本には、裏にバーコードが２つある。このうちの上段のバーコードが、本のＩＤとなっている。このバーコードをバーコードリーダーで読み、所蔵している本全てについてのテーブル、すなわちデータベースを作成しておく。これに加えて、大学のシステムから学生情報テーブルを作成しておけばよい。

学生が本を借りに来た時、借りたい本のバーコードを読み、学生証をカードリーダーに通す。これで貸し出し処理が完了する。どの本を誰が借りたのかがわかるレコードが作成できればよいわけだ。その時、システムから取得する貸出日とこの貸出日から10日後の返却予定日を自動計算しておく。それから、学籍番号、本のバーコード情報、貸出日、返却予定日のレコードを作成する。

10日後が返却予定日なのだが、土日、連休等の余裕を持ち、15日に1回程度、返却予定日情報から返却予定日を過ぎても本を返却していない未返却学生のレコードをシステムより自動生成する。このレコードを使って、貸し出されている本が期限を過ぎても未返却になっている旨のＥメールを学生宛に自動送信するのである。先ほどの学籍番号、本のバーコード情報、貸出日、返却予定日のレコードには、1桁の未返却催促サインを加えておく。最初はゼロだが、催促のＥメールを送信するごとにシステム上で1を加える。そして、数字が3になった学生が別の本を借りに来て学生証を読むと、『本の返却が遅れているので、貸し出しはできません』という警告を画面上に表示するようシステム化がなされている。

Y大学の図書館に行くと、貸し出された本の未返却者が館内に掲示されており、3カ月以上の未返却者も数多く見受けられる。これは、貸し出しはしたが、未返却者に対してのフォローがキャリア支援室の図書・DVD貸出管理システムのようにはシステム化がなされていないことを意味している。未返却者のリストは、私の赴任前にキャリア支援室で本庁の職員がやっていたような手書きではなく、コンピュータでプリントアウトしたものなので、システムから期限を過ぎた未返却者を打ち出ししているのであろう。これら未返却者を紙に打ち出すのではなく、このデータを使って自動送信メールで学生に返却の催促をすればよいのだが、このようなごく単純なシステム開発すら行えない。システムを買ってくるだけでは、進歩は期待できない。

本は最大3冊まで借りることができる。2冊借りているが、もう1冊借りたい、あるいは借りている3冊のうち1冊だけ返したいといったケースでも、画面上に学生への本の貸し出し情報が全て表示される。この情報から、現在借りている本は返却日が過ぎているので、返却日を過ぎた本を返却しないとさらなる貸し出しはできない、今回返却しなかった本の返却日が過ぎているので、至急返却するように、といったことを学生に伝えることが可能となっている。

このシステムは本だけではなく、キャリア支援室が開催しているキャリア支援講座、就職支援講座を録画したDVD、公務員講座のDVD、ニンテンドーDSの教育ソフトの貸し出しにも使っている。キャリア支援室で録画した講座のDVDにはバーコードがない。これらのDVDについては、バーコードプリンターから打ち出したバーコードを張り付ければよい。

具体的にどのような動きになるのかを見てみよう。学生がキャリア支援室の本棚から本を抜き出して、「この本を借りたいのですが」と声をかける。キャリア支援室のスタッフは、ＰＣのメインメニューから【本の貸出】を選び、本の貸出画面を呼び出す。学生が持ってきた本のバーコードをバーコードリーダーで読み、続いて学生証を磁気カードリーダーで読ませる。これだけで貸し出し処理が完了する。

次に返却を見てみよう。学生が本を持参し、「借りた本を返しに来ました」とキャリア支援室を訪れる。メインメニューから【本の返却】を選び、本の返却画面を呼び出す。返却する本のバーコードをバーコードリーダーで読ませると、学生が借りているすべての本、あるいはＤＶＤのリストが画面上に現れる。この中から返却する本あるいはＤＶＤにチェックを入れ、もし他の貸出品で返却日を越えているものがあれば、早く返すように促せばよい。当然、スタッフが関わらなくてもかまわない。貸し出し、返却のオペレーションを学生に行わせることは十分に可能である。平成20年度からはこれもマニュアル化して、学生に全て行わせることにした。

これらの貸し出し件数は、平成18年度は１２４１件であったが、平成19年度は２１０７件と、確実に学生の利用は拡大している。平成20年度からは、公務員講座をＥラーニング化したこと、キャリア支援講座、就職支援講座のＤＶＤ化を削減したため、多少減って１５０２件、平成21年度は１７７４件であった。本、ＤＶＤ、ソフトを含め、可能な限りコンテンツを増やしていくことを考えている。おわかりいただけるかと思うが、これだけのボリュームのものを貸し出しノートで行うことは不可能である。民間ではこのような効率化は、ごく一般的にかつ日常的に行われている。本庁の職員が引き続きやっていたら、ここまでアイテムを増やすことはできなかったであろうし、学生への支援は未だに貧困なままであったであろう。

事務部門の管理職であれば、この程度のシステム設計ができなければならない。民間では、このような改善は日常業務として行われる。ここの管理職はＩＴ能力が極端に低いので、全てを人海戦術でこなそうとする。というより、このようなサービスをやろうとは考えないし、考えつかない。競争がある民間では、仕事の高度化を図り、効率化、費用削減が常に求められる。そのためには、それを行う人材の能力向上が欠かせない。ここでは、自己の能力の向上も図らず、仕事の改善もほとんど実施されていない。また、若い人材を外部の研修に派遣する費用をケチる。このような状況の中で、巨額の「貴重な税金」が単純作業のための人件費として消えていることをお考えいただきたい。

講座予約管理システム

キャリア支援室では、キャリア支援、就職支援のための講座を年間約60講座ほど開催している。そして、ほとんどの講座は教室のキャパシティの関係で予約制となっている。この予約についても、バーコードと学生証だけで予約が可能なシステムを開発し、実用化を図っている。年度の初めには1年間に開催する講座の企画を行う。その際、これらの講座に対して、バーコードをアサインする。各講座にバーコードをアサインしたら、バーコード、日時、講座名、講師名、教室のフィールドを持つテーブルを作成する。このバーコードをバーコードプリンターで打ち出し、あらかじめバーコードと講座名、日時、教室を書いて台紙にこのバーコードを貼り付けておく。

学生が、ある講座の予約をしたいとやってくると、本の貸し出しと同様に、まず、先ほどのバーコードを貼り付けた台紙を取り出し、バーコードリーダーで学生が予約を希望する講座のバーコードを読み、続いて学生証をカードリーダーに通す。これで予約が完了する。このアクションによって、講座のバーコード情報、学籍番号、講座予約年月日のレコードが作られる。このレコード情報によって、開催日の数日前に学生に対し、講座開催をリマインドするＥメールを自動送信するのである。

講座開催日には、ポータブル磁気カードリーダーを使って学生の出欠をとる。このポータブル磁気カードリーダーは単三電池２本で動き、縦15㎝、横10㎝、高さ４㎝で、電池を含めて３９５ｇほどの大変小さなものである。学生証を通すことによって、学籍番号と読み込んだ日付と時間を蓄積することができ、合計で１０００件のデータの蓄積が可能な機器である。読み込んだ件数は、画面上に表示されるので、増えてくればＰＣに吐き出せばよい。当然、この機器を使用すれば通常の授業での出欠管理、教職員の勤務管理も行うことができる。

授業を履修する学生が大人数の場合、その出欠管理は教員にとって大変な工数となる。しかし、この機器が1台あれば簡単に出欠管埋が可能となる。教室の入口にこの機器を置き、学生に学生証を通させればよいのだ。学生数が数百人になるような場合は、1台ではなく、数台を用意しておけば混雑が避けられる。データはＣＳＶ形式で落ちるので、エクセルあるいはアクセスへと変換すればよい。これと全く同様の出欠管理システムは、高額で市販されている。しかし、この機器を購入し、簡単なシステムを開発すれば、同じ機能を持たせることは容易である。

教員を支援すべき事務部門は、このようなシステム開発を通じて、教員の事務工数削減を図ることができなければならない。また、こういった支援は事務スタッフの仕事でもある。確かに、金をかけて高額のシステムを購入することは可能であろう。自主開発のためには、人材の育成が最大の鍵となる。３年ごとに何の脈絡もなく異動を繰り返していては、人は育たない。人材の育成については、組織としてしっかりとした考え方を持たなければならない。誠に残念なことだが、ここではこのような考えを持っているとは思えない。

ちょっとＩＴ能力があれば、平安時代から続いている出勤簿はなくなるであろうし、大教室で授業を行う学生の出欠管理システムを開発し、教員への支援が可能となる。しかし、こんなことができるとは考えていないし、管理職も含めて自分の仕事であるとは考えていない。社会人として仕事をするとはどういうことなのか、といったごく当たり前のことさえ理解できていないように思える。「プロフェッショナルとまでは言わないが、給与をもらっていて恥ずかしくはないのだろうか」と考えてしまう。

携帯サイトとアンケートシステム

キャリア支援室では、ホームページに加えて携帯サイトの運営も行っている。携帯サイトには、ホームページに載せるような大きな情報を載せることはできない。しかし、携帯サイトにはその特徴を活かして学生に早めに知らせたい情報、あるいはホームページに掲載されている情報で、学生にどうしても読んでもらいたい情報のサマリー版を載せている。ほぼ１００％の学生が携帯電話を持っており、キャリア支援室をできる限り身近な存在として感じてもらうことを考えて、携帯サイトのオープンに踏み切った。

携帯サイトの運営に関しても、全く知識がゼロの段階からスタートした。やってみるとそれほど高度な知識を必要とすることはなく、２カ月程度の期間があれば、キャリア支援室のメンバーによる自主開発が可能であった。学生サービスという視点を持って、ともかく立ち上げることで一歩を踏み出すことができる。初心者が作るものであり、初めはプロフェッショナルが作るようにはできない。しかし、徐々により良いものにしていくという姿勢が重要となってくる。

今まで述べてきたシステムでも同様だが、自主開発できれば、状況の変化によって簡単に修正・変更ができる。市販のパッケージ、外注による開発では、完成した時点から陳腐化が始まっていく。環境は常に変化し、その変化に合わせて改善が行われていかなければならない。高度なシステムを除き、エンドユーザーコンピューティングを行っていくべきである。

システムは手段であり、システムを導入することによって仕事の改善が図れるわけではない。小さなシステムの開発を続け、状況の変化、仕事の進展に合わせてシステムの改善を継続していくことが重要となる。このような改善を続けることによってシステム力がつき、プロフェッショナルが作るのと同レベルのシステム開発が可能となる。人材の育成が行われることになるのだ。

大学においても、人材の育成は最重要課題である。企業でも同様だが、多数の学生情報を扱う大学でも、職員にとってコンピュータ・リテラシーは必要不可欠なスキルである。膨大な情報を扱う部門は、民間に比べて大学の職員・管理職のコンピュータ知識は極端に低い。少子化時代を迎え、大学間競争は激しさを増している。学生支援の要となる職員・管理職の能力開発も、大学の差別化にとって大きな要素となっていく。大学では、民間ほど真剣に人材開発に力を注いでいるとは思えない。

先ほど年間約60講座以上を企画・運営していると述べたが、これらの講座については学生からアンケートをとっている。アンケート結果によって、新しい講座の企画・改善を考えていくためである。これまでは紙でのアンケートであったが、携帯サイトをオープンしてからは、学生に携帯サイトにアクセスしてもらい、そこにじかに回答してもらっている。紙では、集計作業が必ず発生する。データで収集することで集計が容易となる。講座開始時に資料とともに携帯サイトのQRコード表を配布し、アンケートを依頼している。

Eメールによる相談

Y大学は、キャンパスが4カ所に分かれている。キャリア支援室では学生へのキャリア相談、就職相談を行っているが、他地域のキャンパスで学ぶ学生への便宜を図るためにEメールでの相談も実施している。キャリア支援室のEメールアドレスはホームページでも公開しており、これを通していろいろな相談が寄せられる。大学が与えているEメールアドレスに加え、求人票配信システムへの登録に際しては、個人のPCのメールアドレス、携帯電話のメールアドレス、携帯の電話番号情報の登録を促しているので、多くの手段で相談が寄せられる。

大学に転職した当時は、Eメールを使った学生との通信手段はなく、講座の開催等の連絡は全て掲示によって行っていた。校門の前に、何かのイベントがあるたびに大きな看板を作り、学生に情報を発信するのである。江戸時代の情報発信方法である。この掲示については、見る学生と見ない学生に大きく分かれてしまう。従って、学生への情報の到達率は高くない。大学のEメールアドレス、個人のPCのメールアドレス、携帯電話のメールアドレス、携帯の電話番号を持つことによって、学生との情報交換はほとんど困らなくなった。現在のキャリア支援室では、掲示による各種の情報発信は全く行っていない。他の部門は、いまだに江戸時代同様の掲示中心の情報発信であり、これを改善しただけでも大きな効率化につながるはずである。

中でも携帯メールは、大変反応が早い。至急コンタクトが必要なケースでも、ほぼ即時に連絡が取れる。携帯メールで呼び出しをかけると、授業終了後直ちにキャリア支援室にやってくる。キャリア支援室からのメルマガの配信、求人票配信システムによる求人票の配信、図書・ＤＶＤ貸出管理システムでの未返却者への催促、その他緊急呼び出し、講座の教室、時間の変更等、キャリア支援室から学生への連絡事項は多い。ＩＴ化の時代にあっては、学生のキャリア支援についても、このようなツールを有効に使うことが必要となっている。

前にＩＴ音痴の副事務局長が、５００万円もかけて情報発信モニターを鮐玉でも買うかのように購入したという話をした。これを設置した最大の目的は、休講情報の発信にあったようであった。先ほども、私であればこのように考えただろうとアイデアを述べたが、休講情報の学生への発信であれば、ある授業を履修している学生情報は学務部門が持っている。従って、ある授業が休講であれば、その授業を履修している学生全員の携帯電話に、休講する旨のメールを送信すればよいはずである。明らかにこの方が学生への伝達率も高い。

さらに、この仕組みであればコストもゼロである。どうしてこんなことも考えないのだろうと思われるかと思うが、ものを考えていないからである。他大学が設置している巨大なモニターが欲しかったというのが、設置の最大の理由であったことがおわかりいただけるものと思う。それも学生のためではなく、外部の訪問者に内容はともかく、ここまでやっていますと見せたいためだけに導入したものであった。そうでなければ、少なくとも休講情報の掲示はやめているはずである。

Ｅメール相談に加えて、平成21年４月から、キャリア支援室のあるキャンパスから一番遠いキャンパスとの間で、スカイプを使った相談を開始することにした。スカイプというのは、無料のインターネットテレビ電話サービスである。双方に、PCが1台と2000円程度で購入できるカメラとマイクがあれば簡単に導入できる。

この年に実施したディズニー・インターナショナル・インターンシップ・プログラムの説明会では、米国に派遣中の学生にスカイプで出演してもらった。参加していた学生からは、大きなどよめきが起こり、こちらの方がびっくりした。巨額の投資をしなくても、この程度のことは簡単にできるのが、現代の特徴である。ここの人たちだとすぐに高額なテレビ会議システムの購入を考える。ここにもテレビ会議システムがあるが、それほど使われているようには思えない。金をかけなくても頭を使えばできることは多い。

キャリアオリエンテーション

Y大学に転職し、学生のキャリア支援・就職支援に携わってきて強く感じた点は、学生への動機付けをなるべく早い段階でやるべきだということである。大学への進学率が50%を超えるというユニバーサル段階に入った大学では、多様な学生が入学してくる。大学進学についても、目的を明確に持つこともなく、皆が行くから、親が行けと言うから進学した、という学生も多い。このような学生が、大多数を占めているのが現在の大学である。

先ほど紹介した石弘光先生は「どこの大学も今ほど多くの定員を抱えていたわけではなく、受験競争はやはり厳しいものであった。……多くの高校生は自分の学力を意識しつつも、どうしても行きたい大学を明確に各自が持っていた。仲間を見てもそれなりに自分の将来の夢と合わせて、大学で何を専攻したいか、卒業して何になりたいか一応の目標を皆はっきり心に抱いていたように思う」と当時の状況を述べている。大学生がエリートであった時代とユニバーサル化した大学では、学生の意識も大きく異なっている。

このような学生に対して、大学としては早めに自己の目標を考えさせなければならない。学生にとって大学への進学は手段であり、目的ではないはずだ。自己の目標を自覚させ、大学でやらなければならないことを考えさせる必要がある。大学は、学生にとって社会へとつながる最後の場である。卒業後、社会に出て生きていくために、勉学も含めて大学時代に何をしなければならないのかについて、しっかりとした認識を持たせなければならない。自己のキャリアに対する明確な自覚と認識を持たせていくことが、大学にとっての重要な役割となる。

さらに、大学を卒業後の40年を超える職業人としての生活を考えると、大学での約2年間の専門分野の教育は前書きの序論程度のものにしかすぎない。長い職業生活を生き抜いていくためには、常に継続して学び続ける姿勢を持たせる必要がある。学ぶことの意義と必要性を自覚させることも、大学としての役割となる。

このような考えから、入学したごく早い段階で、キャリアオリエンテーションを行うべきであると主張した。しかし、学部長はとても私の意図が理解できないようであった。Y大学の大学としての立ち位置がわかっていないのである。共通教養長であった教員が副学長になったので、ある日この副学長にキャリアオリエンテーションを入学時点でやるように学部長に進言していることを話した。すると、そのような話は全く聞いていないという。学部長が握りつぶしていたようなのだ。

それはやるべきだという話になり、平成19年度の入学者からキャリアオリエンテーションを担当することになった。そこでは4つほどの内容について話をしている。「世の中がどう変わってきているのか」、「日米での教育の違いとそれが日本にどのような影響を及ぼしているのか」、「自己のキャリアをどう考えていけばよいのか」、「4年間の学生生活をどう過ごすか」である。確かに、高校を卒業したばかりの子供たちにこのような話をして果たしてわかるのか、という議論もある。

塩野七生氏は、その著『日本人へ　リーダー篇』の中で「それが世界であろうが国家であろうが一私企業であろうが、人間社会であることでは変わりのない組織の構成員である個々の人間は、全員が同じ能力の持主かというとそうではない。大別すれば、次の三種になるかと思う。第一層は刺激を与えるだけで能力を発揮する人。第二は安定を保証すれば能力を発揮するタイプ。そして最後は、これだけは共同体が福祉を保証しなければならない層だが、刺激を与えても安定しても成果を出すことができない人。その割合も、歴史上うまく機能した国の例からすると、2割、7割、1割あたりになる」と述べている。

学生を見てきた経験から、学生にも塩野七生氏が言う271ではないが、262の理論が成り立つのではないかと思っている。262の理論とは、企業には大きな成果をあげている2割の従業員、自分の給与だけは稼いでいる6割の従業員、いること自体がマイナスで、足を引っ張っている2割の従業員がいるという考え方である。

モチベーションが高く、明確な目標を持ち、自ら自発的に行動できる2割の学生と、勉強もそこそこ、サークル活動で仲間と楽しく過ごし、アルバイトで金を貯めては、国内、海外旅行をしている6割の学生と、勉強は常にギリギリ、アルバイトに精を出し、学生なのかフリーターなのかの区別がつかない2割の学生である。当然、これらの学生は代表的な例なので、6割の学生の中にも上の2割に近い学生から、下の2割に近い学生までが存在する。

上の2割については、キャリア支援室としてもほとんど手がかからない。このような学生の中で、今までに特に印象に残った2人の学生の話をしてみよう。入学当初から、将来はグローバルな分野で活躍したいと考え、成績もトップクラス、英語も1カ月の短期語学研修に参加しただけであったが、TOEIC945点を取得していた。5大商社の1つに就職したが、入学当初から目的意識を強く持ち、自己の目標に向かって、継続した努力を続けていた。

また、もう一人の学生は母子家庭であり、経済的には進学を断念せざるを得ない状況にあった。しかし、どうしても大学に進学したいという希望を果たすために、学資ローンと奨学金で進学した。どうせ勉強するのであれば、最難関の資格取得を目指そうと考え、公認会計士に目標を定め1年の時から勉強に励んできた。ただ、公認会計士を仕事にする気はないという。3年次に短答試験に合格することができたが、残念ながら論文には合格できなかった。

就職は大手証券会社に内定しており、4年次では必ず公認会計士合格を果たすつもりだという。簿記1級は既に2年次に取得している。次の目標は、大手証券会社の留学試験にパスして、財務・会計系分野では世界一のウォートン・スクールでMBAを取得することに決めている。このように常に高い目標を定め、その目標に向かってチャレンジと研鑽を続けている。

下の2割の学生については、キャリア支援室としての支援も難しい。そもそも、今まではある程度順調にきた学生が多く、これまでの延長で何とかなると誤解している。従って、ツケは必ず払わされる。希望するキャリアを選択できないというツケである。キャリア支援室としては、これら下の2割の学生も当然支援していかなければならない。しかし、それ以上に6割の学生に動機付けを行い、上の2割に上げていくことが重要となる。キャリアオリエンテーションの実施が、1年遅れたことが悔やまれてならない。

1年生からのキャリアカウンセリング

「鉄は熱いうちに打て」のことわざ通り、キャリアオリエンテーションの実施とともに、そのフォローを考えることにした。1年生全員に対してのキャリアカウンセリングの実施を決めたのである。キャリアオリエンテーションでは、学生個人への対応はできない。そのため、キャリアオリエンテーションで総論を話した後に、各論については個別のキャリアカウンセリングで補うことにした。このカウンセリングの前には、キャリア発達支援検査の受検とキャリアシートの記入を義務付けた。これらについても、自宅のPCを使って全てができるよう仕組みも作り上げた。

キャリア支援室では、情報は紙で持つのではなく、常にデータで持つことにしている。スペース不要で、永久保存が可能であるとともに、簡単に検索ができるからである。キャリア支援室でも、多くの業務はIT化を図ることによって効率化が可能である。しかし、学生へのカウンセリングについては、効率化はできない。全員に会うと決めたが、キャリア・カウンセラーが1人ではとても全員に会うことは難しい。始めた年の平成20年には、700人強の1年生に対して、250人の学生に会うのが精一杯であった。キャリア・カウンセラーは、学生のカウンセリングだけが仕事ではなく、私とともにキャリア支援室の全ての業務に携わっていたからである。

このような状況の中で、人事課長に対しては何度も実態の説明を行った。しかし、全く状況をわかろうとはしなかった。信じられないことであったが、１人の法人職員を配属するので、２人の派遣スタッフを切るように要求してきたのである。とても無理なので、断固拒否することにした。将来のことを考えると、法人の職員を入れておかなければならない、といくら説明してもわかろうとしない。自分もそろそろ異動であろうし、後がどうなろうとよいと考えているようであった。

『週刊朝日』が毎年『大学ランキング』をまとめて出版している。ここには就職支援ランキングもあり、職員1人あたりの学年定員のランキングが載っている。平成20年度は、私立大学が上位を占めているが、看護系、芸術系を除き、国公立大学では国際教養大学の43・3人がトップである。Y大学を見ると、医学部を除き、帰国生の若干名を加えて学部で７００人、大学院が２５０人というのが定員である。キャリア支援室は、派遣スタッフを入れても５人（平成22年４月からは１人増えて６人だが、１年間は工数にはならない）であるから、職員1人あたりの学生数は１９０人である。一昨年までは４人であったので、２３７・５人であった。

国際教養大学並みのサービスを提供するためには、22人のスタッフが必要ということになる。いくらスーパーマンでも５人分の仕事はできない。人事課のランキングがあると面白いのだが、ここの人事課は大学の規模に比した人員では、日本でもトップクラスに入るのではないかと思う。しかし、業務の質、サービスとなると、今まで話をしてきたように明らかに日本でも最低のレベルにある。彼らの辞書には、ベンチマークということばはないが、ともかくベンチマークを実施して、世の中をよく知る必要がある。この点については、第４章でさらに詳しく述べることにしたい。

合同企業セミナーで利益を得る

大学の構内で、その大学に所属する学生のために企業がセミナーを開催することは、広く行われている。私が来る以前のY大学でも、このような企業セミナーが行われていた。但し、期間は２日間、参加企業は44社であった。この企業セミナーは、大学が開催費用の全額を負担していたので、毎年参加する企業の顔ぶれが変わることはなかった。無料なので、一度参加の権利を確保すれば、どこの企業も辞退することがなかったからだ。それもほとんどが市内の中小企業で占められていた。英語に「Better than nothing」という表現がある。開催しないよりはまし、という企業セミナーであった。ここの仕事の全てについて言えることだが、「やってます」と言えることが重要なことであった。内容、質ではないのである。

大学が負担していた費用は約２００万円、本庁の職員が常に口にする「貴重な税金」が使われていた。体育館に企業のブースを作り、参加企業の情報が載った冊子を作成するとこの程度の金額は必要となる。私は転職後直ちに、この開催費用を企業に持たせることができるはずだと考え、即刻提案を行った。しかし、この提案は、即座に前理事長以下全員から反対を受けることになった。お金を払って参加する企業はないというのである。全員の反対を押し切り、ともかく必要経費を企業に持たせることで進めることにした。約２００万円の費用で四十数社なので、参加料は、１社５万円とした。

当時のキャリア支援室は、私１人に派遣スタッフ２人で、キャリア支援、就職支援の立ち上げを行っていた。そのため、とても参加企業に営業活動をしている時間的余裕はなかった。従って、ある就職情報会社に営業も含めて開催に係る一切の仕事をお願いすることにした。

その結果、初年度の平成17年度は今まで参加することがなかった超大手企業、学生人気ランキング上位の企業も含め、４日間で１２８社が参加してくれた。翌年からは、参加をお断りする企業も多く出るようになった。平成20年度は、スペース的にもこれ以上参加できないという１７２社が参加してくれるところまで拡大した。するとどうだろう。もっと参加料をあげることができるのではないかと言い出したのである。結果が不確定な段階では足を引っ張ったり、無関心を装うが、成功すると何かと口を出して手柄のおこぼれを頂戴しようというのが典型的な役人の行動パターンである。企業ではヤッターマンと言うが、こういう人たちがなにしろ多い。

参加企業が増えたことによって、セミナーから利益が出ることになった。１００万円強の利益である。これを何とか学生支援のために使おうと考えた。ところが、これを学生支援のために使うのは至難なことであった。大学に戻入すると、学生支援であっても断られる。支援ではなく、妨害をしてくる。前にも話をしたが、後援会に戻入し、後援会から支援をいただくことにした。おわかりいただけたかと思うが、大学で費用を負担していた時代と比べて３００万円強の「貴重な税金」をセーブし、クオリティを大きく高めることになったのである。前例にとらわれないことの重要性、民間の力の必要性が理解いただけるものと思う。

後援会に利益を戻入していることを聞きつけた経理部門が、これについての覚書を見せてくれと要求してきた。住民に説明責任があるので、覚書がないと後援会に利益を戻入できないというのだ。合同企業セミナーの開催で協力いただいている就職情報会社に確認すると、他の国公立大学法人、私立大学でも同様のセミナーを開催しているが、そのような覚書は取り交わしていないという。経理部門には、どうして他大学とは違ってＹ大学だけが住民に対する説明責任があるのか、納得できる説明を詳しく書いて送付するよう依頼した。棚卸しを実施していない説明責任はどうなっているのだろうと思うのだが、自分の仕事より他人の仕事が気になるようなのだ。結局、詳しい説明書類は送付されなかった。担当者が口から出まかせを言い、いつものように単に妨害したかったということのようであった。

キャリアハンドブックでも広告掲載料収入

学生に対して、就職も含めて自己のキャリアを考えさせるツールを配りたいと考えていたが、いかんせん派遣スタッフ2人と私の3人ではどうにもならなかった。1年後の平成18年度、市販されているものをいくつか比較した結果、ある就職情報会社が出しているキャリアハンドブックを学生に配布することにした。このハンドブックは多くの大学で配布されていて、学生が知っておかなければならない情報については、ほぼ網羅されていた。個別対応を希望する学生に対しては支援を行ってきたが、全ての学生に対応していくためには、あまりにもマンパワーが不足していた。

このキャリアハンドブックは、6月初旬に完成する。この配布に際して、学生からいくつかの情報を入手することにした。キャリアハンドブックは、全学生が取りに来るわけではない。初めから大学院への進学を考えている学生、資格取得を目指している学生は取りに来ない。しかし、少なくとも就職を希望する学生、進学か就職かで迷っている学生はほぼ全員が取りに来る。

このように考え、前にも述べたようにキャリアハンドブックをキャリア支援室に取りに来た学生に対しては、個人のEメールアドレス、携帯メールアドレス、携帯電話番号の入手を考えた。さらに、大学へ来る求人票を求人票配信システムによって配信を希望する学生に対しては、希望する業界、仕事を入力させることにした。来た求人票を分類した上で、希望する業界、仕事に関する求人票だけを学生に送るためである。大学に来る求人票は年間約４０００件である。全てを受け取ることも可能だが、希望する求人票だけを受け取ることができるように考慮した。

ちょっと話がそれてしまったが、キャリアハンドブックの作成・配布を始めてみて、次回の配布からは、このハンドブックに就職情報サイトの広告を載せることができないだろうかと考えた。学生は複数の就職情報サイトに登録し、就職活動を行う。キャリアハンドブックには、就職についての多くの情報が含まれており、代表的な就職情報サイトの情報があれば学生に役立つのではないかと考えたからである。

話を持ちかけてみると、有料での広告掲載に関して各社から賛同が得られた。就職情報サイトにとっては、学生への告知の機会の拡大が、学生にとっては、就職情報サイトの特徴についての情報が得られる。また、大学には掲載料収入が入る。３者にとって3方良しとなる。この広告掲載料1社4万円、7社計28万円についても、後援会に戻入して学生の支援に役立てている。大学に戻入すると、職員の温水洗浄便座になってしまうからである。

キャリアサポーター制度

平成17年4月に個人情報保護法が施行され、大学にとっては今まで企業から入手が可能であったOB・OG情報の入手が難しくなった話は前にも述べた。また、「キャリアサポーターと学生との集い」の費用である食糧費に関して、事務局長がとんでもないことを言い出したことも述べた。このキャリアサポーター制度の拡大についても、大変な努力が必要であった。

企業からOB・OGの情報が得られず、学生のOB・OG訪問に支障をきたしている中では、普通の感覚があれば、大学は最大限の支援をするはずである。しかし、ここでは違っていた。キャリア支援ではなく、キャリア妨害が行われていた。来た当初は、キャリア支援センターという組織であったが、あまりに恥ずかしいということなのだろうか、2年でなくしてしまった。名前と実態が大きくかけ離れていたからである。実態は、キャリア妨害センターであった。「絶対に変えない」と言い張った管理職はここの所属であった。

この制度をスタートさせるに際して、キャリア支援室がまずやったことは、いかにしてOB・OGに学生、大学が困っているかを知らせることであった。卒業生の進路を200人も放っておいた大学であり、つい最近の状況ですら把握できていない。いわんや過去の情報は悲惨そのものであった。Y大学ほど、OB・OG情報が管理されていない大学も世界的に見て珍しいのではないかと思われる。ネガティブな面では、世界一と思われることが多い。

また、最近の情報もデータではなく、当然、紙であった。IT能力が低いのでデータ化ができないのだ。エクセルが使える担当者が、エクセルを使ってデータ化しても、エクセルの性格上どうしても個人所有になってしまう。本庁の職員の能力を見ると、次の担当者がエクセルを使える保障はない。データが途切れてしまい、2、3代後にはなくなってしまう。その間、管理者も入れ替わり、「俺は管理者だ。細かい仕事はしない」と言って、放っておく。そして、異動で去っていく。何年にも渡ってこの繰り返しなのである。

そして紙だけが残る。過去の膨大な情報が紙で残っていても、ゴミがあるのと同じである。その紙ですら平成13年度からしかなかった。会社名がない、社名が変更しているという企業も多くあった。私が入った後、アクセスによるデータベース化を行い、少ないスタッフでこの紙くずと格闘しながら過去のものも含めて、データ化を図ってきた。また、このデータベースを含めてPC1台をサーバー化し、キャリア支援室のスタッフ全員が情報共有できる仕組みも作り上げた。

卒業生の進路先をしっかりと把握できている大学であっても、現在のコンタクト先、企業名、所属を把握している大学は少ない。大学卒業後3年で30％以上が転職する時代の中では、OB・OGが転職、異動に際して、積極的に大学に連絡するシステムを作り上げることは容易ではない。お互いにWIN－WINの関係がなければ、OB・OG自らが進んで連絡はしてこない。OB・OGが、大学に連絡を入れることがメリットになる仕組みが必要となる。私自身を考えても、卒業後に母校から得るものは多くはない。寄付の募集、近況報告をしてほしいという手紙が来ても、ついつい出しそびれてしまう。すると古い所属のままで名簿に掲載される。

卒業生の進路調査すら満足にできていないのに、ここに多くのことを期待することは不可能であった。自助努力以外にはなかったのである。会社職員録のCD版を購入して、ここからY大学の出身者をセレクトし、全員に趣旨を書いたDMを送付することにした。また、企業訪問に際しても人事にお願いする、OB・OGのリクルーターへの勧誘を図る、卒業に際しての呼びかけを続けることで、現在は438人(平成22年3月末)のOB・OGに登録をいただいている。この規模になると、業界、仕事、経験年数も適度にばらつきがあり、学生の希望にも適うようになってきている。キャリアサポーター情報についてもデータベース化を行い、OB・OG情報データベースとのリンクを図っている。

3回目となる平成20年度の「キャリアサポーターと学生との集い」には、キャリアサポーター69人、学生120人の計189人が参加した。年々参加者は増え、昨年度より両者で55人の増加となった。会場の関係で、これ以上参加者が増えるのは難しいというところまできている。従って、定員を絞ったため、平成21年度はキャリアサポーターと学生で計184人が、平成22年度はあまりに希望者が多かったため会場を2部屋にして、計246人が参加した。学生からはもちろんであるが、キャリアサポーターからも高い評価を受ける集いに成長してきている。

終了後に、多くのキャリアサポーターからお礼のEメールをいただいているが、某大手企業の役員からいただいたEメールを紹介しておこう。「日頃、卒業した学校へ何もして差し上げられませんでしたので、こういう形で参加できましたことは当方にとりましても大変いい経験になりました。また、学生さんたちと直接話が出来たことは良かったです。彼等からも色んな質問がありましたし、当方からもお伝えしたいことが沢山ありました。今朝は、早速出勤しましたら、メールが数件入っており、会社を訪問してもいいかということも書いてありましたので、遠慮なくどうぞと伝えてあります。自分の学校の学生を贔屓目に言うわけではないですが、資質の良いかつ真っ直ぐな性格の学生が多いと思いました。おそらく企業に入っても好感の持てる学生が多いと思います。今後とも何かと協力させていただきますので何卒宜しくお願い致します。支援室の皆様方のこのような企画の段取りは大変ですが、学生と企業の双方にとりまして大変有意義なものと思いますので、皆様方の今後とも変わらぬお力添えをお願いするものであります」。大学は何も協力しないので、ともかく妨害だけは阻止するよう体を張って頑張っていかなければならないというのも、残念なことである。

学生キャリアメンター制度

ともかく、人事課のようなスタッフは増員が次々と行われるのに、ラインは減らそうという愚かなことが行われている。これも、世の中とは全く正反対の動きである。企業でラインとは、営業部門と製造部門のことをいう。企業で営業部門と製造部門を減らすと何が起こるのかは誰でもわかるはずである。造るべきものが造られず、売ることもできない。造らないのだから売らなくてもよいということになるのだが、売上ゼロ、利益ゼロで倒産する。企業であれば、こんな馬鹿げたことを進める経営幹部はありえない。しかし、ここの経営幹部は、このようなことを平然と進めている。

大学でのラインとは、学生を直接支援する部門である。学務、アドミッション、キャリア部門がこれにあたる。これらの部門は、学生、教員あるいは受験生に直接人間が対応しなければならない部門であり、機械化、効率化は難しい。これらの部門を減らすと、直ちに学生、教員、受験生へのサービスの悪化につながる。住民に対するのと同様に、学生、教員、受験生に対しても、待たせておけばよい、明日来てくれ、来週来てくれと言っていればよいと考えているのだ。

広島ベースのめがねチェーン「メガネ21」は、人事部門を置いていない。これで全国１２５店舗（平成20年6月25日現在）の運営を行っている。頭があればできるのだ。「メガネ21」では、そもそも厳密な評価などはできないと考え、評価は従業員にウェブで公開し、従業員の意見によって微調整している。管理職は評価の手間から開放され仕事に集中できるし、人事部門を作ることによって発生するコストは、顧客に還元した方がよいと考えているのだ。さらに、ここではもっと面白いことをやっている。従業員の採用面接では、最初が役員で最終面接は店のパートのおばちゃんが行う。一緒に働く人が評価すべきだという。役員の好みで従業員を採ると間違えるというのである。役人の硬直した頭からは、絶対にこのような発想は生まれない。

またまた、脱線してしまった。ともかく書き始めると止まらなくなる。信じられない経験が多いので、つい筆が滑ってしまうのである。少ないスタッフで学生支援を考えていかなければならないキャリア支援室としては、学生の力を利用できないだろうかと考えた。4年生で企業あるいは官公庁に就職が内定している学生に、これから就職を考えている3年生のメンターとして支援してもらえないかと考えたのである。3年生にとっては、年齢が近いお姉さん、お兄さん的立場で何でも話しやすいであろうし、4年生にとってもメンターとして勉強になることは多い。お互いにＷＩＮ－ＷＩＮの関係が形成できれば、意味は大きいはずである。

マッチングについては、キャリア支援室のスタッフが関わって慎重を期することにした。その後の接触経過についても、細かくフォローする体制を構築した。平成19年度からスタートしたが、13組がマッチングに成功し、良い成果を収めることができた。平成21年度には29組まで増えてきている。メンターにお世話になった学生が、翌年メンターとして下級生を支援するということで拡大が進んでいる。キャリア支援室のスタッフによる支援とは別の意味において、こういった仕組みもこれからのキャリア支援にとっては重要になってくる。大学における新しいキャリア支援の形として、これからもより良い関係性が生まれる努力を図っていきたい。

学生のキャリアメンター制度も軌道に乗ってきた平成22年5月、キャリア支援室のスタッフをメンタリングの外部講習に派遣しようと起案をした時である。またまた、この外部講習派遣に対してクレームが入った。クレームをつけてきたのは経理部門だが、費用のことではクレームをつけることができないので、前回同様、このような人材開発については派遣する人の将来計画から考えて、この人でよいのかどうか人事部門からの了解をとってくれという。今回の外部講習は、たった1日の講習である。それもキャリアメンター制度の運営部門として、キャリア支援室としてメンタリングの知識習得は不可欠であると考えて派遣を決定した。今回は1日の講習でもあり、費用も高額ではないため、人事課からの指示で起案に補足説明を加えることで了解された。ともかく、ここでは人材の育成はできない。

キャリアワークショップ

キャリアワークショップは、平成19年度から始めた2年生以上を対象とした授業である。学生の就職支援を実施してきて、仕事についてほとんどわかっていないことが実感できた。学生は、アルバイトのような臨時で単純な仕事の経験しかない。確かに、インターンシップといった実習型の教育であっても、学生がどの程度仕事について理解できるのかについては、議論がある。ただ、頭の中だけで考えていること、文字から得た情報には大きな限界があり、「百聞は一見にしかず」のことわざ通り、やはり経験、体験することには意味があると考えた。

まず、この授業で協力いただける社会人を募集する。Y大学では、先ほど話をしたキャリアサポーター制度があり、400人強のＯＢ・ＯＧに学生の就職支援のボランティアとして登録いただいている。このキャリアサポーターを中心として、キャリアワークショップの授業への協力をお願いすることがスタートとなる。できる限り、業界、仕事の違うキャリアサポーターにお願いすることが、この授業成功の鍵である。履修する学生をグループ分けし、受け入れを承諾いただいたキャリアサポーターの担当グループを決定する。

担当するキャリアサポーターが決定したら、学生にEメールを入れさせ、訪問日時を早く押さえさせる。各グループは約1カ月間かけて、担当するキャリアサポーターの所属する業界について公開されている資料等を使って調査を行う。できる限り、グローバルな視点で調査させることが重要となる。次に、キャリアサポーターが実際に担当している仕事についても調べさせる。これら業界あるいは仕事についての調査の中で、疑問点があったら全て書き留めさせる。調査が全て終了したら、疑問点をキャリアサポーターに送り、ヒアリングに際して回答していただけるよう依頼をしておく。

ここまで準備が済んだら実際にキャリアサポーターが勤務する企業を訪問し、ヒアリングを行う。これら全てをグループでまとめ上げ、授業の中で発表する。各グループに違う業界、仕事を調べて発表させることで、情報共有を図っていこうというのが狙いである。グループでの調査内容が、学生にとっては完璧であると考えたものであっても、実際に実務を担当している社会人から見ると、いかに表面的なものであったかを知る良い機会となる。また、ヒアリングの過程で、キャリアサポーター自身の職業観、労働観、生き方に触れ、学生が得るものは大きい。

この授業を始めた平成19年度は、他の教員が担当するアクティブプランニングという科目の授業としてスタートした。当時は、この教員の担当するアクティブプランニングと私のキャリアワークショップの2つしかなかったが、徐々にこの科目の中に他の実習科目も入って混在するようになった。内容は異なっていても科目としては1つであるため、一度履修すると他の内容の授業は履修することができない。学生からは、昨年アクティブプランニングを履修したが、今年度はキャリアワークショップを履修したいとの希望が寄せられていた。このため、何度も独立した科目として認めるようお願いしてきたが、認められることはなかった。

信じられないことだが、Y大学には大学の学務に関してのプロフェッショナルがいない。そのためキャリアワークショップのように、ある科目の軒先を借りて科目の拡大を図る。すると、学生が軒先にある1つの科目を履修すると、内容が全く違う他の軒先を借りている科目を履修することができない。

私は企業出身で、当然大学の学務に関しては全く知識がない。例えば、アクティブプランニングⅠ、アクティブプランニングⅡ、あるいはⅢ、Ⅳといったような科目編成にしておき、これに副題をつけるようにすれば、1つの科目の中に複数が軒先を借りる必要はないように思う。素人なので、このような編成が認められるのかどうかはわからない。しかし、他大学でも環境に臨機応変に対応するための科目編成を実施しているはずである。どう対応しているのか、ちょっと調べてみればわかるのではないかと思うが全く進まない。いや、進めようとはしない。

平成20年の暮れに、来年度についてはこの科目を独立した科目としないのであれば、平成21年度は開講しないと、共通教養の担当教員に伝えておいた。年初めになって、やはり独立科目にはできないと言ってきたので、シラバスの公開を止め、募集を中止した。すると4月になって、アクティブプランニングのオリエンテーションに参加した7、8人の学生がキャリア支援室に乗り込んできて、キャリアワークショップを今年も開講してほしいと直談判にやってきた。このアクティブプランニングを担当している副学長から、菊地に直談判してみたらと言われたというのである。事情を話して納得してもらったが、ともかく新しいことには何でも反対する。前例だけが、行動の基準なのだ。

キャリアデザイン実習

キャリアデザイン実習の授業は、平成20年度から受け持つことになった。それまでは、ある教授が担当されていたが、定年退職されたため引き継いだものである。私が担当することになって、内容的には大きく変更することにした。対象は全学年であるが、履修した学生は1年生と2年生が中心であった。1年生が履修するということもあって、そもそも論から話をしなければならないということで授業の組み立てを行った。

参考図書としては、私と合谷美江が編集した『キャリア開発論』（文眞堂）を使うことにした。さらに、学生自らに考えさせる教材として『キャリアデザインノート』を用意して学生に配り、簡単に記入していけば自己の過去、現在、未来が描けるツールの開発も試みた。

まずは、7回ほどの講義を通じて、学生には世界の動き、日本の現状、現在の日本企業の立場、キャリアとそのデザインについて、非正規雇用拡大の背景、女性活用の現状、企業における人の採用について理解させることにした。自己のキャリアについて、考えるための土壌作りが必要だと考えたからである。

授業と並行してキャリアデザインノートを使って自己についての考えをまとめさせ、授業の中で常にフォローする。また、1、2年生であるため、授業終了後に出席票を兼ねた質問票を書かせ、次回の授業で、全ての質問への回答を行うことで理解度のチェックを図ることにした。1年生にとって難しい内容が多くあったため、わからない点がかなり多いのではないかと危惧していたからである。しかし、思ったよりよく理解できていることがわかった。

講義の後は、ケーススタディを2回、その後に実習を行った。ケーススタディでは、米国駐在中に実際に経験したことをグループで討議させて発表させた。日米での経営、人材マネジメントの違い、人種差別の実態をテーマとした。最後に私が結末を発表した。実習では、キャリアデザインノートで学生が考えてきた内容を発表させることにした。「今までの自分を振り返る」、「これからの自分を考えてみよう」、「働くことってなんだろう」、「キャリアをデザインしてみる」、「自己をPRしてみる」、「なりたい職業を調べて発表しよう」について、希望するテーマを学生に選択させ、パワーポイントを使って発表させた。

この授業で良かったことは、考えていることをまとめて発表することの難しさに気がついたこと、他の学生が発表した内容を聞いて、自分の考えの甘さ、未熟さに気がついたことの2点であった。学生についても262の理論が当てはまるのではないかと話をしたが、モチベーションの高い2割の学生の発表に、他の学生が大いに刺激を受けたことが大きかったように思う。

この授業は講義7回、ケーススタディ2回、発表6回の全15回であるが、1単位である。Y大学では、実習と名前がつくと全て1単位と決まっているとのことで、私が担当している「インターンシップ実習」、「国際ボランティア実習」も実習だという理由で1単位となっている。当然、開講を中止した「キャリアワークショップ」も1単位であった。「インターンシップ実習」も他大学の多くは2単位であり、「国際ボランティア実習」については、単位認定している他大学全てが、2単位である。また1単位というのは学生にとって大変中途半端な単位数である。各期に学生が履修可能な最大の単位数は24単位であり、1単位の授業を2つ履修しないと、最大の単位数の履修はできない。ともかく硬直的で、一度決めたら前例となるので、変えられない。

大学設置基準第21条では、「各授業科目の単位数は、大学において定めるものとする」とし、第1項で「講義及び演習については、15時間から30時間までの範囲で大学が定める時間の授業をもって1単位とする」とある。これにより、各大学は2時間の授業を15回で2単位としている。第2項では、「実験、実習及び実技については、30時間から45時間までの範囲で大学が定める時間の授業をもって1単位とする。ただし、芸術等の分野における……」となっている。これから、60時間を超える実習については2単位の付与が可能になるはずである。

「インターンシップ実習」については、事前教育として「ビジネスマナー教育」、「情報保護教育」が、「海外インターンシップ実習」にはこれらに加えて、「海外安全教育」が必修となっており、事後教育として成果発表を課している。さらに、成果レポートの提出も義務付け、これらはまとめて冊子にして刊行している。「国際ボランティア実習」についても「海外安全教育」と成果レポートを必修としている。

これらの事前教育、事後教育さらには成果レポートを考慮に入れないとしても、インターンシップは企業での実習であるので、8日以上であれば60時間を超えて2単位の付与は可能となるはずである。特に「海外インターンシップ実習」は、1カ月であり、160時間に近い実習時間となっている。しかし、Y大学では実習と名前がついているので、1単位となっている。「国際ボランティア実習」についても10日以上のプロジェクトがほとんどであり、80時間を超える。

それでは、「インターンシップ実習」、「国際ボランティア実習」が勉強になっていないのかといえば、むしろ逆であり、学生が書いてきている成果レポートを見れば、明らかに講義科目より有意義な体験による貴重な勉強の機会になっている。特に、先輩の社会人から多くのことを学んできていることがわかる。ある時、他大学の例を挙げて文句を言ったら、教員が直に指導していない実習に2単位は出せないと学務の課長が言っているという。「へー、そうすると他大学では、教員がインターンシップにも国際ボランティアにも一人ずつついていって、指導しているのか。そんなはずはないけどな」。素人が口から出まかせを言い、それを調べることもせずに鵜呑みにしている。明らかに、「学生中心」ではない。

職業研究入門、就職支援講座、キャリア相談

「職業研究入門」は、私が赴任した年の平成17年度から実施したもので、単位化はなされていない。実務家の講義を通じて、業界の特徴と現状、仕事について考えてもらい、学生に職業についての理解を深めてもらうのが目的の講座である。できる限り、自己のキャリアと経験を通した職業観についての言及をお願いすることにして、学生時代にしておくべきことについても、学生に伝えていただくようお願いしている。各人各様で、毎回大変楽しい講座となっている。

平成21年度は、広告業界の「アサツーディ・ケイ」にはじまり食品業界から「カゴメ」、旅行業界から「近畿日本ツーリスト」、航空業界からは「ＪＡＬ」、商社の「三菱商事」、アパレル業界の「オンワード樫山」、カメラ・ＯＡ業界の「キヤノン」、ＩＴ業界の「ＮＥＣ」、電子部品業界の「村田製作所」、金融業界の「三井住友銀行」の全10回である。そうそうたる企業に、おいでいただいていることがおわかりいただけるかと思う。

就職支援講座は、年間約60講座を開催しており、就職活動に直接に結びつくハウツウ的な講座が中心となっている。長年、企業で採用のお手伝いをしてきた経験からすると、ハウツウ的で付け焼刃的なことを習得しても、それが面接等において直ちに有利になることはない。企業の人事部門は、形式的なこ

とより、実質的なことを重視して採用するかどうかを決定するからだ。ただ、ハウツウ的なことの中にあるマナーを含めた社会の常識に関することは、教えておかなければならない。学生は、これらハウツウ的なことを、そもそも論よりも重視する傾向にある。特に、自己のキャリアについての意識が低い学生ほど、その傾向は強い。

さらに、就職を控えた学生、大学院生に対する就職相談、その他学年を問わず、キャリアに関しての相談も随時行っている。しかし、学部3年生および修士1年生の就職相談が中心とならざるを得ない。本来であれば入学当初のキャリアオリエンテーションに続き、個別キャリアカウンセリングを全学生に実施して、ごく早い段階で学生への動機付けを行っていきたいのだが、相談員が私を含めて2人ではとても手がまわらない。授業料が安いので、学生へのサービスもそれなりで、と考えているので如何ともしがたい。金が余ると職員の職場環境整備につぎ込まれる。

先ほども述べたが、Y大学はキャンパスが4カ所に分かれているため、フェイス・トウ・フェイスの相談だけではなく、Eメールによる相談も受け付けている。平成21年度は、両方あわせて私の担当した分だけで406人の相談を行った。内訳は、1年生2人、2年生4人、3年生160人、4年生100人、大学院生、既卒140人であった。キャリア支援室の運営をきりもりしながら、これだけの数の学生への対応は大変である。朝6時半からの2時間に、前日寄せられた相談への回答を行っている。ここの人たちのように、出勤がぎりぎりではとてもこなせないし、井戸端会議に参加して油を売っている時間的余裕はとてもない。

国内・海外インターンシップ、国際ボランティア

私が加わる前にも、夏休みに細々とインターンシップが行われていたようであった。私は、この拡大を図ることを考えた。さらに、海外インターンシップにも学生を派遣することを試みることにした。国内のインターンシップについては、神奈川経営者協会、横浜商工会議所等多くの組織が積極的な支援を行ってくれている。これらに加えて、私個人のチャネルでも学生の派遣を検討することにした。

海外インターンシップについては、Y大学に移ることが決まった時点から、ぜひ成功させたいと考えていた。学生を海外に出す意味は大きいからである。インターンシップ、キャリアワークショップ等、社会での体験を通した実習教育を担当して感じている点は、座学一辺倒の教育より実習を加えて理論と実践を学ばせる教育の重要性である。特に海外での経験は、異文化の中に身を置くことにより、その国の理解だけではなく、日本の理解を通して自己理解へとつながっていく。また、単なる語学研修では学べないコミュニケーションの手段としての生きた語学が学べる点も大きい。

しかし、世の中が実践を伴う実習に重きをおいている中で、Y大学は実践よりは座学に重きをおいている。10年前のノートを使って、教室でぼそぼそ講義を15回行えば2単位なのである。前にも述べたが、現地人の下で生きた英語を使って1カ月間海外インターンシップに行ってきても、実習だから1単位しか認めないというのだ。教室での講義は、いわゆるOFFJT（Off the Job Training）である。それに比べて実習はOJT（On the Job Training）である。水の中に入って泳ぎを覚えるよりも、畳の上での水練を重視している。

第2章で述べた通り、Y大学は提携校が極端に少ない。また、自費留学についても単位認定に大きな

障害がある。国際総合科学部を標榜しながら、海外との連携・提携は本当に貧弱である。学生には、留学をしてくれるなと言っているようにさえ思える。また、経営幹部、教職員の国際化への意識も低い。「学生中心」にはなっていないし、この実現のために人と金を投入していこうとも考えていない。

企業から来た人間としては、学生を顧客として捉える。顧客満足の最大化をどう図るかが、Y大学の教職員にとっての最大の仕事のはずである。しかし、ここではこのような認識で仕事を行っている人たちは本当にごく少数である。はたしているのだろうかと思ってしまう。本庁の職員にとって、住民は顧客であると考えてくれているのだろうか。ここにいる人たちを見ていると、どうも顧客と見ているとは思えない。

キャリア支援室は、留学の担当部門ではない。学内には国際化推進センターがあり、ここが担当することになっている。しかし、ここにも十分な資源の投入がなされているとは言い難い。これでは、提携校の拡大を図ることなど不可能である。このような部門で問われるのは職員の質である。語学ができるのと、仕事ができるのとは違う。語学ができないここの人事課が採用を行うと、語学のできる人にすぐに恐縮してしまい、採用を誤る。だが、現状を批判しているだけでは前に進めない。キャリア支援室としては、海外インターンシップの派遣を行うことによって、海外留学で足りない部分を埋め合わせることができないかと考えたのである。

Y大学に転職して初めての年である平成17年度の夏は、私のルートで1人の学生をシンガポールに派遣することができた。以前働いていた企業の友人がシンガポールに駐在しており、受け入れに尽力してくれたのである。先ほども述べたが、翌年の平成18年度には、同じくシンガポールに2人、平成19年度には7カ国に8人、平成20年度には6カ国に9人、平成21年度は4カ国に10人、平成22年度は初めてのインドへの2人の派遣を含めて5カ国に14人と、着実に増やすことに成功してきている。また、前にも述べたが、ディズニー・インターナショナル・インターンシップ・プログラムでの長期インターンシップに平成20年度は1人、平成21年度は2人を派遣することもできた。

国内インターンシップについては、平成17年度は27人であったが、平成18年度36人、平成19年度41人、平成20年度46人、平成21年度、平成22年度は不況の影響もあり前年度より減ってしまったが、平成21年度は45人、平成22年度は35人であった。ただ、これ以上の国内・海外インターンシップの拡大はスタッフの工数面からして難しい。特に海外は、派遣に際しての手続きに手間と工数が多くかかり、また、効率化も難しいため、限界にきている。キャリア支援室の人を減らすと言い続けている人事課は、このような学生支援はしてくれるなと言っていることになる。

学生へのキャリア支援の必要性は拡大しており、ニーズも高まっている。キャリア支援室は、これに何とか応えようと考えて仕事をしている。しかし、ここの人事課はキャリア支援室のスタッフを減らせと強硬に主張し続けている。経営幹部はビジョンも戦略も持たず、天下りで延びた定年を待っているだけである。ただ、やらなければならないはずの仕事に見合った給与だけが支払われている。

何度も述べてきているが、ユニバーサル化した大学において、学生へのきめ細かな支援が不可欠となっている。他大学では、これらの支援の強化を図ってきており、大学としての売りの1つとして位置付けている。売りになるものはなくせ、競争力を弱めろ、という考えなのである。競争力を必要としない役所の発想としては、至極当然なのかもしれない。競争の必要な分野に、役人を配置することの限界がここにある。

平成19年度からは、国際ボランティアの派遣も行っている。国際教育交換協議会（ＣＩＥＥ）日本代表部から、国際化推進センターに国際ボランティアの派遣についての紹介を行ったが、理由は不明だが断られたという話がもたらされた。多分、事務工数的に無理だと考えたのではないかと思われる。

説明を聞いてみるとしっかりしたプログラムであり、キャリア支援室として積極的に取り組んでみることにした。説明会を開催してみると100人以上の参加があり、学生の関心の高いことがわかった。平成19年度は、単位化ができなかったこともあり、キャリア支援室としては関与を行わなかったが、自主参加ということで4人の学生の参加があった。平成20年度は単位化を図ることにした。その結果、12カ国に23人、平成21年度は12カ国に21人、平成22年度は13カ国に38人の派遣を行うことができた。

『週刊朝日』は毎年、研究、教育、就職、財政といったあらゆる分野における日本の大学を評価した大学ランキングを発表している。平成21年度の調査でY大学がベスト10に入っているのは、国際ボランティアの派遣人員の全国第4位だけである。私立に比べて学費が安いというだけで地味で特徴のない大学ではあるが、高額な「貴重な税金」を投入しているのであるから、こういう場で評判をあげるよう努力をしなければならない。教員が研究と言うなら、研究の分野でベスト10に入っていなければいけない。

これら、海外への派遣については費用も多くかかることから、後援会からの奨学金の提供をお願いすることを考えた。海外インターンシップについては、渡航賃の補助として最大10万円を、国際ボランティアについては、費用の補助として5万円の奨学金が決まった。新しいことを行うと必ず抵抗する人たちがいる。ここの人たちは経営幹部、管理職も含めて、特にその数も多く、質も悪い。キャリア支援室としては、学生支援ということで後援会とともに頑張っている。

後援会の管理職は、大学の管理職が就任しており、この人たちからの妨害も激しい。国際ボランティアに参加する学生に対して奨学金をお願いしていたら、国際ボランティアはキャリア支援室の担当ではないので、金銭的支援はできないと言ってきた。学生への支援は、やれるところがやるしかない。国際ボランティアに参加する学生にとっては、担当がどこであるかは無関係である。どうしたら支援ができるかではなく、「反対のための反対理由」を探すのである。

平成21年度には、国際ボランティアに派遣する学生に対する奨学金の5万円について、この管理職がキャリア支援室は後援会の金を使って自己の宣伝を行っていてけしからんので、5万円の支援はできないと言ってきた。さらに驚いたことには、後援会の常務理事をしている学部長もこれに同調しているという。後援会の事務局の担当者から、後援会の会長宛に学長名の支援要求願いを書いて出してほしいと言われたので、そのようにした。このような文章が出れば、後援会会長から学長になぜ支援できないかを説明しなければならない。まさか「キャリア支援室が気に入らないので支援しない」とは言えない。これで何とか支援が決まったが、ともかく発想が貧困で大人げない。

また、ある団体から後援会が発行した請求書を紛失したので再発行してほしい、との依頼がキャリア支援室にもたらされた。後援会事務局に再発行をお願いしたところ、後援会のこの管理職が拒否したという。この管理職は、請求書の意味を理解していないのである。請求書を再発行しなければ、団体では後援会に金を払うことはできない。困るのは団体ではなく、後援会自身である。

世の中では、請求書は払ってくれるまで何枚でも出す。しかし、この管理職は紛失したことを紙に書いてよこせと相手に要求したのである。まあ、仕方がないのでお願いして紛失の経緯を書いてもらうことにした。後援会の事務局で学生支援に大変熱心であり、この管理職の下で苦労を続けている担当者がかわいそうだからである。この担当者がいなければ、団体に対して「請求書が来るまで払う必要はない」と言ったであろう。永久に後援会には金が入らない。「おい、幼稚園は本当に卒業したのか」と聞きたくなる。

保護者へのキャリア情報の送付

Y大学では、保護者へのコンタクトの機会は多くはない。まあ、学生に対してさえも掲示以外はコンタクト手段を持っていないので、無理な話なのかもしれない。キャリア支援室では、毎月1日に学生宛にメルマガを発行しており、講読者も1000人を超えている。私の息子は、ある私立大学に通っていたが、大学から多くの情報が送られてきていた。保護者宛にもメルマガが発行されていて、毎週大学の情報が更新される。学生のキャリアの選択、就職に際しては保護者の協力は不可欠である。平成20年度からは、保護者宛にキャリアに関しての情報を送ることにした。

キャリア支援室の活動について、保護者に知ってもらい、忌憚のない意見、要望を語ってもらうことは重要であると考えたのである。マーケットニーズを正確に把握するためでもある。さらに、これを通じて保護者と学生とがキャリアについて、就職について話をする機会になればとも考えた。少ない工数の中ではあったが、敢えてコンタクトに踏み切ることにした。将来は保護者会の開催、それも地域ごとでの開催を考えていきたい。このような活動は、ユニバーサル段階を迎えた大学にとって特に必要となってくる。保護者との密な協力関係の構築が、不可欠となってくるからである。

大学生ともなれば一人前であり、親の出る幕ではないという考えもある。大学に転職してみて感じていたことは、確かに、思っている以上に大人の面もあるが、子供の面も多く残している。前にも述べたが、大学は社会へとつながる最後の場であり、できる限り失敗のない選択をさせる必要がある。そのためにも、保護者を含めた支援体制の強化が求められる。他大学では、地域ごとに保護者会を開催しているところは多い。しかし、Ｙ大学ではメインキャンパスでさえも保護者会は実施されていない。

日本と米国とを比較して感じることは、日本では年齢で多くが縛られていることだ。６年間、学生の就職支援を行ってきて、一度就職をし、その後に大学に入学した学生の就職の難しさをつくづく感じる。日本では30歳を超えると、大手の就職はほとんど不可能となる。米国では、まず、年齢が問題になることはない。公民権法により、年齢差別が強く禁止されていることもあるが、従業員の解雇、レイオフが簡単だという面も大きい。それに比べると日本は、正社員として採用した従業員の解雇が非常に困難である。このことが、年齢の高い学生の採用を躊躇させる原因となっているようだ。

進学なのか、就職なのか、就職であればどのような業界がよいのか、仕事とは、といったことに関して、人生の先輩として保護者が助言できることは多い。初めての試みであり、結果がどのようになるのかはわからない。ともかくやってみて、必要な変更、調整を行っていこうと考えて実施することにした。ああでもない、こうでもないといった足の引っ張りと妨害は、想定の範囲内であった。

保護者といえば面白いことがあった。先ほども述べたが、Ｙ大学は保護者を集めての保護者会は行っていない。行えないと言った方が正しいのかもしれない。保護者会を開催したら、提携校が極端に少ない、自習室等施設の貧弱さ、教員免許取得削減問題、教員の質といった大学の根幹に関わるいくつかの問題について、集中攻撃を受けることが明らかだからである。

保護者が集まる唯一の機会としては、後援会の総会がある。平成21年度の総会において、後援会費の剰余金について保護者から総攻撃を食らったのである。常務理事を兼務している学部長は、剰余金は将来使いたいと言ったという。保護者からすれば、払った後援会費は４年間ですべて学生支援に使ってほしいと考えるのは当然である。使い切れないのであれば、後援会費を下げるべきなのだ。後援会の常務理事でありながら、後援会の意味を正しく理解していないようなのだ。

ホームページのリニューアルと進路調査票のインターネット入力

「ともかくすべてが紙」と「OB・OGのデータがない大学」で、ここの人たちはインターネット入力の仕組みが作れないと言った以上、これを自力で作り上げてみせなければならない。今までのキャリア支援室のホームページは、ホームページ作成のための簡易ソフトであるホームページ・ビルダーを使って作成していた。全ての簡易ツールの特徴でもあるが、確かにホームページ・ビルダーは、ホームページの作成が容易にできるというメリットはある。しかし、その反面いろいろな制約があり、あまり複雑なホームページの作成ができないというデメリットがある。このため、いつかはHTMLを使ったホームページを作成したいと考えていたが、工数的な問題もあって進んではいなかった。

平成21年4月にキャリア支援室に新入職員が加わったこともあって、この職員にHTMLとホームページから学生にデータを直接入力させ、そのデータをデータベースに直接落とすことが可能なツールであるPHPの修得をしてもらい、新しいホームページの開発を担当してもらうことにした。HTMLはそれほど難しくはないが、PHPはかなり高度な言語であり、習熟には時間を要する。

キャリア・カウンセラーの研修に派遣しようとしたら、人事課長がキャリア・カウンセラーということば自体を知らず、キャリア支援室のスタッフにキャリア・カウンセラーの研修を受講させることに反対した話はしたが、この新入職員をHTMLとPHPの外部研修に派遣する際にも、ひと悶着があった。

巨大なモニターを飴玉を買うように承認した副事務局長が、ホームページを作成するのは広報部門の仕事であり、キャリア支援室のスタッフをこのような外部研修に参加させることがよいのかどうかと言っているという。

広報部門と相談して、外部研修に派遣してもよいという了解を取ってくれと言っているようなのだ。なるほど、本庁から来ている職員がＩＴ音痴になるわけである。ＩＴのスキルはＩＴ部門だけが持っていればよいので、他部門の人間には不要だと考えているのである。これではＩＴ化が進まないのも無理はない。１０００万円の求人情報システムの購入に続いて、コンテンツがほとんどないのに、５００万円で巨大なモニターを「貴重な税金」を使って買うことになるはずである。

これらに比べれば、この外部研修にかかる費用は数十分の一である。それで若い職員のスキルが上がり、効率化が進む。この大学には広報部門も含めてＰＨＰができる人材は皆無である。ここでは、誰一人として教えられる人はいない。私のスタッフにスキルを付ければ、このスキルの他部門への水平展開も可能となるし、大学全体にＰＨＰのスキルを普及することも可能となる。民間であれば、１０００万円の求人情報システムや５００万円のモニターは買わないで、若い人材への教育投資に回すであろう。ともかくプライオリティがおかしいのである。

ところが、ここに思わぬ援軍がいたのである。広報部門の民間出身の係長が、私のスタッフの外部研修への派遣に諸手を挙げて賛成してくれたのである。やはり、民間出身者は発想が同じなので心強い。この援軍のおかげで、私のスタッフの新入職員のホームページ作成ツールであるＨＴＭＬとＰＨＰの外部研修派遣が決まった。平成22年４月からキャリア支援室のホームページのリニューアル、平成23年１月にはＰＨＰによってこのホームページから、直接進路情報をデータで入手するシステムを完成することができた。

けちをつけているだけでは、意味がない。この章では、このような実態の中で、どうしたら改革を進めることができるのかを、Y大学だけではなく、官僚機構改革にも踏み込んで話をしてみたい。これまでの話から、社会保険庁での問題は氷山の一角であり、他の役所ではしっかりとした仕事がなされていると考える方は少ないのではないかと思う。無論、全ての役所が、ここと同様であると言うつもりはない。個人的にはY大学が特殊な世界であると信じたい。しかし、ここの人たちを見ていると、かなり根が深い問題ではないかと思えてくる。

この解決のためには、企業と官僚機構の交流を活発化させ、お互いの良い点を強化し、弱点を補完しあう形に持っていくべきである。ともかく、貴重な経験をした人間として、私の解決策を述べてみることにしよう。

役人の育成に関して

大学もそうだが、役所もサービス業である。従って、ここでも当然人間が最大の資源であることは論を俟たない。ここを良くしていくためには、Y大学、本庁の職員をどう育成して能力向上を図っていくのかに帰結する。組織活動の中に、人材育成の仕組みが組み込まれていなければならない。ところが、Y大学を見ていると職員が育成されているとはとても思えない。トップから、人材およびその育成に関するメッセージもなければ経営幹部、管理職の意識も低い。部下の職員に対して、アルバイトやパートと同様としか考えていないように思えるのだ。必要な外部研修も受講させない、新入職員を非正規職員として採用するところである。当然といえば当然なのかもしれない。

ある日、他部門の若い法人職員から話をしたいというEメールが入った。キャリア支援室には学生相談のための相談室があるので、昼食時に弁当持参で来るように指示をした。話を聞いてみると、ここにいることに大きな不安があるという。仕事は、派遣とほとんど変わらない単純作業ばかりで、このままここにいても学校事務に関してのプロフェッショナルになれるとは思えないという。管理職はほとんど昼間はおらず、マネジメントも一切行われていない。名前は管理職だが、明らかにプロの管理職ではない。私は、学校事務のプロフェッショナルとして将来もやっていきたいのであれば、しっかりした大学に転職した方がよいと話をした。そのためには、英語力、ＩＴ能力といったベイシックなスキルを高めておくよう伝えた。

人材を育成するためには、３つの方法がある。第3章の**国内・海外インターンシップ、国際ボランティア**（２４３ページ）のところでちょっと触れたが、１つ目はＯＪＴ（On the Job Training）と呼ばれる仕事を通じての育成である。２つ目はＯＦＦＪＴ（Off the Job Training）である。仕事を離れての研修がこれにあたる。３つ目は、ＳＤ（Self Development）、すなわち自己啓発である。従業員、職員自らがある目標を持ち、能力向上を目指す取り組みである。

人材の育成にとって、最も重要なのはＯＪＴである。仕事を通じた育成が最も効果が高く、成長を促すことができる。それに比べてＯＦＦＪＴは、「畳の上の水練」という面がぬぐえない。人材育成の手段としては、メインとはなりえない。ＯＪＴを補完するものとして考えておくべき方法である。また、自己啓発では、個人に能力向上意欲を強く持ち続けさせることが鍵となる。人材の育成のためには、能力を少し超える仕事を与え続けて、チャレンジを繰り返させる。そして、その補完としてのＯＦＦＪＴを活用する。さらに、部下への動機付けを通じて、自己啓発意欲を高めさせていくことが必要となる。

民間企業では、この３つの方法を駆使して人材の育成を図っている。グローバル化が進展し、中国を中心としたアジア諸国からの激しい追い上げを受ける中では、人材の質をどう高めることができるのかが、企業競争力を決定する時代となっている。アジア諸国ができないこと、造れないものを造っていかなければならない。前にも述べたが、現代の企業競争は人材開発競争であると言っても過言ではない。

おわかりいただけるかと思うが、人材の育成にとって、最も重要なのは管理職である。誠に残念なことではあるが、本庁から来ている管理職に、人材を育成しようという心構えを持った人は本当に少ない。少なくとも、私の周りでは皆無である。３年でくるくる動いていたら、人材の育成にまで手が回らないからである。また、個人としても基本的能力、スキルが低く、専門能力はほとんど持っていない。教えるものがないのだ。いつもやっていることは、ルーチン業務を前例通りにこなす、人のやることにケチをつける、足を引っ張ることである。従って、部下もこれが仕事をすることだと勘違いして、同じような行動をとる。これまでも実例を挙げて述べてきたが、どうでもよいこと、建設的でないことに異常に固執する。

能力には、市場で通用する一般能力とその組織だけに通じる特殊能力がある。ここにいる人たちのほとんどは、両方の能力ともに持ち合わせてはいない。ただ、組織をうまく渡り歩く能力、足を引っ張ることによって自己を相対的に高める能力だけは、どういうわけか高い。政治的に泳ぐ能力である。これが特殊能力だと言うのであれば、非常に高い特殊能力を持っていると言えるのかもしれない。そして、英語力、ＩＴ能力はかわいそうなほど貧弱である。現代社会で最もベイシックであり、どこの社会でも必要とされる一般能力が低いのである。

元外務省主任分析官であった佐藤優氏は、『ロシア・中国・北朝鮮　猛毒国家に囲まれた日本』の中で「同時に、もう少し政治家は官僚を締め上げた方がいい。いま、官僚に一番欠けているのは能力です。そこをきちんと突かないとダメです」と述べている。外務省という日本でも超エリートが集まっているはずの組織でも、このような実態にあるようである。「貴重な税金」と常に口にするのであれば、その「貴重な税金」によって養われている役人は、その自覚を持って自己の能力向上に努めなければならないはずである。しかし、実態はとてもそのような自覚を持っているとは思えない。

米国では、従業員個人が能力向上を図り、キャリアアップに挑戦していく。いつ解雇、レイオフを言い渡されるかはわからず、常に自己の能力アップを行っていかなければならないからだ。解雇、レイオフされても困らないように一般能力、いわゆるエンプロイアビリティの向上が求められる。上司のレベルが低く、自己の能力向上が期待できないとなると簡単に転職していく。これからの日本でも、求められるのは「いつでも辞められる人材」である。そのような人材を育て、辞めさせないようにすることが組織にとって必要となってくる。本庁では、数多くのどこにも転職できない人材で、これからの厳しい時代をやっていけると本当に考えているのであろうか。

それではどうするのか。まず、本庁の人事部長に企業で活躍し、人材開発と人事制度に詳しい人材をヘッド・ハントすることである。採用が難しいようであれば、企業から出向という形で受け入れてもよい。企業にとっては、人員も多く、難しい人事部門で腕を振るうことができるのであれば、若手の優秀層を出向で出すことも考えるのではないだろうか。5年という期間を与え、10年くらいのスパンを考えた人事制度、人材開発制度の設計にあたらせる。ここの人たちは、ともかく足を引っ張ることだけは得意なので、課長クラス、係長クラスにも1人ずつ民間人を入れて実効性を確保する必要がある。優秀層を3人入れれば簡単に変革が可能となる。

ただ、ここで重要となるのは、住民の協力である。ホームページを使って、実態を徹底的に公開していくのだ。そして、誰がどのように抵抗あるいは反対しているのかについても常に公開して、住民に伝えていく。正しいことであれば、必ず住民は応援してくれる。本庁の構造改革と人材の育成は、住民へのサービスの向上、給付の拡大、住民税の削減につながるからだ。全住民の協力をバックに改革を実行していくのである。

公務員の採用

公務員改革のためには、まずは採用方法を変える必要がある。国家公務員もそうだが、地方公務員の採用についても、いまだに記憶力重視のペーパーテストが課せられている。私は、記憶力が必要ではないと言うつもりはない。しかし、組織人の能力として記憶力が最も重要な能力とは考えていない。公務員の採用に際しては、十年一日のごとく、この記憶力テストを行っている。前例主義の悪しき例と言えるのではないだろうか。

22歳時点での記憶力の高い人材を採用することに、どのような意味があるのだろうか。このような試験は、努力と時間の積で成績が決まる。また、より高い目標を目指すステップとして公務員試験があるのならよい。公務員を目指す学生、特にここの人たちを見ていると、それが最終目的化しているように思える。公務員試験合格後、長い職業人としての生涯を通じ、継続した勉強を続けていく人は本当に少ないように思う。採用担当者は、この記憶力テストの後に面接があり、人物本位の採用が可能であると反論するであろう。しかし、記憶力以外の他の能力に秀でている人材は面接に残れない。そもそも、このような記憶力テストを軽蔑している人材は受験しない。

組織というのは、動物園にすべきだと言われる。いろいろな考え方をする人間がいて、初めて組織の活性化が図れる。平成20年度にノーベル物理学賞を受賞した小林誠氏は、新聞紙上での江崎玲於奈氏との対談の中で、「新しいブレークスルーは多様な考え方の中から出てくる……」と述べている。組織は、羊ばかりでも困るし、虎とライオンばかりでも困る。いろいろな考え方をする人間がいることが必要となる。

新しい文明は、異民族の結節点で起こっている。また、人種の坩堝と言われる米国で革新的で創造的な発想や技術が生まれている。ところが、キャリア支援室で学生を見ていると、役人になりたいという学生は、どうもある色を持っているように思える。また、ここにいる職員も同様である。ともかく考え方が保守的でチャレンジ精神が低い。同じタイプの人間が集まっているように思える。安定こそが、キャリア・アンカーのようなのだ。

前にホンダの友人の話をしたが、この友人から、本田宗一郎氏が人の採用について語ったという話を聞いたことがある。本田氏は、「おい、優秀な学生ばっかり採るなよ」と言ったという。成績が良い、公務員試験で高い点数を取る、という学生は確かに真面目な学生に違いない。しかし、先ほどの動物園の話ではないが、本田氏は組織の中が金太郎飴になることを心配したのではないだろうか。

そもそもが、いわゆる公務員志向という人材が公務員を目指す上に、仕事も含めて体質自体が保守的であり、「朱に交われば赤くなる」のことわざ通り、時間の経過とともに、よりこの傾向が強化されていく。10年経てば、ここにいる職員のように、「絶対に変えない」、「ここではこうしています」、「もうこの話についての返信はしないで下さい」と言う職員が誕生する。この負の連鎖を断ち切るためには、人事制度、人材開発制度に加えて、採用試験の改革も図っていかなければならない。

地方公務員も含め、国家公務員でも同様だが、これから必要とされる人材は、明らかに民間企業でバリバリと仕事をこなすような人材である。私の企業時代には、確かにこのような若手が多くいた。こういった人材は、将来のキャリアのために一度は海外勤務を経験したいという希望を持ち、海外への志向も強い。英語についても継続的に勉強を行っており、専門分野についてもコツコツと勉強を続けていた。社会人大学院へ通い修士号を取得する部下も何人かいた。しかし、ここではそういった意欲の高い人材は見当たらない。皆、死んだ魚のような目をしている。

記憶力重視の採用試験を止めて、民間同様に人物重視の採用試験に変えていくべきである。地方公務員であれば、先ほどの民間からの人事部長の採用ノウハウが生きるはずである。このような民間でもバリバリやれる人材を鍛え、幹部にしていくのである。前例を常に変える人材を増やし、その登用を図っていかなければならない。

Y大学の学生が受験する地方自治体では、茅ヶ崎市役所が民間と近い形での採用試験を実施している。また、平成22年度から神奈川県の職員採用Ⅰ種試験・行政で20人程度と少ない人員ではあるが、「神奈川チャレンジ早期枠試験」という、ほぼ民間に近い採用試験を実施すると発表した。どこかがやってくれれば前例ができたのだから、どこでもやれるであろう。本庁も含めて他の自治体へと普及することを望んでいる。

これらの人材を採用したら、次はどのようにしたらつぶさずに育成していけるかについても考えていかなければならない。若い優秀な人材を民間と同様の採用試験で採用しても、組織にいる管理職を変えていかなければ、組織は変わってはいかないし、良い人材がつぶされてしまう。「絶対に変えない」、「ここではこうしています」、「もうこの話についての返信はしないで下さい」という管理職の下では、人材の育成が図られるはずはない。従って、時が経つにつれて役人特有の発想と行動様式を持った人材が再生産されていく。確かに、少しずつは変化していくであろう。しかし、全体が変化するのには１００年は要する。後で述べるが、官と民の交流を図る以外に方法はない。

後ほども変化には１００年を要するという話をするが、話題と少しはずれることになるが理由を解説しておこう。ある時代の文化や考え方は、直ちに変化することはない。少しずつ変化が加わり、ある時全く違ったものへと変容していることがわかる。次の時代には必ず新しいものが加わるが、古い時代のものも次の時代へと常に引き継がれていくからだ。書かれたものを例に挙げよう。ある時代に書かれたものが、全く理解できなくなる。文体もさることながら、時代背景、文化、考え方が違ってきているため、読んでも理解することができない。これが１００年だと言われる。

福沢諭吉の書に『文明論之概略』がある。これが書かれたのが、１８７５年である。江戸から明治に移り、中国が列強の支配に翻弄されていく時代背景の中で、文明の精神と日本の独立をユーモアを交えて論じている。しかし、これを原文で読んで全てを理解できるかというと難しい。１９８６年、東京大学の丸山真男教授が、ゼミでこの『文明論之概略』を学生と共に読み進めた講義録を『「文明論之概略」を読む』としてまとめている。『文明論之概略』の刊行からちょうど100年を経て、丸山教授という碩学を通して、現代人は福沢諭吉の『文明論之概略』が理解できる。このように小さな変化だけでは、膨大な時間とそれに伴うロスが発生する。

Ⅰ種、Ⅱ種という採用方法は改めよ

採用方法を人物本位に変更すると、国家公務員の採用試験の区分だけで出世に格差をつけることも必要なくなる。どうもこの試験制度は、米国での人種差別を思い出してしまうのは私だけであろうか。国家公務員試験について知らない方も多いと思うので、ちょっと説明が必要かと思う。国家公務員には、いくつかの試験による区分がある。国家公務員試験Ⅰ種、Ⅱ種、Ⅲ種試験である。Ⅰ種試験は、大学卒業者を対象としており、いわゆるキャリア組と称するエリートを選抜する試験である。Ⅱ種試験は、大学、短期大学、高等専門学校卒業者を対象とし、Ⅲ種試験は高等学校卒業者が対象である。

従って、国家公務員試験では、Ⅰ種とⅡ種に大学卒業者が分かれる。Ⅰ種では、将来事務次官になれる可能性がある。しかし、Ⅱ種で国家公務員になった人間には、まずその可能性はない。本省では課長になることもごく稀であると言われる。何代か前の警視総監が書いていた文章を読んだことがある。この方の父親は、ノンキャリアの警察官であった。キャリア警察官は、30歳前に警視に昇格する。この方の父親は、定年前にやっと息子に追いついて警視に昇格したという。60歳を目前にして、30歳になるかならないかの息子と同じレベルになったというのだ。明らかに警察官としての知識、経験、能力は父親の方が高いはずである。しかし、階級は息子の方が上だったのである。

22歳時点の試験によって、将来の出世に大きな差をつけるのであれば、この公務員試験によって、将来の可能性が予測できなければならない。公務員試験の成績の良い人間ほど、将来高い成果を発揮する可能性が高くなければならないのだ。試験が単なる足切りに使われているのであればよい。しかし、試験の成績の良い人間を採っている以上、公務員試験の成績と将来の可能性との間に高い相関関係がなければならない。もし逆相関関係があるなら、成績の悪い人間を採らなければならないし、全く相関関係がないのなら、公務員試験そのものが無意味となる。

おわかりいただけるかと思うが、とてもこんな予測は不可能である。22歳時点での能力のほんの一側面を測っただけで、将来、それも10年、20年、30年といった現在とは大きく環境が異なっている未来社会において、活躍可能な人材を選抜できるはずはない。もし、できるとしたら神のみであろう。Ⅰ種試験に合格した人材の中から、長期間かけて環境に適した人材を選抜するのだからよいのだ、という反論が出るであろう。しかし、Ⅱ種試験で合格し、有能で活躍可能な人材は、そもそも幹部として登用されない。こういった人材も、Ⅰ種試験での合格者と全く同様にチャンスが与えられるのであればよい。

先ほど、この試験制度は、米国での人種差別を思い出してしまうと述べたが、公務員試験が将来の可能性を予測できないのであれば、言われなき差別、すなわち人種差別と変わらないことになる。米国では、国務省の外交官試験による選抜制度が、その後の外交官としての活躍とは相関関係が見られないというので大きな問題となり、動機研究で著名な心理学者であるディビッド・C・マクレランドに調査を依頼し、新しい選抜方法を導入したという。これが、後のコンピテンシーにつながっている。

ハーバード大学のロバート・カッツ教授は、幹部に必要とされる能力は大きく３つに分けられるとした。１つ目は、テクニカルスキルである。いわゆる職務遂行能力のことであり、ある職務を遂行するために必要とされる知識や業務を処理する能力を指す。2つ目は、ヒューマンスキルである。この能力は対人関係能力であり、仕事を行う上で良好な人間関係を築くための能力である。3つ目は、コンセプチャルスキルである。この能力は概念化能力とも言われ、複雑な問題を概念化し、本質を理解する能力である。

これら3つの能力は、レベルによって必要とされる能力に違いがある。下位レベルの担当者、下級管理職では、テクニカルスキルが最も重要であり、次にヒューマンスキル、3番目はコンセプチャルスキルである。ミドルでは、ヒューマンスキルが最も重要とされ、続いてコンセプチャルスキル、テクニカルスキルの順となる。上位レベルの幹部については、コンセプチャルスキルが最も重要であり、次にヒューマンスキル、最後がテクニカルスキルである。

米国に駐在していた時代、米国人から完全な日系人（Perfect Japanese American）の英語力であると言われた日本人が入社した。この人は米国の大学で修士号を取得したエンジニアであったが、卒業後米国大手半導体メーカーに入社し、マネージャーにまで昇進していた。しかし、それ以上の昇進は難しいということで、私の勤めていた日本企業の現地法人に転職してきた。

何年か後に本社採用にステイタスが変わるほどの力があった人であったが、この人から、日本人であっても米国企業でマネージャーまでは昇進できる。しかし、それ以上の職位になることは難しいと聞いていた。マネージャーまでは、テクニカルな面で部下をマネージできるが、それ以上になると米国に根を持たない日本人ではマネージが難しいという。米国人と人間関係を築くヒューマンスキル、米国流のコンセプチャルスキルは米国に根がない日本人には習得が難しいということのようであった。

ここでの議論ではないが、これだけ優秀な日本人でも米国企業の専門職としてではなく上級経営幹部、管理職として成功している人がほとんどいないという事実は、国によってヒューマンスキル、コンセプチャルスキルが大きく違っていることを示唆しているようである。

公務員試験の内容を見ても、人間の将来性、高い職位の人間に期待されているコンセプチャルな能力を正確に予測可能な試験になっているとは思えない。もし、コンセプチャルな能力を測れるのであれば、民間も当然この試験方法によって採用選考を行っているはずである。そうであるなら、この試験はどういう意味があるのだろうか。記憶力といった将来ほとんど必要とされない能力によって、将来を決めている。公務員試験は、人種差別に似ていると述べたことがおわかりいただけるものと思う。この試験制度を改め、民間と同様に人物本位の選抜に変更すべきである。

平成22年8月10日、人事院は平成24年度の国家公務員採用試験の実施分から採用試験制度を変更すると発表した。これを見ると、試験の種類を総合職試験（国家公務員試験Ⅰ種相当）、一般職試験（国家公務員試験Ⅱ種およびⅢ種に相当）、専門職試験（従来の国税専門官や労働基準監督官採用試験に相当）の3区分に変更するという。総合職試験は院卒試験と大卒程度試験に、一般職試験は大卒程度試験と高卒試験とに分かれている。さらに、従来の再チャレンジ試験に相当する社会人試験に加えて、民間経験者を係長級以上に登用する経験者採用試験の実施が加わることになった。

その他、新司法試験合格者を対象に、院卒者の法務区分の採用試験が秋に実施され、大卒3年次の秋に教養区分試験が実施されるという変更も行われるようだ。教養区分試験は、民間企業への就職との併願を意識し、早めに囲い込みたいということなのではないかと思う。これらいくつかの変更で、何が変わったのだろうというのが偽らざる実感である。確かに、呼称は変わることになるのだろうが、中身は全く変わっていない。総合職がキャリア組であり、この中から将来の事務次官が誕生するはずである。

私が人種差別と言った実態には手をつけられてはいない。

評価方法を変えよ

ここの人たちは、何を行うに際しても前例を最優先する。役人たちが前例主義で物事を行おうとするのは、人の評価方法に問題があるからだ。人を評価する際、常に減点主義で評価を行うのであれば、新しいことにチャレンジしようとはしない。何を行うにも新しいことを行えば、必ずリスクがある。失敗する可能性はゼロではない。失敗したら減点するという減点主義で評価を行うのであれば、人間は必ず失敗を回避するような行動をとる。

面白い例を挙げてみよう。これも米国での経験だが、米国では、プレゼンテーションでの説明が終わった後、"Any question?" と質問を促すとたくさんの参加者から"I have a question." と手が上がった。これは、大学での授業でも同様だという。ところが日本では、「質問はありませんか」と聞くとほとんどの学生が下を向いて黙ってしまう。米国ではどんなにつまらないことを質問しても1点加点であり、黙っている0点より評価が高い。しかし、日本ではつまらない質問をすると1点減点となり、黙っている0点より評価が落ちるからだという。子供時代の教育から、加点という発想が必要のようだ。

前例主義というのは、過去やったことがあるやり方で物事を行うことである。過去やった経験があるやり方で物事を行えば、失敗するリスクは新しいやり方に比べてきわめて少ない。このように、減点主義による評価を続けている限り、リスクの可能性が高いこと、すなわち前例とは違うやり方で物事を行う、全く新しいことをやるという人間は出てくるはずはない。これが、役人が前例主義に固執する最大の理由である。

競争の激しい民間企業では、前例主義で物事を行っていると、必ず競争に負ける。競争で負ければ、市場から撤退しなければならない。生きてはいけないのだ。従って、減点主義による評価では競争に勝てない。敢えてリスクを冒しても、新しいことにチェレンジできる人間を正しく評価できるようにしておかなければならない。そのためには、減点主義による評価ではなく、加点主義による評価を行わざるを得ない。役人の世界でも、前例を踏襲して仕事をした場合の評価をゼロとして、たとえ失敗したとしても前例を変えてチャレンジした人間を評価するよう評価方法を変更するのである。

このように言うと必ず「住民に迷惑がかかったらどうするんだ」という反論が出る。そして、上司もこの反論に同調してきたというのが役人の仕事の仕方である。このように言い続けて、新しいことにチャレンジしない言い訳に使ってきた。この錦の御旗があるおかげで、前例主義で物事を行ってきても問題になることはなかった。というよりはむしろ、管理職も前例主義による仕事の仕方を奨励してきたのだ。部下が失敗すれば当然、管理職も減点されるからである。

この反論には、根拠がないことは明らかである。民間企業であってもお客さんがいる。何かを変えることによってお客さんに影響することは多くある。だからといって、民間企業で物事、やり方を変えていかないということはない。これがリスクである。このリスクをミニマイズする。変えたことによって、問題を発生させないような方法を管理職は考えていかなければならない。それが管理職としての付加価値である。そのように見てくると、果たして管理職としての仕事を本当に行っているのだろうかと疑問になる。しかし、給与だけは管理職の給与が支払われている。

評価方法を減点主義ではなく、加点主義に変えて問題にチャレンジした人間を評価できるように評価方法を見直すべきである。この評価方法は、管理職でも経営幹部でも同様である。さらに重要なことは、最後の結果がうまくいったのかどうかではなく、プロセスについても評価するようにしていかなければならない。結果が悪かったからというのでは減点主義に陥る。そうではなく、変えなかったら零点とすべきなのだ。この評価方法の変更は、職員の意識変革が不可欠である。時間はかかるが、早く手を打っていかなければならない。現状は、あたかもざるで水をすくっているかのように「貴重な税金」が垂れ流されている。

個人のスキル、能力を把握せよ

これで良い人材が採用できるようになった。人材開発のシステムも作られた。残りは、今いる人材をどうするかである。まずは、全員の能力の棚卸しを行うのである。選挙で選ばれる市長までやれとは言わないが、副市長も含めて局長クラス以下全員については、棚卸しを実施する。スキル、能力、経験を把握してデータベース化するのだ。民間企業ではどこでも持っているシステムである。人材開発とは、まずは現状を把握する。そしてあるべき姿とのギャップをとらえ、現状とあるべき姿とのギャップをどう埋めていくのかを考えていくことである。

Y大学でも人材開発に関するポンチ絵が作られたと話をしたが、このような理論がわかって作成したものではない。本当に「絵に描いた餅」である。また、当然だが個人の現状もわかっていない。ここでは、ただ、やみくもにこういう教育をやるから出せといったEメールが送られてくる。人事課の教育担当が「仕事をやっていますよ」と言うためだけの「タメにする教育」なのである。人事企画の係長が、ベンチマークということばの意味すら理解していないという話をした。教育担当も人材開発に関しての知識を持っているわけではない。そもそも、現状を理解しなければどのような教育が必要なのかについて、わかるはずはない。経営幹部、管理職もこれでよいと納得している。マネジメントの基礎も理解できていない。

個人ごとのデータベースが完成したら、外部の専門家に各人の市場価値を診断してもらう。現在もらっている給与の8割以下の職員については、能力向上目標をしっかりと立てさせ、期限を決めて能力の向上を図らせる。私の感覚では、多くの職員が8割以下であると思う。これら外部との価値の差のサマリーについては、ホームページ上で公表する。ここの人たちとは違って、個人の源泉徴収票を公開しろとは言わないが、統計的にどのくらい能力ギャップがあるのかということは納税者に知らせるべきである。

このギャップを部門ごとにとらえ、管理職にはどう埋めていくのかについての目標を立てさせる。管理職も個人として達成していなければ、部門目標とともに、個人目標も出させる。役人の世界はドッグイヤーではなく、タートルイヤーである。10年後、20年後に目標を達成します、などというたわけた目標は許さない。2年以内を目標にさせる。管理職各人に真剣に部下の能力向上、育成を考えさせなければならない。また、個人にも自己の能力向上を真剣に考えさせるのである。民間が持つ、ITを使った人事データベースとそれを使った人材開発ツールが役に立つはずである。

それと同時並行して、人材のあるべき姿も明確にする。どこかの資格要件のような「通常の」、「より高い」、「高度の」といった曖昧な表現を使ってはいけない。具体的な数値、資格を目標とさせる。本庁はどうなっているのかは知らないが、人事考課の母集団すらないところである。あるべき姿がなく、現状もわからない中で、ポンチ絵だけが作られたのだ。これで人事課長が「人材開発について考えています」ということになっているらしいのである。まともな経営幹部なら、こんなことでだまされるわけはない。経営幹部も素人なので、これでやっていると思っている。

「タメにする教育」から脱却せよ

先ほども述べたが、職員個人個人の現状を把握できていないので、「タメにする教育」だけが行われる。それも年度末になると俄然回数が増える。予算が余って消化しなければいけないことに加えて、「教育をやっていますよ」というポーズを作らなければいけないというのが理由のようなのだ。それもここでの会議と同様、大変な数の人間を呼び出す。「おいおい、これだけ集めて無意味な教育をやって、人件費も含めたらどのくらいになるのだろう」と、「貴重な税金」を考えていつも心配になってくる。講師も貧弱なので、ほとんどの人の首が揺れている。

このような教育が、いかに無意味なのかについて述べることにしよう。個人の能力・スキルの現状がわかっていれば、ある教育を受講しなければならない人間だけを呼び出して教育をするはずである。これは小学生にもわかる理屈だ。簡単な例を挙げよう。私のいた企業には、法務部門に司法試験合格者がいた。この人に「法律の基礎」を受講せよといった呼び出しはしないだろうし、TOEICが満点の990点の人に「英語の学び方」を受講せよとは絶対に言わない。おわかりいただけたかと思うが、個人の現状を把握していなければ教育はできないのだ。これがないと、あるレベルになったら全員を呼び出して教育を行う階層別教育にならざるを得ない。

他の役所は知らないが、少なくとも本庁では未だに階層別教育が行われているように思える。あるいはすでに本庁では個人のスキルデータベースがあって、必要な職員にのみ必要な教育が行われ、Ｙ大学だけが特殊なのかもしれない。階層別教育というのは、あるレベルの人間に対して同じ教育を行う教育手法で、先ほど述べたように教育を受けさせる必要のない人間にも呼び出しをかけて教育を行う。

この階層別教育は、高度経済成長時代に企業でも盛んに行われていた。しかし、今では新入社員教育と初めてマネジメントを行う課長昇進者にマネジメントの基礎を教える課長教育くらいが残っているだけであろう。後は、ある教育を必要とする人だけに教育を行っている。学校と違って授業料をとっているのではなく、給与を払って受講させるので、コストをミニマイズすることを考えているからである。「人件費はタダ」という考えなので、教育を受講させる必要のない人間を大量に呼び出して教育を行っても平気なようなのだ。

「貴重な税金」と言うのであれば、会議とともにこれらの教育も見直す必要がある。これについても民間の人事部長が力を発揮するはずである。

民間との人事交流を行え

人事部長は、民間から起用すべきと提案した。だがそれだけでは、３万人以上いる職員の意識改革には１００年かかってしまう。先ほども述べた通り、前の文化が必ず継承されるからである。今日生まれた子供ですら死んでいるか、介護老人になっている。職員全体の意識改革は最低でも５年、少なくとも10年以内には成し遂げたい。長くかかればかかるほど税金の無駄遣いとなるからだ。そのためには、積極的に民間に職員を出す必要がある。民間の厳しさを体験させ、自分たちがいかに甘く、給与分の仕事をしていないかを身をもって自覚させるのである。民間への職員の派遣は、現在でも細々とは行われているようである。しかし、数人を1年、2年といったお客さん扱いで派遣していても意味がない。

私も企業時代に、営業を経由して何人かの役人を引き受けたことがある。1年間という期限で派遣されてきていたが、できる限りいろいろな経験をさせたいということで、各部門を1～2カ月ずつローテーションで回っていた。当然、私の部門の専門能力があるわけではないので、数日間かけて主だった業務のオリエンテーションをやり、その後新入社員がやるような仕事をやってもらって次の部門に移っていくということが行われていた。どのような理由で、このような民間への派遣プログラムが企画されているのかは知らない。こういったスタイルでは、実務能力もつかないし、何をやっているのかもわからなかったであろう。「民間との交流をやっています」と言うためだけのプログラムであった。

まず、派遣は5年を基準とする。民間でそれなりの成果を出させるためには、5年は必要だからである。民間としては、基本的には横滑りのポジションで受け入れる。しかし、能力的に劣っていれば地位を下げ、課長であっても係長で使う。係長として劣っていれば担当者とする。また、逆に優秀であれば部長にすればよい。執行役員にしてもよいのである。受け入れ企業の基準で全て行うことを条件とする。

ともかく、ここでは資格なのか職位なのかもよくわからない。年をとっていれば、職位は課長なのに、次長待遇、部長待遇といったわけのわからない人事制度が横行している。どうも給与を多く払いたいというのが、理由のようだ。特に定年間際になると何とか待遇という昇格が行われる。「おいおい、課長なら課長にしておいたらどうだ」と思うのだが、どうも退職金を増やしてやろうという温かい心遣いのようなのだ。この点についてだけは、どういうわけか「貴重な税金」という発想はない。民間では金は金だと考えるのだが、ここの人たちは自分の懐に入る金はもったいないとは思わないのである。

民間では、評価もしっかりやってもらう。この評価を基準として、本庁での昇進に反映させればよい。何度か述べてきているが、これからの役人は民間でバリバリできる人が欲しいはずである。民間で評価の高い職員を幹部として起用すべきなのだ。評価には多面評価が不可欠である。いろいろな人に評価されて、皆から良いと評価される人は、優秀なはずである。これからの役人も、民間で優秀だという評価を得た人を上げていくべきである。

世の中では、今どき海外との取引は当たり前である。どのような中小企業でも日本だけでやっているところは少ない。しかし、超巨大企業に匹敵する人員を抱えている本庁は、ほとんどがローカルな仕事である。得意の記憶力テストでも語学はなく、大学で勉強した後、全く語学の勉強をやっていない人が多い。役人として優秀な人材であれば、海外と取引のある部門に配属し、修羅場を経験させ、それを乗り越えた人材を登用していけばよい。民間がやっているように、昇進条件に英語を課すことも考えていく必要がある。

また、海外の公共部門に出向で出すのもよい。海外で活動するＮＰＯ、ＮＧＯに派遣することも貴重な経験になるはずである。国内も含めて外に出すということは、外だけではなく中についても理解が深まる。ともかく、ここの人たちは「井の中の蛙」である。この膨大な数の「井の中の蛙」に外の現実を教えなければならない。

ＩＴ教育の徹底

さあ、民間的発想を持った人たちも増えてきた。そして、人材の育成も進んできた。ここで全体のベイシックなスキルも上げておこう。通常、企業であれば内定中に、簿記３級、ＴＯＥＩＣ６００点、ＩＴスキルの教育が行われる。本庁の職員では、課長クラス以上でこれらのスキルを持つ職員は本当に少数ではないだろうか。Ｙ大学にはほとんどいない。それほどベイシックなスキルが低い。本庁では、簿記３級、ＴＯＥＩＣ６００点は必要とされないので、少なくともＩＴスキルくらいは持っていてほしいと考えるのが納税者の気持ちではないだろうか。ところがほとんどの職員が、ＩＴスキルすらも持ってはいない。ここの職員たちは、民間の新入社員レベル以下なのだ。

若い職員であれば、ＩＴスキルはかなり早くマスターできる。外部の資格を使ってもよいし、独自の資格を設けてもよい。ともかく、力をつけさせるべきである。目標は、リレーショナルデータベース言語の習得である。ソフトは素人にも簡単に習得できて応用範囲も広いアクセスがよい。若い職員にマスターさせても、管理職が理解できなければ業務の効率化は進まない。ここの業務の生産性が惨めなほど低く、何をやるにも人海戦術でやろうとするのは、管理職のＩＴ能力が異常なほど低いからである。

ここの管理職は、システムは買うものと理解している。また、ＩＴ能力を持つのはＩＴ部門の人間だけでよいとも考えている。意識が低いのである。システムは買っても、その瞬間から陳腐化が始まる。世の中は日進月歩で進んでおり、買ったシステムはその時点では最新であっても、１秒後には最新ではなくなる。民間企業の人間は、常に他社との競争にさらされているため、この事実を身を持って理解している。また、理解していなければ、負けるという危機意識がある。

[illegible]えるしかない。首が住民だって理解して[illegible]ある。[illegible]ていけないという事実[illegible]をしつ[illegible]を登用すればよい。

また、地方公務員法第5[illegible]の一に該当する場合においては、その意に反して、これを降任し、又は免職する[illegible]、第一号では勤務成績が良くない場合が規定されている。当然、第27条①で、「すべて職員の分限及び懲戒については、公正でなければならない」とあるように、公正さを十分に担保する必要はある。しかし、能力および意欲ともに低い職員を年功序列で養っていくことは、これからの財政事情を考えれば不可能になっていく。早めに手を打っていかなければ、税金だけが高くなっていくはずである。

やればできる

小説家の石田衣良さんが、平成20年に第27回ベスト・ファーザーイエローリボン賞を受賞したという報告を『R25』という雑誌で行っている。そこで同時にこの賞を受賞した数人の中で、「日本一元気な村」の村長として、長野県下條村の伊藤喜平村長を紹介している。確かこの村は、テレビでも紹介されており、村長さんがこの村の保育所を訪ね、保育所の子供たちから「村長サーン」、「村長サーン」と慕われていたのを見たことがある。その時は、「ああ、随分アイデアマンの村長さんだな。こういう人が

[illegible]世界は、このことを全く理解していない。第１章をお読みいただければ、私の主張[illegible]だけるものと思う。役人だけの世界であれば、これでもよいであろう。しかし、役人を食わしているのは、利用者でもある納税者である。サービスが悪いといって、他の選択ができるわけではない。完全独占組織なのだ。だから、甘えが出る。高い税金、悪いサービスであっても、いくら文句を言われようとも、お願いする以外にはないからである。

管理職のＩＴ能力を高め、しっかり実務を見させてどうすればサービスの向上が行え、工数削減が可能なのかを考えさせる。これが企業におけるスタッフ管理職の仕事である。おばちゃんの井戸端会議に出て、きれいにハンコを押せるだけで高給を得られるのは、ここの役人だけである。これを何としても変えていかなければならない。少子化の進む世の中で、能力の向上を図らず、年功序列で処遇していけば単に税金だけが高くなっていく。

人員は半分でよい

さあ、管理職のＩＴ能力も上がってきた。業務の効率化も着々と進み始めた。このプロセスの中で、やらなくてよい仕事を止めていくのである。当然、おばちゃんの井戸端会議は廃止し、出席する人間も必要な職員だけにする。膨大な紙の資料もなくし、管理職もハンコだけを押しているのではなく、実務をしっかりやらせる。するとどうなるのか。人間がする仕事は知的業務だけとなる。知的業務は、人間の数ではない。従って、大変な数の単純作業をやっている職員が不要となってくる。ここでは、セクションの統廃合も可能となる。管理スパンに関係なく、人がいるから分けていたところが統合できる。

行政のトップに多くいると、社会も変わっていくだろう」という印象を強く持った。石田衣良さんの話を通して、この村を紹介してみることによう。

この下條村は、長野県の南にある小さな村である。伊藤氏が平成4年に村長に就任するまでは、目立った産業もなく、観光地もない過疎の村であった。伊藤村長がやったことは、人を増やし、子供を増やすことであった。少子化が進む日本で、このようなことが可能なのかと思ってしまうが、実際に伊藤村長はこの難題に取り組み、成し遂げてしまう。Y大学の職員であれば、できない理由を考え、だからできませんと言って何もやらないであろう。また、トップに立つリーダーがいかに重要であるのかがわかる話ではないだろうか。

では、どのようにしてこの難題を解決したのであろうか。まず、10年以上前から「若者定住促進住宅」を建設してきている。２ＬＤＫで駐車場が2台ついて家賃は3万６０００円と格安に設定している。但し入居の条件は、子供がいるか、結婚を予定しているカップルで、村の行事や消防団への参加が入居の条件となっている。この住宅には、現在１２４世帯が住んでいるという。

さらに、この村では4年前から中学生までの医療費はすべて無料にしており、保育料も2割引き下げたという。これには当然コストがかかる。このコストは財政のムダを省くことで捻出したというのである。頭を使ってやればできるのだ。下條村では、役場の職員を民間企業で研修させ、仕事のスピードとコストを徹底的に意識させたのである。60人近くいた職員は、半分近い34人に削減したという。

その結果、３８００人だった人口が４２００人と1割以上増加した。出生率は全国平均の１・３２人を大きく上回る２・０４人で、長野県では当然ナンバーワンだという。先ほど話をした村立の保育園には、１５０人もの子供が通園している。今までに、増築を3回も行っているとのことであった。人口が増えたが、職員数は逆に半分近くまで減らすことができている。正確に計算してみよう。人口増に伴う以前の考え方による職員数は、66・3人である。しかし、職員を34人にまで削減したということは、本当に半分にしたのである。

先ほど、Y大学の職員は半分で十分であると述べたが、事実であることがおわかりいただけるかと思う。「乾いた雑巾をさらに絞る」と言われているトヨタに任せれば、3分の1の人員でできるのではないだろうか。そのくらいだぶついた人員で非効率極まりない仕事、やらなくてよい仕事をやっている。人件費が異常に高くなっていることが、理解いただけるものと思う。下條村と同レベルで本庁も職員の人員削減を実施できれば、中学生以下全員の医療費を無料にするとともに、保育料も2割引き下げることができるのかもしれない。そうなれば、ここに転入する若い人が増え、出生率も上がっていくはずである。

石田衣良さんは、霞が関の役人も、永田町の政治家も、伊藤村長に頭を下げて話を聞きにいけばいいのだ、と言っている。本庁からも幹部職員は訪問し、よく話を聞き勉強をすべきである。残念だが、ここには伊藤村長の話を聞いて理解し、実行に移せるような人材はいないように思う。しかし、全く新しい仕事ではなく、すでになされている仕事である。下條村と全く同じようにやればよいので、できなければおかしいはずである。ここでは、すぐにできない理由をいくつも並べて抵抗する。従って、これから述べる民間の監査委員を任命して監視してもらえばよい。

監査委員会を設置せよ

Y大学には、経営審議会という組織がある。メンバーを見ると、そこには大学経営についてわかっている人はいない。法人化して改革を進めるのであれば、大学経営に熟知した人材を加えるべきなのは当然ではないだろうか。特に理事長、副理事長（平成22年3月退任）、事務局長は、大学についても経営についてもズブの素人である。これでは、第1章で述べた状況を改善できるはずはない。任命権者が、本気で取り組もうとしていないことは明らかである。不適当な人間を、単に処遇のためだけに任命したということなのであろう。最大の税金の無駄遣いである。

といって非難ばかりしていても致し方ない。解決策を述べよう。1つだけ解決策がある。素人集団である経営審議会を廃止して、Y大学監査委員会を設置するのだ。ここには、大学経営についてわかっている有識者に加えて、保護者と住民の代表を加える。大学の質が低いことで被害を受けるのは、学生と保護者と住民である。保護者は授業料を負担しているので、学生の卒業時における授業料分の価値向上に対する期待権を持つ。大学の教育とその支援体制の質が低ければ、当然、この期待権が侵害される。また、住民は税金を負担しており、その税金が無駄遣いされているとあれば、無関心ではいられない。住民としては、代表を送り込む権利がある。このような組織には、中立的な立場の人に加えて、正しく運営が行われなければ不利益を被る人を加えるのは、世の中の常識的な考えである。

安心して大学に任せていればよいという状況であれば問題はない。しかし今までに見てきたように、とてもそのような状況ではない。保護者、住民の中には、大学あるいは経営について、さらには両方について詳しい人も多くいるはずである。利害関係者として深く関わり、その能力を有効に発揮してもらえばよい。

この監査委員会で行うのは、ベンチマークである。他大学を徹底的に調べさせ、この委員会に報告させる。そして、欠けている点、遅れている点について理事長に改善を指示し、期限を決め、その進捗を監視するのである。範囲は教育に限らない。施設、設備、業務、予算、規程、人員に関しても他大学との徹底的な比較を求める。特に、同じ公立大学法人である国際教養大学、首都大学東京、名古屋市立大学、大阪市立大学、大阪府立大学、北九州大学との比較は必須である。名古屋市立大学、大阪市立大学は医学部を持つ。医学部、付属病院に関する比較も可能となる。公立大学法人が終わったら、国立大学法人、さらには私立大学をベンチマークすればよい。

この時、できない理由を認めてはならない。他大学でできていることができないはずはないからだ。また、「やってます」、「できました」のことばを監査委員会で聞き置くのではなく、現場に行き、できているかどうかをチェックしなければならない。ここの人たちの「やってます」は、手をつけておらず、これからやろうと思っているのが「やってます」である。また、「できました」は完了の意味ではなく、手をつけ始めた状況を意味する。世の中の日本語とは意味が大きく異なっている。

例えば、留学に関しては国際教養大学が海外との提携校を何校持っていて、どのような単位認定が行われているのかを調べさせ、期限を決め最低でも同じ状況に持っていかせる。留学であれば、国際基督教大学、早稲田大学国際教養学部が進んでいる。米国でも一流と言われる大学とも提携関係がある。ハーバード大学、ペンシルバニア大学と提携関係を結んでもよい。国際教養大学のレベルまで上げさせたら、次は国際基督教大学、早稲田大学国際教養学部のレベルへとさらにレベルアップさせる。一歩一歩改善させていくことが重要となる。

また、業務も同様である。人事課を例に挙げると、まずは人事課の職員が担当する教員・職員の数の比較から始まり、人事制度、人材開発制度、人事諸規程の比較、給与、給与計算方法、業務の効率化の進展、職員のＩＴ能力といった項目全てについて比較を行い、遅れている項目、下回っている項目については、期限を決めて達成させる。この達成度合いを評価して、人事課長の昇給に反映させればよい。また、少なくとも給与計算が正しくできるように、しっかりした教育をしなければならない。人事の仕事の中で、給与計算は難しい範疇の仕事ではない。ともかく足し算、引き算ができないのだ。悲しいことではあるが、足し算、引き算からしっかり教えなければならない。

さらに、予算制度も見直す必要がある。前年度踏襲主義を止め、中期計画をもとにして必要な予算をしっかりと組ませる。年度内に予算を全て使い切ることが正しいという文化を変える。予算を削減することがインセンティブとなるように、管理職の評価に組み込むのである。当然、年間計画に際して策定した目標全ての達成が最低条件である。これらを達成した上で、効率化、あるいは手段、方法の見直しにより、コスト削減を図ったことを評価すればよい。これらの予算と実績についても、他校のベンチマークが参考となるはずである。

これら予算と月ごとの進捗についても、監査委員会がしっかりとレビューを行う。ここでは、特に予算消化のための不必要な事業、発注を行わせないことが重要となる。さらに、各部門のコスト削減によって生まれた財源をどの事業に使うのかについても厳しくチェックする。事業のプライオリティについても、監査委員会は目を光らせなければならない。そして、これらの進捗状況をホームページで公表する。住民から忌憚のない意見を出してもらい、さらなる改善に結びつけていく。

このように、ベンチマークの結果の全てに対して目標を定め、理事長に達成を指示する。理事長には、各部門がどこまでやっているのかについてしっかりとチェックさせる。仕事をする、経営幹部とは何か、マネジメントを行うということはどういうことなのかについて、しっかりと教えこまなければならない。遊ばせて給与だけを払うわけにはいかないからである。当然、達成できなければ責任をとらせる。これが、このような立場の人間に対して一般社会で行われていることである。

地方分権にもの申す

このような役人たちの実態を見てしまうと、地方分権には現状のままでは絶対に反対せざるを得ない。平成22年３月末まで、政府の地方分権改革推進委員会の委員長として、伊藤忠商事の丹羽宇一郎前会長（現中国大使）が具体策を検討し、３年間で４回の勧告を出している。平成20年７月29日付の『朝日新聞』の「社説」によると、丹羽委員長は「地方分権は、霞が関の官僚から恩恵的にもたらされるものではない。地方が中央と戦って確立すべきものだ」と全国知事会議で喝を入れたという。

断っておくが、私は決して地方分権そのものに異を唱えるつもりはない。分権化された地方に、行政をしっかりと担える人材がいれば諸手を挙げて賛成したい。戦後の日本が復活するプロセスの中では、インフラの整備といったように中央がコントロールして一律に実行する必要がある仕事が多くあった。また、これらの仕事を地方ごとに行うのは確かに非効率であった。しかし、現在のような成熟社会を迎えた日本では、地方によってニーズが一律ではない。資源を、その地方に最も合った形で配分していくことが必要不可欠となっている。そのために、思い切った地方分権化を進めていくことは避けて通れないはずだ。

丹羽委員長は、政府の出先機関を整理して仕事を自治体に任せたり、税財源の再配分といった分権改革の本丸に手をつけようと考えた。しかし、その最大の推進勢力でなければならない知事たちが、何とも心もとないようなのだ。自治体は当然、分権推進の立場のはずである。地方分権によって、首長の自由度は高まり、政府に指図されることなく、地域の実情に沿った政策を機敏に推進できるようになる。さらに、現在のような国の出先機関と自治体が同じような仕事をする「二重行政」をなくすことができる。コストの削減が図れることになるのだ。

知事たちがおよび腰であるのは、中央省庁の官僚が仕事だけは押し付けて、金と人は省庁が握り続けるのではないか、と恐れているからだという。私は、この恐れに加え、知事たちは自治体の役人たちの能力をよく知っていることも理由の1つではないかと思う。少なくとも丹羽委員長よりは、現場にいる知事の方が、役人の能力については詳しいはずである。また、丹羽委員長も伊藤忠商事の社員のレベルとは言わないが、少なくともその次の次くらいの人材が、ごく少数であっても地方の役人の中にいるのではないかと考えているのではないだろうか。

丹羽委員長は、地方自治体で働いた経験があるわけではない。また、この委員会のメンバーであった7人を見ると、実業界からは丹羽委員長、学者が3人、作家1人、首長2人という布陣であった。首長のうち、神奈川県開成町長の露木氏がＮＨＫの記者出身であり、唯一実業界と役所の両方を知っていることになる。

しかし、ＮＨＫが民間であると考えるビジネスマンはいない。半官半民の組織であり、過去のゴタゴタの問題とその解決策を見ても、私の感覚から言えば、役所に限りなく近いように思える。さらに記者という立場である。となると、民間での従業員の能力と仕事、役所の職員の能力と仕事の双方を理解して、地方分権について議論している委員はいないように思えるのだ。実態にそぐわない架空の議論がなされていたのではないか、と心もとなくなってくる。

先ほども述べたが、実業界の丹羽委員長は、伊藤忠商事とはいかないが、世の中の民間と同等のレベルの人間が仕事をしているに違いないと考えているのではないか。学者は地方分権のあり方、考え方、他の国々の事情等については詳しいが、職員の能力、仕事ぶりは知らないし、関心もない。首長の２人は、現在の地方自治体の状況については話ができるのかもしれない。ただ、首長としてマネジメントを行ってきても、頭の程度はどこもこの程度なのだと考えている可能性がある。民間と比較して、いかにマネジメント能力、専門性、ＩＴ能力を含めたベイシックな実務能力、およびモチベーションが低いのかについてはわかっていない。

このような状況の中で、権限だけを地方に移管しても、コスト高、非効率で現状同様のサービスの悪い組織がただ巨大化するだけである。重複の排除などは、絶対に行われない。屋上屋をさらに架して、モンスターのような組織となるはずである。従って、地方分権を議論する前に、まずは、現在の組織での生産性の向上、職員の能力の向上、民間との交流を議論すべきである。

平成22年4月3日付の『日本経済新聞』に、丹羽元委員長がインタビューに答え、３年間の勧告を振り返り、「勧告が骨抜きになっている。政治主導で分権を進めるべきだ」と鳩山政権に対して厳しい注文を付けたと報道された。先ほども述べたが、理想論としての地方分権は理解できる。地方分権の前に、子供を大人にすることを考えるべきなのだ。子供に権限を持たせても、理想論通りに物事は進まない。

寄付に対する免税を大幅に認めるべき

米国では、大学も含めて多くの非営利組織が住民・企業の寄付によって支えられている。それは、寄付金額全てを所得から控除可能であることが大きい。私も米国に駐在していた時代、少額ではあったがいくつかの非営利組織に寄付をした経験がある。子供の通っていた小学校でも、相当な台数のPCがIBM社からの寄付で置かれていた。これはIBM社のマーケティング戦略の一環としての意味もあったのだろうが、このような個人・企業の寄付に対して、米国のように大幅な免税措置を認めていけば、税金が節約できる。寄付で購入できなければ、税金で購入する、必要であっても購入しない、あるいは台数を削減することになるからである。

日本経済新聞社論説副委員長、実哲也氏によれば、米国で2006年度の1年間に集まった寄付の総額は、3000億ドル、日本円に換算すると30兆円、1人あたりでは1000ドルだという。個人の寄付が75%を占め、寄付をするのは金持ちばかりではなく、寄付の文化が根づいている。大学進学に際して、ポイントになるなどのメリットもあるので、自主的な人ばかりとは言えないだろうが、子供のころからボランティア活動が自然に身についている、と述べている。

私の経験でも、米国人はボランティア活動をやるのかやらないのかではなく、やるのは当然で、何をやるのかという選択の問題であった。私の働いていた現地法人でも、マネージャークラス以上の人と話をしていると、自分がやっているボランティアについての話を聞くことが多くあった。私の上司は、馬に乗って森林の見回りをやっていた。カリフォルニアは山火事が多い。それも風で葉が擦れたことによる自然発火である。一度山火事が起こると、何日も燃え続ける。環境破壊とともに物的・人的被害が発生する。これを未然に防ぐボランティア活動をしていた。

現在、日本政府は寄付にかかる控除について、大幅な制限を加えている。また、Y大学での食糧費も含めた手続きではないが、寄付控除が認められる場合であっても、多くの書類を要求しているのではないのだろうか。私は、寄付控除についてのペーパーワークに詳しいわけではない。しかし、見積り、請求書、納品書、請書といったやり方が、ここでもまかり通っているように思えるのだ。「人件費はタダ」であり、「コスト意識ゼロ」の人たちがやることであり、大きな違いはないように思える。そこに「性悪説」が加わる。寄付控除を使って悪いことをやるのではないかと考えて大幅に制限し、寄付をしにくい社会にしているように思う。

米国では、個人が小切手を使って支払いを行う。団体に小切手を使って寄付を行うと、他の支払いと同様に使用済みの小切手が自分の口座のある銀行を経由して戻ってくる。寄付をした団体名が書かれたこの使用済みの小切手を残しておくだけで、米国の内国歳入庁（ＩＲＳ）は寄付による控除を認めるのである。米国人のボランティア等の社会貢献に対する意識の高さに違いがあるとはいうものの、スーパーマーケットでの買い物の支払いと全く同様の手軽さで寄付が可能となることも、米国で寄付がごく日常的に行われている理由なのではないだろうか。

日本では特に、ＮＰＯ法人で寄付控除を受けることができる団体は本当に少数だと聞く。「官から民へ」と、国、地方公共団体が担ってきた多くの仕事を、ＮＰＯを含めた民間に移管させてきて、資金が民間で調達できないことになっている。これからは、寄付控除を大幅に認めていかなければ、「小さな政府、大きなサービス」の実現は難しい。

全てのＮＰＯ法人の理事長が、マザー・テレサだとは言わない。過去にも、ＮＰＯ法人を隠れ蓑として悪事を働き、摘発を受けた団体があった。しかし、ほとんどのＮＰＯ法人は高い志を持ち、重要な公共サービスを行っている。役人は1万のうち1つでもおかしいことがあると、全てがおかしいとして対応する。当然、人件費も含めて膨大なコストがかかる。「貴重な税金」だからと言うのだが、そのためにそれ以上の税金と無駄が発生している。この悪循環を断ち切るためには、「性悪説」ではなく「性善説」に立ったやり方に変えていく以外に方法はない。

1つアイデアを出そう。寄付に関してできる限りコストを使わず、ＮＰＯ法人の活動の正当性を担保する方法として、ＮＰＯ法人評価サイトを立ち上げるのはどうだろうか。寄付を受けようというＮＰＯ法人は、このサイト上で徹底した情報公開を行う。そして、これらの情報を通じて監査を受審する。監査をパスした団体は、寄付控除指定団体として認められる。ＮＰＯ法人は、常に最新の情報をアップデートして、活動内容の告知を行う。このサイトには、数万人規模の認定を受けたボランティアのＮＰＯ法人評価委員が常に活動を評価し、問題があればフィードバックを行う。期限内に改善が見られないＮＰＯ法人は、寄付控除指定団体としての認定を取り消す。

これは、私の考えた例である。ここの職員のように「こういう問題があるからできない」という考え方をするのではなく、「どうしたらできるか」を考えてアイデアを持ちあえば、より効果的でさらに良い方法が考えられる。このようにして、多くのＮＰＯ法人を寄付控除指定団体として認め、資金援助を通じて公共サービスの質の向上と拡大につなげていくのである。

ＮＰＯ法人へと個人の資金が流れ、そこへ流れた寄付が寄付控除の対象になると、2つの良い点がもたらされる。1つは、納税者は税金の使い道は選択できないが、寄付であれば、どこに寄付するかについての選択が可能となる。さらに、ＮＰＯ法人の活動が活発になることによって、政府、あるいは地方公共団体とNPO法人とで、そのサービスの提供をめぐって競争関係が出てくる。今まで多くの例を通して述べてきたことは、役所の世界には健全な競争がないことが大きな問題なのである。

職員が勉強をして自己を高めようとしない、管理職も部下の育成を考えない、効率化を図ってコストを削減しようとは考えないのも競争がないからである。競争があれば、必ず敗退がある。敗退しないように努力をしていかなければならない。現状維持は認められないことになる。「前例主義」、「形式主義」にこだわった仕事を続けてはいられないのだ。このような関係を作り上げていくためにも、NPO法人への寄付控除を大幅に認めて健全な発展を促していくことが必要となる。

平成22年4月8日付の『日本経済新聞』によれば、政府税制調査会は8日に開く会合でNPO法人に対する支援税制の基本方針を決めると報じている。NPO法人への寄付を促すため、寄付金に応じた額を所得税から差し引く税額控除の導入が柱であり、中低所得層が寄付をする際の税制上の恩恵を拡大し、「草の根」の寄付を後押しするとある。これを受けて4月10日付の『朝日新聞』では、鳩山首相がNPO法人に個人が寄付をした場合、寄付金額の半額相当を所得税から差し引く方針を表明したという。

これが進めば本当に大きな進展だ。ただ、問題は税額控除が認められるために膨大なペーパーワークが要求されるのでは寄付そのものが進まないことである。法律で総論を制定しても、役人は規則、その他で細かい手続きを決める。米国のようにシンプルな手続きを望みたいものだ。

あとがき

楽天の野村前監督は、「組織改革という言葉は使い勝手はいいものの、実行するにはさまざまな条件が必要である。その最たるものが『血の入れ替え』である。外部から強烈な刺激を持ち込まないかぎり、ビクとも動きはしない」と述べている。数々の弱小球団を見事に建て直し、優勝へと導いた経験から得た真実に違いない。不断に進む環境変化の中で、組織改革を成し遂げるためには、卓越したリーダーの存在が不可欠である。官僚機構の問題は、このリーダー育成を欠いている点が問題なのではないか。リーダーは常に選挙で選ばれた政治家が就き、リーダー育成システムがないからである。

経営の神様と言われた松下幸之助氏は、「経営者は、いつも将来というものが頭にないといけない。5年後、10年後にどうなるのか、どうすべきか。そのうえで、今どうしたらいいのかを考える。将来から現在を考えるのが、経営者としての発想である」と述べる。経営者をリーダーと読み替えてもよいであろう。現在の自分をどう保身するかという行動原理からは、リーダーとしての行動は生まれない。

私も企業にいた時代、工程表は右から引けとよく言われた。将来のビジョンを描きその実現のために現在何をしなければいけないのか、1年後は、2年後は、5年後は、10年後はと考えているリーダーはここには存在しなかった。重箱の隅をつつくようなことが仕事なのだと誤解していた。

さらに、参謀、士官、下士官の育成についても、プロとしての参謀、士官、下士官の育成が行われていない。人材育成に関する考え方、それを実現するための体系、インフラが整備されていないのである。

人事管理設計思想も含めて、確かに法律に縛られている部分もある。民間も含め、どこの世界でも青天井の世界は存在しない。ある前提、制約条件の中で、何ができるのかを考え、最大限の努力を図っている。しかし、ここのようなリーダー不在、プロの参謀、士官、下士官の不在は、日々の停滞と後退の日常が繰り返されるだけである。

組織がどのような形態であろうとも、その組織が働く人間に対して誰を昇進・昇格させ評価し処遇していくのか、という格付け制度が最も重要である。役人の世界、少なくとも本庁の人事制度は、リスクをとって仕事を成し遂げた人間を評価する制度にはなっていない。減点主義評価が実施されていることによって、できる限り前例に従って仕事を行う人間が減点されることもなく評価を受けて昇進・昇格している。それに加えて、強い年功序列による処遇制度は、自己の能力向上に対するインセンティブを失わせている。能力・スキルを上げることが評価される要素となっていない。これでは、誰も一所懸命勉強するはずはない。

このような現実の中で、「無敵の官僚制度は日本の最大の問題である。どの国でも官僚は本質的に慣性で動く。放っておけば、十年一日同じことをくりかえそうとする。日本では、行政はほとんど国民の監視を受けず、これでは官僚の慣性を止める力はない。行政の世界は、だれも止め方を知らない恐ろしい機械のように動き続ける。『オン』のボタンはあっても『オフ』はない」とアレックス・カー氏が前述したその著『犬と鬼』で述べている通りの実態にある。

これらのことは、民間から移って感じた大きな違和感であった。何も変えようとはせず、それでいて変革ということばだけが踊っていた。このことばを口に出していれば、それができていると勘違いしている。現実を知らず、世の中の動きさすら実感としての理解に欠ける。子供がサイバー空間の中で、ゲームをやっている感覚に近いように思えた。

この現実の脱却には、野村前監督の言う「血の入れ替え」、「外部からの強烈な刺激の持ち込み」が不可欠であろう。Y大学での最大の被害者は学生である。明らかに、自己のキャリアに対する妨害を受けているからである。税金を負担する住民がこの実態に気づき、改革への「のろし」を上げなければならない。「王様は裸である」と敢えて声を上げさせていただいた。これらの事実が伝わればと思う。

参考文献

柳井　正『成功は一日で捨て去れ』新潮社　２００９年
鈴木孝夫『ことばと文化』岩波新書　１９７３年
菊池恭二『宮大工の人育て——木も人も「癖」があるから面白い』祥伝社新書　２００８年
永守重信『奇跡の人材育成法——どんな社員も「一流」にしてしまう！』ＰＨＰ研究所　２００８年
アレックス・カー『犬と鬼——知られざる日本の肖像』講談社　２００２年
稲盛和夫『[実学・経営問答]人を生かす』日本経済新聞出版社　２００８年
野村克也『エースの品格——一流と二流の違いとは』小学館　２００８年
ジョン・Ｐ・コッター『リーダーシップ論——いま何をすべきか』ダイヤモンド社　１９９９年
鈴木宗男『ムネオの闘い』Ｋ＆Ｋプレス　２０１０年
中嶋嶺雄『なぜ、国際教養大学で人材は育つのか』祥伝社黄金文庫　２０１０年
塩野七生『日本人へ　リーダー篇』文春新書　２０１０年
宮崎正弘／佐藤優『ロシア・中国・北朝鮮　猛毒国家に囲まれた日本』海竜社　２０１０年
実　哲也『悩めるアメリカ——不安と葛藤の現場から』日経プレミアシリーズ　２００８年
江口克彦『成功は小さい努力の積み重ね——松下幸之助の言葉を読み解く』ＰＨＰ研究所　２００８年

菊地　達昭（きくち　たつあき）

1949年　神奈川県に生まれる
1973年　北海道大学法学部法律学科を卒業
同　年　NEC入社
2002年　多摩大学大学院経営情報学研究科を修了
2005年　NEC退職、Y大学へ転職
2011年　Y大学を退職

これまでに、日本キャリアデザイン学会常務理事（2004−2010）、文部科学省現代GP取組選定委員会委員（2006−2008）、独立行政法人日本学術振興会教育GP推進委員会専門委員（2008−2009）、横浜商工会議所産学連携委員会委員（2007−2009）を歴任
現在、人財・キャリアマネジメント研究所長、学習院大学経済学部非常勤講師、法政大学経営学部非常勤講師、東京経済大学経済学部非常勤講師、筑波技術大学保健科学部非常勤講師

共著『最新現代経営戦略事例全集第５巻戦略提携』エム・シー・コーポレーション（2003年）、『キャリア形成』中央経済社（2005年）、『キャリア支援と人材開発』経営書院（2006年）、『キャリア開発論』文眞堂（2007年）、『人材マネジメント基礎講座』社会経済生産性本部（2009年）、『2010新入社員基礎講座』経営書院（2009年）
編著『キャリアデザインへの挑戦』経営書院（2007年）
訳書『エグゼクティブ・コンペンセーション』日本電気総合経営研修所（1990年）

キャリア妨害
ある公立大学のキャリア支援室での経験

2011年6月8日　初版発行

著　者　菊地　達昭
発行者　中田　典昭
発行所　東京図書出版
発売元　株式会社 リフレ出版
〒113-0021　東京都文京区本駒込 3-10-4
電話 (03)3823-9171　FAX 0120-41-8080
印　刷　株式会社 ブレイン

ISBN978-4-86223-483-4 C0031
Printed in Japan 2011

ご意見、ご感想をお寄せ下さい。

［宛先］〒113-0021　東京都文京区本駒込 3-10-4
東京図書出版

競争のない役人の世界は、このことを全く理解していない。第1章をお読みいただければ、私の主張がよくおわかりいただけるものと思う。役人だけの世界であれば、これでもよいであろう。しかし、役人を食わしているのは、利用者でもある納税者である。サービスが悪いといって、他の選択ができるわけではない。完全独占組織なのだ。だから、甘えが出る。高い税金、悪いサービスであっても、いくら文句を言われようとも、お願いする以外にはないからである。

管理職のＩＴ能力を高め、しっかり実務を見させてどうすればサービスの向上が行え、工数削減が可能なのかを考えさせる。これが企業におけるスタッフ管理職の仕事である。おばちゃんの井戸端会議に出て、きれいにハンコを押せるだけで高給を得られるのは、ここの役人だけである。これを何としても変えていかなければならない。少子化の進む世の中で、能力の向上を図らず、年功序列で処遇していけば単に税金だけが高くなっていく。

人員は半分でよい

さあ、管理職のＩＴ能力も上がってきた。業務の効率化も着々と進み始めた。このプロセスの中で、やらなくてよい仕事を止めていくのである。当然、おばちゃんの井戸端会議は廃止し、出席する人間も必要な職員だけにする。膨大な紙の資料もなくし、管理職もハンコだけを押しているのではなく、実務をしっかりやらせる。するとどうなるのか。人間がする仕事は知的業務だけとなる。知的業務は、人間の数ではない。従って、大変な数の単純作業をやっている職員が不要となってくる。ここでは、セクションの統廃合も可能となる。管理スパンに関係なく、人がいるから分けていたところが統合できる。

人が減り、サービスが良くなり、仕事が速くできるようになっていくのである。

私の民間での感覚であるが、ここの職員の数は、現在の半分で十分にこなせるのではないかと思っている。すると知的業務ができる人以外は、本庁にお戻りいただくことになる。実を言うと、ここには知的業務ができる職員は本当に少ない。そもそも知的業務の何たるかを理解していない。本庁に戻った職員の代わりは、外部から専門能力の高い人材を雇えばよい。ここで浮いてきた人件費を学生へのサービスの向上、施設の拡充に充てることが可能となる。「学生中心」となるのである。

税金の無駄が減り、全てが良くなる。大学としての競争力も強化される。当然、専門家には高い給与を保証する。半分になった人件費を使って、民間と比較してもコンペティティブな給与を出せばよい。すると有能な人材が民間から転職してくる。これらの人材によって、組織の活性化が図られていく。負のスパイラルから正のスパイラルへと、大きく転換していくことになる。

さて、本庁では余剰人員をどうするのかという問題が発生する。民間に出向させるのである。ここで間違ってはいけない。本庁の外郭団体に出さないことである。外郭団体に本庁でいらない職員を出すと、当然だが、仕事をしないで給与だけが保障される。特に介護分野では人が足りなくて困っている。このような場所に積極的に職員を送り出すのだ。

まず、民間に3カ月は試用期間で行ってもらう。この3カ月は、一応本庁が人件費を負担する。3カ月後に民間の厳しい目でチェックして、この職員の給与を査定してもらう。ほとんどの人について、企業からは現在の給与はとても払えないと言ってくるはずである。戻される職員も多い。給与分だけの能力がないからである。

民間で負担できる給与を負担してもらい、残りは本庁が負担する。当然、この負担は税金ということになる。遊ばせて本庁に置いておくより、５円でも10円でも回収できればよいと考えるしかない。首が切れないからである。これだけ能力が低いのは、本人の責任とばかりは言えない。住民だって理解してくれるはずである。出向が行われなければ、どうせ税金で負担していた人件費である。

このようにして職員に現実を知らせ、勉強すること、能力を高めなければ生きていけないという事実をしっかりと教え込むのだ。ここで能力を開発し、高い成果を上げるような職員を登用すればよい。

また、地方公務員法第５節分限および懲戒では第28条①で「職員が、左の各号の一に該当する場合においては、その意に反して、これを降任し、又は免職することができる」とあり、第一号では勤務成績が良くない場合が規定されている。当然、第27条①で、「すべて職員の分限及び懲戒については、公正でなければならない」とあるように、公正さを十分に担保する必要はある。しかし、能力および意欲ともに低い職員を年功序列で養っていくことは、これからの財政事情を考えれば不可能になっていく。早めに手を打っていかなければ、税金だけが高くなっていくはずである。

やればできる

小説家の石田衣良さんが、平成20年に第27回ベスト・ファーザーイエローリボン賞を受賞したという報告を『Ｒ25』という雑誌で行っている。そこで同時にこの賞を受賞した数人の中で、「日本一元気な村」の村長として、長野県下條村の伊藤喜平村長を紹介している。確かこの村は、テレビでも紹介されており、村長さんがこの村の保育所を訪ね、保育所の子供たちから「村長サーン」、「村長サーン」と慕われていたのを見たことがある。その時は、「ああ、随分アイデアマンの村長さんだな。こういう人が行政のトップに多くいると、社会も変わっていくだろう」という印象を強く持った。石田衣良さんの話を通して、この村を紹介してみることにしよう。

この下條村は、長野県の南にある小さな村である。伊藤氏が平成4年に村長に就任するまでは、目立った産業もなく、観光地もない過疎の村であった。伊藤村長がやったことは、人を増やし、子供を増やすことであった。少子化が進む日本で、このようなことが可能なのかと思ってしまうが、実際に伊藤村長はこの難題に取り組み、成し遂げてしまう。Y大学の職員であれば、できない理由を考え、だからできませんと言って何もやらないであろう。また、トップに立つリーダーがいかに重要であるのかがわかる話ではないだろうか。

では、どのようにしてこの難題を解決したのであろうか。まず、10年以上前から「若者定住促進住宅」を建設してきている。2LDKで駐車場が2台ついて家賃は3万6000円と格安に設定している。但し入居の条件は、子供がいるか、結婚を予定しているカップルで、村の行事や消防団への参加が入居の条件となっている。この住宅には、現在124世帯が住んでいるという。

さらに、この村では4年前から中学生までの医療費はすべて無料にしており、保育料も2割引き下げたという。これには当然コストがかかる。このコストは財政のムダを省くことで捻出したというのである。頭を使ってやればできるのだ。下條村では、役場の職員を民間企業で研修させ、仕事のスピードとコストを徹底的に意識させたのである。60人近くいた職員は、半分近い34人に削減したという。

その結果、3800人だった人口が4200人と1割以上増加した。出生率は全国平均の1・32人を大きく上回る2・04人で、長野県では当然ナンバーワンだという。先ほど話をした村立の保育園には、150人もの子供が通園している。今までに、増築を3回も行っているとのことであった。人口が